本書由中國歷史研究院田澍工作室資助出版

主辦單位　西北師範大學歷史文化學院
　　　　　　甘肅簡牘博物館
　　　　　　河西學院河西史地與文化研究中心
　　　　　　蘭州城市學院簡牘研究所

顧　　問　裘錫圭　胡平生　李均明　王子今　吴振武　初師賓

編輯委員會主任　田　澍　張德芳
編輯委員會副主任　朱建軍　劉再聰　高　榮　孫占宇

主　　編　楊振紅
副 主 編　李迎春　楊　眉

編輯委員　（以姓氏筆畫爲序）
　　　　　　卜憲群　于振波　〔韓〕尹在碩　田　河　田　澍　朱紅林　朱建軍　李并成
　　　　　　〔韓〕金秉駿　侯旭東　〔日〕宮宅潔　郝樹聲　徐世虹　高　榮　孫占宇
　　　　　　孫家洲　陳文豪　陳松長　陳　偉　張春龍　張榮强　張德芳　鄔文玲　楊振紅
　　　　　　雷黎明　〔日〕廣瀨薰雄　趙　凱　趙逵夫　劉　釗　劉國忠　劉再聰　劉國勝

本輯執行編輯　肖從禮　馮　玉　馬智全　魏振龍　袁雅潔

簡牘學研究

第十四輯

JIAN DU XUE YAN JIU

西北師範大學歷史文化學院
甘肅簡牘博物館
河西學院河西史地與文化研究中心 編

甘肅人民出版社
甘肅·蘭州

圖書在版編目（ＣＩＰ）數據

簡牘學研究：繁體字版．第十四輯／西北師范大學歷史文化學院，甘肅簡牘博物館，河西學院河西史地與文化研究中心編．－－蘭州：甘肅人民出版社，2024.7
ISBN 978-7-226-06039-1

Ⅰ．①簡… Ⅱ．①西… ②甘… ③河… Ⅲ．①簡（考古）－中國－文集Ⅳ．① K877.5-53

中國國家版本館CIP數據核字（2024）第026899號

責任編輯：張　菁
裝幀設計：馬吉慶

簡牘學研究·第十四輯：繁體字版
JIANDUXUE YANJIU　DISHISIJI FANTIZIBAN

西北師范大學歷史文化學院　甘肅簡牘博物館
河西學院河西史地與文化研究中心　編
甘肅人民出版社出版發行
（730030　蘭州市讀者大道568號）
蘭州鑫泰印刷有限公司印刷

開本 710毫米×1020毫米　1/16　印張13　插頁2　字數235千
2024年7月第1版　　2024年7月第1次印刷
印數：1~1 600

ISBN 978-7-226-06039-1　　定價：80.00元

目　錄

談談清華簡《五紀》中的幾個文字問題……………………………… 王永昌（ 1 ）

清華簡《筮法》"權侗"解……………………………………………… 蔡飛舟（ 8 ）

戰國楚墓出土遣策所記的兵器"劍"…………………………………… 蔣魯敬（ 15 ）

《嶽麓書院藏秦簡（陸）》指瑕兩則……………………… 董　飛　紀佳琪（ 29 ）

《史記新證》補…………………………………………………………… 周海鋒（ 35 ）

漢代居延烽燧亭障排列及設施構成初探……………………………… 傅興業（ 46 ）

《長沙五一廣場東漢簡牘》所見長沙郡及外來人物考論
　　　………………………………………………………… 蔣　波　楊爽爽（ 68 ）

長沙吳簡臨湘侯國平鄉民所在丘名考………………………………… 羅　凡（ 79 ）

岳麓書院所藏簡《秦律令（壹）》譯注二（下）
　　……………………………… 日本"秦代出土文字史料研究班"撰　尚宇昌譯（110）

簡牘本《蒼頡篇》的發現及研究綜述………………………………… 白軍鵬（153）

20世紀以來西北漢代官文書簡牘形制研究述論……………………… 李迎春（170）

《簡牘學研究》文稿技術規範…………………………………………… （201）

《簡牘學研究》征稿啓事………………………………………………… （203）

談談清華簡《五紀》中的幾個文字問題

王永昌

（山西大學文學院，太原 030006）

內容摘要：本文從文字書寫筆劃、構形特徵、用字習慣等方面討論了清華簡《五紀》文字中的非楚文字因素，以及其中值得注意的一些特殊字形及文字省簡訛誤現象。透過這些細微複雜的文字現象，可以看到清華簡《五紀》文本傳抄形成過程的複雜性。

關鍵詞：清華簡；五紀；非楚文字；特殊字形；省簡；訛誤

清華簡《五紀》是收錄於《清華大學藏戰國竹簡》第十一輯中的一篇重要長篇文獻，是研究戰國時期知識體系、思想觀念的重要材料。[①] 筆者在學習的過程中，深感簡文内容之晦澀難懂，本文衹就其文本中的幾個文字問題作一論述。

一、非楚文字因素

首先需要說明的是，清華簡《五紀》篇中有一些常見的非楚文字因素，如簡121 中的"家"字作"●"，無"宀"旁，簡 124 中的"逆"字作"●"，簡 41 中的"及"字作"●"，本文不再贅述。或有學者認爲上述"逆""及"二字之字形特徵不屬於非楚文字因素，本文認爲包山簡、上博簡《柬大王泊旱》《靈王遂申》《陳公治兵》、清華簡《楚居》等這類典型楚文字材料中"逆""及"二字的寫法就能

[①] 清華大學出土文獻研究與保護中心編，黃德寬主編：《清華大學藏戰國竹簡（拾壹）·本輯說明》，中西書局，2021 年，第 1 頁。

説明問題。①古文字有共同的形體來源，但在戰國時期已經形成了地域特色，有的地域較多地保留了早期文字的字形，這時候存古也是一種地域特征，不能因爲文字形體淵源有自而否認其作爲該地域或區系文字的特征。有的地域對早期字形的改造較大，逐漸形成其自身的文字書寫特征。

一般來說，如果戰國抄本文獻的作成時代較早，則其文本中的字形存古現象屬於早期用字習慣的遺留；如果文獻的作成時代在戰國，那麼其中字形存古現象的成因，就需要根據具體情況來判斷。如果戰國某地域或區系文字較多地繼承了商代或西周文字的寫法，那麼其中的字形存古現象實際上已經成爲該地域文字使用特征的反映，祇不過是一種保留了早期文字形體的地域特征。②如果戰國某地域或區系文字已經形成了有別於早期或他系文字特征的寫法，那麼其中的字形存古現象就具有了非該地或非該系文字的因素。如清華簡《五紀》中從"步"之"歲"字、作"𣇻"形之"鬲"字、作"𧗟"形之"道"字、"豕"旁、"良"字，這些字確實承西周文字而來，但與其在當前所見典型楚文字資料中的常見寫法明顯不同，這些字形的寫法雖然淵源有自，但其在西周金文中的寫法并未被繼承、吸納到楚文字中，即并未成爲其在楚文字中的特色，因此，這些存古的寫法就具有了非楚文字因素。

下面從文字書寫筆劃、構形特征、用字習慣等方面詳細列舉說明清華簡《五紀》中的非楚文字因素。

（一）歲

清華簡《五紀》中的"歲"字有兩種形體：一種從"月"作"歲"，如簡3之"𣪘"，是典型的楚文字構形特征；③另一種字形從"步"，如𣪘（簡67）、𣪘（簡68），從文字構形特征的角度來看，第二種寫法具有明顯的非楚文字因素。

（二）鬲

清華簡《五紀》中的"鬲"字作"𣇻"（簡2），這種寫法又見於清華簡《保訓》，與典型楚文字中"鬲"字或"鬲"旁作"𣇻"（上博簡·容成氏40）、"𣇻"

---

① 此外，還有一個依據就是楚、晋文字中"朔"字所從"屰"旁的字形差异，與楚、晋文字"逆"字中"屰"旁的字形差异是一致的，即楚文字"逆""朔"二字中的"屰"旁筆劃書寫婉轉，而晋系文字中"屰"旁的筆劃則較爲規整，如包山簡中的"朔"字作𣇻（簡63），温縣盟書中的"朔"字作𣇻（T1坎1：3802）。因此，清華簡《五紀》簡73中的"朔"字𣇻，其中的"屰"旁是具有非楚文字因素的寫法。筆者另有《談談楚地出土戰國簡中非楚文字因素的判定》（待刊），對此問題亦有討論。

② 還有可能是文獻爲仿古而作，那麼其中的字形存古現象，就要具體問題具體分析了。

③ 李守奎：《楚文字編》，華東師範大學出版社，2003年，第88—89頁。

（清華簡·芮良夫毖3）明顯不同，①而與晉系文字中"鬲"字的字形特徵頗爲接近。②李守奎曾指出《保訓》中"鬲"字的寫法是三晉的風格，③《五紀》中的"鬲"字很明顯也是具有晉系文字特徵的寫法。

（三）事

清華簡《五紀》中的"事"字有兩類不同的形體，一類作"✲"（簡10），是典型的楚文字寫法；④另一類作"✲"（簡126），字形上部作"告"形，這種書寫特徵的"事"字又見於晉系侯馬盟書、溫縣盟書中，如"✲"（侯馬一五六：一）、"✲"（溫縣T1坎1：2857），⑤通過對"事"字形體特徵的縱橫考察，不難發現清華簡《五紀》中部分"事"字的寫法具有明顯的非楚文字因素。

（四）射

清華簡《五紀》中的"射"字作"✲"（簡77），文字構形中含有"夬"旁，筆者曾在學界研究成果的基礎上，討論過清華簡《祝辭》《繫年》《赤鵠之集湯之屋》《鄭武夫人規孺子》等篇中含有"夬"旁的"射"字是具有晉系文字因素的寫法，⑥《五紀》中的"射"字與楚文字中從弓、從倒矢之"射"字明顯不同，是具有非楚文字因素的寫法。

（五）道、者、於

在目前所見的楚地出土簡帛資料中，"道"字幾乎皆作從辵（或"止"）從首，惟有郭店簡《語叢二》簡38中的"道"字作✲，從行從首，《語叢二》是具有齊系文字特點的抄本，⑦屬於非典型楚文字材料，"道"字寫作"衟"，并非楚文字的構形特徵。

值得注意的是，清華簡《五紀》簡87中的"道"字作"✲"，不僅與該篇簡文中其他7例"道"字之構形明顯不同，更與典型楚文字材料中"道"字的寫法不同。因此，從構形特徵的角度來看，清華簡《五紀》簡87中的"道"字，具有非楚文字因素。

---

① 包山簡中"鬲"旁的寫法，參見李守奎、賈連翔、馬楠《包山楚墓文字全編》，上海古籍出版社，2012年，第82、280、348頁。
② 湯志彪：《三晉文字編》，作家出版社，2013年，第365—366頁。
③ 李守奎：《〈保訓〉二題》，《古文字與古史考》，中西書局，2015年，第38頁。
④ 李守奎、賈連翔、馬楠：《包山楚墓文字全編》，上海古籍出版社，2012年，第124頁。
⑤ 湯志彪：《三晉文字編》，作家出版社，2013年，第406、410、412頁。
⑥ 王永昌：《清華簡文字與晉系文字對比研究》，吉林大學博士學位論文，2018年，第26頁。
⑦ 馮勝君：《郭店簡與上博簡對比研究》，綫裝書局，2007年，第259頁。

在清華簡《五紀》中，與簡 87 中的"道"字相類似的情況還有簡 51、52、81 中的"者"字和作╬形（簡 75）之"於"字。

清華簡《五紀》簡 51、52、81 中的"者"字作"✶"，與整篇簡文中其他 12 例"者"字及典型楚文字材料中"者"字的寫法明顯不同。整理者指出，"✶"與郭店簡《唐虞之道》中的"者"字形體類似。① 馮勝君曾論證《唐虞之道》是具有齊系文字特點的抄本，② 結論得到學界的一致認可。因此，《五紀》簡 51、52、81 中"者"字的形體具有非楚文字因素，當與它系文字的影響有關。

清華簡《五紀》中"於"字出現 31 次，其字形可分爲兩類，一類作"✶"（簡 77），是楚文字中的典型寫法，但僅出現 4 次；另一類作"✶"（簡 75），多達 27 次，這種寫法在當前所見的戰國簡中却很少見，僅見於郭店簡《唐虞之道》，馮勝君指出，這種寫法最接近於齊系文字的寫法。③

綜上所述，清華簡《五紀》中部分"道"字、"者"字、"於"字的字形特徵，呈現出明顯的非楚文字因素，很可能是齊系文字的特點。

（六）"謹"字中的"堇"旁

我們知道，楚文字中的"堇"字或"堇"旁作"✶"（上博簡·三德 7）、"✶"（清華簡·金縢 11）、"✶"（清華簡·廼命一 5），而清華簡《五紀》簡 100 中的"謹"字作"✶"，所從"堇"旁的寫法，筆劃干脆利落，且這種結構未見於楚文字中，這種寫法的"堇"旁僅見於清華簡《子產》簡 4"✶"字所從的"堇"旁中，二者寫法非常相近。

此外，值得注意的是，晉系文字中有"謹"字，字形作"✶""✶"，④ 與清華簡《五紀》中"謹"字的書寫筆劃特徵非常相近，從以上材料來看，《五紀》簡 100 中"謹"字所從的"堇"旁具有非楚文字因素。

（七）"豕"旁、良

清華簡《五紀》"豕生"等從"豕"諸字中的"豕"旁皆作"✶"（簡 60"豕生"字所從）形，這種寫法淵源有自，承西周金文中"豕"字的寫法而來，⑤ 但與當前所見楚文

---

① 清華大學出土文獻研究與保護中心編，黃德寬主編：《清華大學藏戰國竹簡（拾壹）》，中西書局，2021 年，第 109 頁。
② 馮勝君：《郭店簡與上博簡對比研究》，綫裝書局，2007 年，第 259 頁。
③ 馮勝君：《郭店簡與上博簡對比研究》，綫裝書局，2007 年，第 269—270 頁。
④ 湯志彪：《三晉文字編》，作家出版社，2013 年，第 316 頁。
⑤ 董蓮池：《新金文編》，作家出版社，2011 年，第 1365 頁。

字材料中"豕"字或"豕"旁的寫法存在較大的差異,^①呈現出明顯的非楚文字特徵。

清華簡《五紀》中的"良"字（或"狼"字所從的"良"旁）作"𦤶"（簡94）、"𦤷"（簡95），上部作"口"形，或將"口"形上部的橫筆拉長，這種寫法見於西周金文，如史季良父壺（集成9713）中的"良"字作"𦤸"，但與楚文字中"良"字的寫法明顯有別。^②西周金文"良"字上部作"口"形的寫法并未被楚文字所沿襲，因此，《五紀》中"良"字的寫法具有非楚文字因素。

（八）簡文用字"后"與"墜"

從簡文用字來看，清華簡《五紀》中有一些與楚文字用字習慣不一致的現象。例如，《五紀》中用"后"字記錄{后}，與楚文字材料中用"句"記錄{后}不同，且《五紀》中有"句"字，未見有記錄{后}的用法。再如，從當前所見出土文獻的用字習慣來看，楚文獻中用從"它"聲之"墜"記錄{地}，^③晉系文獻中用從"豕"聲之"墜"記錄{地}，而《五紀》中記錄{地}之用字有兩個，分別是"墜""墜"，如簡129之墜、簡127之墜。因此，從用字來看，《五紀》文本中有它系文字的羼入。

二、特殊字形

清華簡《五紀》中還有一些文字的寫法，與其在典型楚文字中的寫法不同，這些寫法甚至不見於清華簡以外的其他楚地出土戰國簡帛資料，這些特殊寫法的來源，值得進一步關注。

（一）清華簡《五紀》中的"亢"字共見13例，除了簡103中從"川"作之外，其餘12例皆作𠀌（簡26）形，下部所從較爲奇特，與之前所見"亢"字的寫法差別較大，這種現象在當前所見的文字資料中尚屬首見，其成因待考。

（二）清華簡《五紀》簡72中的"鳥"字作"𪁈"，簡77中的"鳥"旁作"𪁉""𪁊"，與楚文字中常見的"鳥"字或"鳥"旁的寫法不同（主要是字形下部），字形下部的筆劃當來源於𪁋（鸞，弔䚈父簋，集成4057.1）字所從"鳥"旁下部的寫法。

---

① 李守奎：《楚文字編》，華東師範大學出版社，2003年，第563—565頁。
② 李守奎：《楚文字編》，華東師範大學出版社，2003年，第329—330頁；李守奎、曲冰、孫偉龍：《上海博物館藏戰國楚竹書（一——五）文字編》，作家出版社，2007年，第286頁。
③ 郭店簡《忠信之道》是具有齊系文字特點的抄本，其中用"墜"字記錄{地}，當非楚文獻用字習慣。

（三）清華簡《五紀》中的"身"字共見7例，其中有3例的寫法與楚文字中的常見寫法一致，另外4例作"⿱"（簡29）、"⿱"（簡109）形，整理者認爲象妊娠之形。① 從"身"字的形體演變歷史來看，《五紀》中的這種特殊寫法與早期甲骨文中"身"字的寫法較爲接近。② 當然"⿱"這種寫法也可能是"⿱"（清華簡·皇門13）形寫法的省簡，即把"身"字腹部的勾勒形筆劃省簡爲一個簡短的筆劃。

（四）清華簡《五紀》中的"殷"字作"⿱"（簡68），其中"攴"旁的寫法在清華簡之外的其他楚文字材料中未見，或可與曾侯與編鐘中"殷"字所從"攴"旁的寫法聯繫起來。③

三、省簡與訛誤

清華簡《五紀》中還有個別文字的寫法，存在一些省簡現象，如簡文中的"黑"字作"⿱"（簡18），是在清華簡《筮法》"⿱"（簡50）形基礎上的省形。簡文中還存在一些字形訛誤現象，如簡52中的"慎"字作"⿱"，是"⿱"（簡87）字之訛寫，簡52中字形上部的"斤"旁之所以發生錯訛，是受到了該簡上文"階"字（中間相隔一字）的影響；再如簡100"黃"字"⿱"上部的M形，來源於該字上部"口"形橫筆拉長的訛寫。

最後，還需補充的是，清華簡《五紀》簡87中的"璧"字、簡69中的"保"字，其構字部件與書寫特徵也引起了筆者的注意，因爲這兩個字的特徵與其在新蔡簡中的寫法類似。《五紀》中"璧"字從"人"旁作"⿱"（簡87），與楚文字中"璧"字的典型構形特徵不符。從文字構形的角度看，楚文字"璧"字的典型特徵中并無"人"旁，而帶有"人"旁的寫法僅見於非典型楚文字材料新蔡簡。④《五紀》簡69中的"保"字作⿱，所從的"人"旁作"尸"形，這種寫法的"保"字在西周、春秋戰國文字中都是比較少見的，但在新蔡簡中的出現頻率却較爲集

---

① 清華大學出土文獻研究與保護中心編，黃德寬主編：《清華大學藏戰國竹簡（拾壹）》，中西書局，2021年，第101頁。
② 劉釗主編：《新甲骨文編》（增訂本），福建人民出版社，2014年，第497頁。
③ 筆者在討論清華簡《四时》中的非楚文字因素時，對這一現象有所解釋，參見《談談清華簡〈四時〉中的非楚文字因素》，劉玉堂主編《楚學論叢》第11輯，湖北人民出版社，2022年，第7頁。
④ 蔡麗利：《楚卜筮簡文字編》，學苑出版社，2015年，第149—151頁。

中。①"璧""保"二字中的這一現象能否聯合起來考慮，值得關注。

總之，清華簡《五紀》雖然主要是用楚文字抄寫而成，但其文本中的文字形體，有許多值得注意的細微現象，尤其是字形中所包含的晉系、齊系等非楚文字因素。從這些字形特徵所反映的信息來看，清華簡《五紀》文本的形成經歷過一個複雜的傳抄過程。

附記：小文初稿完成後，注意到陳民鎮先生在《北方論叢》2022年第4期上發表《略說清華簡〈五紀〉的齊系文字因素》，與小文的內容有相關之處，請讀者參看。本文是國家社科基金青年項目"清華簡文字與晉系文字對比研究"（19CYY029）的階段性成果。

作者簡介：王永昌，男，1988年生，山西大學文學院副教授，主要研究漢字學、出土戰國簡帛文獻。

---

① 蔡麗利：《楚卜筮簡文字編》，學苑出版社，2015年，第1142—1143頁。

清華簡《筮法》"權桐"解

蔡飛舟

（福建師範大學社會歷史學院，福州 350117）

内容摘要：清華大學藏戰國竹書《筮法·爻象》所載筮數"八"之象有"權桐"一物，"權桐"當讀作"罐筩"，訓作汲灌器。汲器之"罐筩"與《周易·井》卦辭"瓶"、九二爻辭"甕"合，而灌器之"罐筩"與《周易·觀》卦辭"盥"合，"瓶""甕""盥"與"罐筩"，皆取象於巽。《筮法·爻象》"罐筩"之象不見《説卦》，然得象與《説卦》"巽爲木"相通，是二書同源而別流也。"罐筩"雖是《周易》卦爻辭與《筮法·爻象》會通之例，然二書用象不同者仍多。先秦説卦之書當不止一種，惜尚未見與《周易》用象全合者。

關鍵詞：權桐；羸其瓶；甕敝漏；盥而不薦

先秦八卦卦象，除世傳《説卦》尚可稽其概略外，資料甚鮮。今於清華大學藏戰國竹書《筮法》中，考得巽卦"權桐"一象，適與《周易》卦爻辭及《説卦》巽木之象相通，爰爲學界試陳拙見，謹詳説之如下。《筮法·爻象》：

　　凡（凡）肴（爻）象，八爲風，爲水，爲言，爲非（飛）鳥，爲癰脹，爲魚，爲權桐，才（在）上爲飢（飢），下爲汰（汏）。　　（簡53）[1]

清華簡整理者云："權桐，名詞，暫釋爲'罐筩'。罐，《説文》新附字。"[2] 按，此説可從，惜未詳論。學界别作新解者，或讀爲"權重"，[3] 或讀作"管筩"，[4]

---

[1] 《筮法》原簡圖版見李學勤主編《清華大學藏戰國竹簡（肆）》，中西書局，2013年，第2—9頁。
[2] 李學勤主編：《清華大學藏戰國竹簡（肆）》，中西書局，2013年，第120頁。
[3] 子居曰："'權桐'當讀爲'權重'。'權重'一詞，先秦習見。"見子居《清華簡〈筮法〉解析（修訂稿）》，《周易研究》2015年第1期。
[4] 黃杰曰："'權'當讀爲'管'，古'藿'聲、'官'聲之字多通用，'權（管）'與'筩'爲同類之物，文獻中常換用、連言或相訓。"見黃杰《清華簡〈筮法〉補釋》，《周易研究》2017年第2期。

皆與《易》卦爻辭不能相印證，茲所不取，整理者所釋當可從。①

罐器今通用字"罐"，最早見於《説文》新附，以目前所見出土文獻視之，先秦時罐器或作"鏆"，見"仲作旅鏆"；②或作"𦈢"，見清華簡《封鄦之命》。③以字理論，器物字常因材質不同，而别有異構。以土製，故從缶作"罐"；以金製，則從金作"鏆"；若以木，則當從木作"㰍"也。此猶䀇鋺椀、鏄鐏樽之類。故清華簡《筮法》所見"㰍"字，造字朔義蓋爲木製罐器。《玄應音義》收録"罐"之異體"㰍"，④字雖後起，然字理竟上溯千年而與古人暗合，疑有較古之來源。"㰍"字因材質而造，可不用改字，整理者標讀以今通用之"罐"字，拙文姑從之，以其材質雖異，功用則同。

"罐"本義蓋爲汲水器。《廣韻》："罐，汲水器也。"⑤既得汲水，則當是圓體而深者，故亦可泛指罐狀容器。而"筩"字，字與筒、桶通。《説文》："筩，斷竹也。"⑥本義爲竹筩，又居延漢簡有"汲桐（筩）"（簡六八·六三），⑦則筩亦可作汲器。引申之，凡筩狀器，悉可以筩稱。罐、筩二器，皆體似圓柱而腹内深邃，若論其别，蓋罐身肥凸而筩體瘦平，此但就常見者而試作描述，然不可概論，二物實甚相類。由此觀之，語素俱是名詞之"罐筩"當有二義，一則泛指容器，一則特指汲器。除此之外，"㰍"又可讀作動詞"灌"，則"灌筩"者，義爲用於灌沃之筩。《韓非子·説疑》云："御觴不能飲者，以筩灌其口。"⑧可知筩不妨有灌之功用。

以上三解，一爲容器，一爲汲器，一爲灌器。《筮法·爻象》一章，猶同書《祟》章，雜録筮數之象，各象之間，并無關聯，在無語境可限定"罐筩"確詁時，不妨義取寬泛，庶廣爻象之用。然而若尋得其與《周易》具體取象之相通處，則汲器、

---

① 諸說中，學界亦多傾向整理者之說。張榮焜曰："整理者釋'㰍𤮺'爲'罐筩'，較子居釋'㰍重'意義更爲符合。"見季旭昇主編《清華大學藏戰國竹簡（肆）讀本》，萬卷樓圖書股份有限公司，2019年，第145頁。又李宛庭曰："依文意，應如原考釋云，此處'㰍𤮺'二字當作爲名詞使用，暫從原考釋之說，'罐''筩'皆屬容器。"見李宛庭《〈清華大學藏戰國竹簡（肆）·筮法〉研究》，臺灣中興大學碩士學位論文，2016年，第146頁。

② 中國社會科學院考古研究所：《殷周金文集成釋文》九九八六，香港中文大學中國文化研究所，2001年，第七册，第55頁。

③ 李學勤主編：《清華大學藏戰國竹簡（伍）》，中西書局，2015年，第41頁。

④〔唐〕玄應：《一切經音義》卷八，《叢書集成》影印海山仙館本，第385頁。

⑤〔宋〕陳彭年等：《宋本廣韻》，江蘇教育出版社，2005年，第116頁。

⑥〔漢〕許慎：《説文解字》卷五上，清同治陳昌治刻本，第5頁。

⑦ 簡牘整理小組編：《居延漢簡（壹）》，"中研院"歷史語言研究所，2014年，第211頁。

⑧〔清〕王先慎：《韓非子集解》卷一七，清光緒間刻本，第16頁。

灌器二解，最得其實。按"罐""灌"同源，"罐"之音義，實本乎"灌"，《玄應音義》卷八"瓶罐"注："罐，又作灌、鑵二形，同。"①是汲器、灌器二種解法，不妨俱歸於"罐𥬇"一讀，因罐有汲、灌二功用，其於詞義遂有所區分。

愚嘗論《筮法·爻象》取象來源，筮數"八"轄巽、坎二卦，"八"之諸象即從巽☴、坎☵而來。"權𥬇"木制，當從巽木得象②。而此巽木之象，却隱然與《周易》卦爻辭象義可通，上文之所以將"罐𥬇"之義定爲汲灌器，實本乎此。謹試論之如下。

罐𥬇者，可解作汲器。《易》有井卦䷯，巽下坎上，前人多以巽木爲桔橰，而以桔橰汲水解井象。今若將巽徑取罐𥬇之象，則似較桔橰汲水之象爲簡便。《井》卦辭曰："井：改邑不改井，无喪无得，往來井井。汔至亦未繘井，羸其瓶，凶。"鄭玄注："坎，水也。巽木，桔橰也。互體離兑，離外堅中虚，瓶也。兑爲暗澤，泉口也。言桔橰引瓶下入泉口，汲水而出，井之象也。"③鄭氏之説，以巽木爲桔橰，互離爲瓶，謂桔橰引瓶下入泉口。按桔橰之制，用槓桿爲框架，一端繫汲器，一端懸重物。《莊子》述之甚明。《莊子·天地》："鑿木爲機，後重前輕，挈水若抽，數如泆湯，其名爲橰。"④桔橰蓋古時極常見之汲水器。山東嘉祥宋山汲水庖廚漢畫像中所見桔橰（圖一）與千餘年後《天工開物》所繪桔橰（圖二），幾無二致。審其形制，皆以槓桿一端下懸罐𥬇以爲汲水之用。換言之，若欲於《井》卦中尋求桔橰之合理卦象，則須是以巽木下懸一瓶罐爲是。然鄭玄所取卦象，反而以巽木居離瓶之下，是其取象之不合常理處。故不如徑將巽取罐𥬇，而以罐𥬇上水會井象爲省便，卦辭所謂"瓶"者，即巽罐𥬇之象也。巽爲罐𥬇，則井卦巽下坎上，猶特寫水井之二大不可或缺之要素，此二要素既得，則不論徒手於近、懸綆於深，亦或桔橰俯仰、轆轤圓轉，皆足以一卦賅之。且鄭氏之説，必以離爲瓶，更與爻辭相違。《井》九二曰："井谷射鮒，甕敝漏。"⑤甕亦瓶也。九二在下巽，而不在互離中，是可見《井》卦之瓶、甕象，當取諸巽。

---

① 〔唐〕玄應：《一切經音義》卷八，《叢書集成》影印海山仙館本，第385頁。
② 《筮法·爻象》曰："八爲風，爲水。"又曰："五象爲天，爲日。"此東南巽風與正南坎水合爲一方、西北乾天與正北離日并作一方之顯證。《筮法·爻象》載筮數八、五、九、四之爻象，其得象之源，實將八方位卦重作四分，而每一筮數各轄一方二卦以取象。歷考《爻象》所取，與世傳《説卦》卦象多可通。詳見拙文《清華簡〈筮法·爻象〉芻論》，《周易研究》2017年第3期。
③ 〔唐〕李鼎祚：《周易集解》卷一〇，清姑蘇喜墨齋張遇堯局鐫本，第1頁。
④ 〔清〕郭慶藩：《莊子集釋》卷五上，清光緒聞思賢講舍刊湘陰郭氏本，第15頁。
⑤ 〔魏〕王弼、韓康伯注，〔唐〕孔穎達正義：《周易正義》卷五，清嘉慶江西南昌府學刻《十三經注疏》本，第16頁。

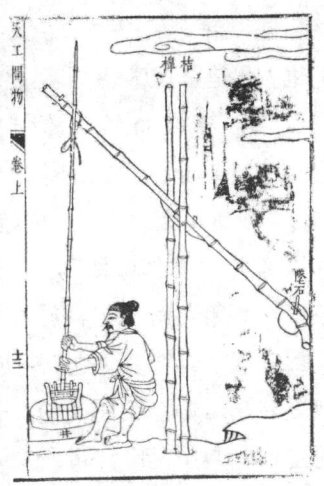

圖一　宋山小石祠東壁畫像（局部）[①]　　圖二　《天工開物》桔槔圖[②]

先儒亦有不用桔槔，而徑以巽作汲器解者。宋馮椅《厚齋易學》曰：

　　缾，[③]白經反，汲水器，文從缶，瓦器也。或謂古无桶，故不取巽木爲象。
　然韓信以木罌缶渡師，如樽罍古皆用木，疑古以木爲瓶，從缶則亦有瓦
　爲之者，此象巽木无疑。[④]

馮氏之説是也。學者蓋不知古有木瓶，而不能直解其象。或以植物蒸騰作喻，以爲水氣緣木而出於木末，[⑤]或徑以巽虛化而作入解，謂汲器入在水下而上水[⑥]，是汲器之象終埋没而不可得。明林希元《易經存疑》云："古人以瓦器汲水，未嘗用木桶也"，[⑦]殊不知生民作器，厥初蓋多以木製，木桶汲水，何足怪哉？

罐筲既汲，則可用作灌器。又灌、盥古通。至此，《易》之觀卦䷓可得新解，《觀》卦辭："盥而不薦，有孚顒若。"[⑧]觀上卦爲巽，蓋亦取罐筲象，因有"盥"義。"盥"

[①] 圖見中國畫像石全集編委會：《中國畫像石全集》第一卷《山東漢畫像石》，山東美術出版社，2000年，第65頁。除此之外，嘉祥武梁祠、長清孝堂山、臨沂白莊等畫像石中，亦見桔槔圖像，形制皆大同。參看楊晰智《山東漢畫像石中的農具研究》，哈爾濱師範大學碩士論文，2015年，第21—22頁。
[②] 〔明〕宋應星：《天工開物》卷上，明崇禎十年刻本，第13頁。
[③] "缾"，原書譌作"瓨"，據下文所述切語"白經反"及字形分析"文從缶"改。
[④] 〔宋〕馮椅：《厚齋易學》卷四，清文淵閣四庫全書本，第7—8頁。
[⑤] 朱子曰："草木之生，津潤皆上行，直至樹末，便是木上有水之義。"見〔宋〕黎靖德編《朱子語類》卷七三，明成化九年刻本，第2頁。
[⑥] 陳祖念曰："巽乎水而上水，巽取入，不取木，入水上水，瓶也，北方之器也。北方以瓶甕汲，不用木桶。"見〔明〕陳祖念《易用》卷四，清文淵閣四庫全書本，第2頁。
[⑦] 〔明〕林希元：《易經存疑》卷六，國家圖書館藏清康熙間仇兆鰲等校刻本，第49頁。
[⑧] 《周易正義》卷三，清嘉慶江西南昌府學刻《十三經注疏》本，第8頁。

字舊注以灌鬯、盥手二說爲要,《周易集解》引馬融曰:"盥者,進爵灌地以降神也,此是祭祀盛時。"①此訓作宗廟祭祀時以鬯酒灌地之禮,而朱子《周易本義》則以"盥"爲"將祭而潔手也",②別是一説。二説前儒相攻駁者甚多,各有理致,尚難遽論是非。今以"罐筁"之象解之,灌鬯、盥手二説似皆可通。井卦☵巽下坎上,以罐筁出水爲象;而觀卦☷巽在坤上,罐筁灌地,是灌鬯之象也。灌鬯用器,即以罐名,"仲作旅罐"是也,羅振玉論此罐曰:"此罐殆受卣中之酒,持以灌地。"③故以"罐筁"解灌鬯,於象義俱甚切。前人不解巽罐,欲釋灌鬯之象,或輾轉求艮爲宗廟;或將上爻之三變成坎水;④或以巽入地中象灌鬯⑤。説多迂迴,反不如徑以巽爲罐筁灌沃爲簡便。若從朱子以盥爲潔手者,則"罐筁"義爲灌水以供盥手之器。盥用槃匜,世所素知,槃淺大、匜有流,皆與罐筁不類,然安徽壽縣蔡侯墓有器自名"盥缶",⑥則盥器種類不一也。又襄公九年《左傳》云"具綆、缶。"杜預注:"缶,汲器。"⑦是"缶"既可作盥器,亦可作汲器。今雖未見盥器以"罐"稱者,然缾、甕、罐諸字或從缶作,蓋亦缶屬。是"罐筁"依理亦得用爲"盥缶"。故《爻象》"罐筁"一名,實爲汲灌器之總稱,汲瓶、祼斝、盥缶等器,俱得以"罐筁"稱之。前儒取盥洗潔手象,亦多自巽卦來。如元胡一桂《周易本義通釋》曰:"盥取巽潔齊象。"⑧明陳祖念《易用》曰:"巽潔之有盥象。"⑨清辛紹業《易圖存是》曰:"艮爲手,巽爲潔,用水潔手,盥象。"⑩此説雖本《説卦》,然巽"絜齊"之象,未必與水相關。《説卦》云:"齊乎巽,巽東南也。齊也者,言萬物之絜

---

① 《周易集解》卷五,清姑蘇喜墨齋張遇堯局鎸本,第 7 頁。
② 〔宋〕朱熹:《周易本義》卷一,宋咸淳元年吴革刻本,第 34 頁。
③ 羅振玉《中罐蓋跋》:"此器形如觶而較大,其爲酒器無疑,考卣爲中尊,祭時以盛鬱鬯灌地以降神,然卣爲盛酒之器,與尊、壺同,不可持以灌,必酌酒於他器。溵陽端忠敏公藏寶雞諸酒器,一卣中有勺。此罐殆受卣中之酒,持以灌地,故視飲器中之觶容量較大,而形制全同。此器既用以灌,遂以灌名。从金作者,以金爲之,故加金也。"見羅振玉《丁戊稿》,《羅振玉學術論著集》第十集,上海古籍出版社,2013 年,第 220 頁。
④ 鄭玄曰:"互體有艮,艮爲鬼門,又爲宮闕,地上有木,而爲鬼門宮闕者,天子宗廟之象也。"虞翻曰:"坎爲水,坤爲器,艮手臨坤,坎水沃之,盥之象也。"又曰:"上之三,五在坎中。"鄭、虞説俱見《周易集解》卷五,清姑蘇喜墨齋張遇堯局鎸本,第 7 頁。
⑤ 李綱曰:"卦體坤地巽入,有祼鬯之象,祼鬯入地,以求神於陰,所謂臭陰達於淵泉者也。"轉引自馬其昶:《周易費氏學》卷三,民國七年抱潤軒刻本,第 4 頁。
⑥ 此器見《殷周金文集成釋文》九九九二,第七册,第 57 頁。
⑦ 〔晋〕杜預注,〔唐〕孔穎達正義:《春秋左傳正義》卷三〇,清嘉慶江西南昌府學刻《十三經注疏》本,第 19 頁。
⑧ 〔元〕胡一桂:《周易本義通釋》卷一,清文淵閣四庫全書本,第 106 頁。
⑨ 〔明〕陳祖念:《易用》卷二,清文淵閣四庫全書本,第 16 頁。
⑩ 〔清〕辛紹業:《易圖存是》卷下,民國豫章叢書本,第 17 頁。

齊也。"①考其上下文意，蓋爲萬物生長清新整齊，②仍取象於木，却與水事鮮及。木整齊引申而爲潔淨，再以喻盥洗之功用，宛轉求得，實是無奈。然巽潔齊之象，已是前人尋"盥"象之最上解。今罐筲之象既得，若徑以巽解，實較前人爲簡潔。罐筲可以盥沃，用象明快，直抵其義。

前論《筮法·爻象》"罐筲"爲汲灌器，且推其卦象取自於巽。遂據以就《周易·井》卦爻辭"瓶""甕"及《觀》卦辭"盥"之用象試作新解。拙説非謂必是，然竊謂取象但用上下卦，而不用互體、卦變等例，蓋目前解釋《易》中瓶盥取象最省便之法。夫仰觀俯察，其初用象蓋極簡明，古象不存，後儒冥索幽求，遂致象例日繁，然揆諸事理，蓋以易簡者爲較是。《周易》卦爻辭中，隱約可見以巽取"罐筲"象之影踪，然而巽爲罐筲，未見《説卦》，是《周易》與《爻象》用象相通之一例。雖然，"權徊"字從木作，與《説卦》"巽爲木"可通，是《爻象》與《説卦》，蓋同源而別流也。《晉書·束晳傳》載太康二年，汲郡人不準盜發魏冢，所得竹書中有《卦下易經》一篇，似《説卦》而異"③。今復以《爻象》觀之，蓋先秦時流傳説卦之書，自有多種。世傳《説卦》所記卦象與《周易》卦爻辭用象未能一如，先儒已論及之，朱子曰："《易》中占辭，其取象亦有來歷，不是假説譬喻，但今以《説卦》求之，多所不通。"④其説是也。今雖於《爻象》中偶得"罐筲"與《易》可通，然不可通處亦多有之，如《爻象》筮數"八"之"言"當本巽風而得象，然《易》中涉"言"卦爻辭凡十餘處，所在卦體均未見與巽相關，而先儒解"言"或用兑、或用震，亦未嘗取之於巽。又如璃、琥、璜、雪、露、霰云云，亦但見《爻象》，而不見於《易》。是可知《周易》用象既不能盡符於《説卦》，亦不能全合於《爻象》。當時説卦之書，或有與《周易》用象合若符契者，惜其不傳久矣。

---

① 《周易正義》卷九，清嘉慶江西南昌府學刻《十三經注疏》本，第 5 頁。
② 黃壽祺先生、張師善文先生曰："'絜齊'猶言'整潔一致'，形容萬物萌生之後順暢生長的清新整齊狀態。"此説可從。見黃壽祺、張師善文《周易譯注》（新修訂本），上海古籍出版社，2018 年，第 788 頁。
③〔唐〕房玄齡等：《晉書》，中華書局，1974 年，第 1432 頁。
④〔宋〕朱熹：《晦庵先生朱文公文集》卷五六《答鄭子上》，明嘉靖間刻本，第 28 頁。

附記：

本文是國家社科基金青年項目"出土文獻所見先秦象數易例研究"（20CZS011）階段性成果。初稿嘗得張師善文先生審閱，投稿復蒙《簡牘學研究》編輯部及外審專家賜教，皆受益良多。謹識文末，敬申謝忱！

作者簡介：蔡飛舟，男，1988年生，福建晉江人，福建師範大學社會歷史學院副教授，主研易學。

戰國楚墓出土遣策所記的兵器"劍"

蔣魯敬

(荆州博物館,荆州 434020)

内容摘要:戰國楚墓出土遣策簡所記的"劍",除了記録隨葬劍的數量外,在表示具體數量的數詞後還有表示劍之用途的修飾詞。"劍"字前"吴""越"等表示地名的修飾詞,可與《周禮·考工記》所記的"吴粤(越)之劍"相參照。表劍産地的"越""吴"等修飾詞,是强調吴越之劍的聞名於時。而楚劍銘中的地名,則屬於物勒工名。通過對比遣策所記劍與實際出土劍的數量,大多都相符。

關鍵詞:楚墓;遣策;劍

楚國貴族的佩劍之習,文獻中多有記載,如《説苑·善説》"昔者荆爲長劍危冠,令尹子西出焉";[1]《楚辭·九歌·東皇太一》"撫長劍兮玉珥,璆鏘鳴兮琳琅。"[2]《史記·伍子胥列傳》在記述伍子胥出奔吴國途中,乘一漁父之船渡江後,伍子胥解其劍,曰"此劍直百金,以與父"。[3] 從考古資料來看,楚墓出土的兵器中也以銅劍居多。[4] 包山 M2 出土的文書簡《集箸言》簡 18 還有"鑄劍之官"的記載。然而,楚墓出土的竹簡遣策中對劍的記載却并不多見,目前衹見於仰天湖 M25、望山 M2、天星觀 M1 和安崗 M1 出土的遣策中。

---

[1] 〔漢〕劉向撰、趙善詒疏證:《説苑疏證》,華東師範大學出版社,1985 年,第 309 頁。
[2] 〔宋〕洪興祖撰、白化文等點校:《楚辭補注》,中華書局,1983 年,第 55 頁。
[3] 《史記·伍子胥列傳》,《史記》卷六六《伍子胥列傳》,中華書局,1982 年,第 2173 頁。
[4] 如當陽趙家湖、江陵雨臺山和九店三處墓地出土的銅劍分別爲 57 件、172 件和 203 件,在各自墓地出土的兵器中占比最多。參湖北省宜昌地區博物館、北京大學考古系《當陽趙家湖楚墓》,文物出版社,1992 年,第 124 頁;湖北省荆州地區博物館《江陵雨臺山楚墓》,文物出版社,1984 年,第 76 頁;湖北省文物考古研究所《江陵九店東周墓》,科學出版社,1995 年,第 214 頁。

一、遣策所記之"劍"

1. 仰天湖 M25[①]

　　一邔（越）鍺鐱（劍），生絇，紿組，贏觥，□觚。促（疏）羅之縛（帶）。促（疏）羅緅之緱。已。　　　　　　　　（簡23）

2. 望山 M2[②]

　　七酋（商）會（劍）。一耑戈。七會（劍）縛（帶）。　（簡48）

3. 天星觀 M1

　　二行鐱（劍）。[③]

　　三行鐱（劍）。[④]

4. 安崗 M1

　　一吴牅鐱（劍），緟縛（帶）。一索者鐱（劍），紅□。（簡4）

以上是目前所見遣策簡中有關兵器"劍"的簡文，沙洋嚴倉 M1 出土的遣策簡除了車馬器外，還有盤、匕、劍、戈、席等，[⑤]由於簡文尚未刊布，其中，有關"劍"的具體情形還不詳。因此，本文祇討論上舉四座墓葬出土遣策簡中的"劍"。

作爲中國傳統兵器類別"五兵"之一，銅劍在中國的出現年代并不早。目前所見年代最早的青銅劍是出現在晚商到西周時期的柳葉形青銅短劍。[⑥]《説文·刃部》："劒，人所帶兵器也。从刃僉聲。劍，籀文劒，从刀。"對比遣策簡文中"劍"字形體（表1），除了望山 M2 作"會"，其餘各簡中"劍"字皆从金作"鐱"。望山 M2 的"會"字形體，還見於郭店《老子》甲簡5、《性自命出》簡26、64，上博簡等，在簡文中用作"憸""儉"或"斂"。[⑦]包山 M2 簡121 有一"詧"字，李守奎先生認爲是"會"的省形，[⑧]或釋爲"競"字，并據《離

---

① 竹簡釋文參陳偉等著《楚地出土戰國簡册〔十四種〕》，經濟科學出版社，2009年，第470頁；劉國勝《楚喪葬簡牘集釋》，科學出版社，2011年，第116頁。
② 竹簡釋文參武漢大學簡帛研究中心、湖北省文物考古研究所、黃岡市博物館《楚地出土戰國簡册合集（四）》，文物出版社，2019年，第44頁。
③ 滕壬生：《楚系簡帛文字編（增訂本）》，湖北教育出版社，2008年，第188頁。
④ 滕壬生：《楚系簡帛文字編（增訂本）》，湖北教育出版社，2008年，第188、432頁。
⑤ 湖北省文物考古研究所、武漢大學簡帛研究中心：《湖北荆門嚴倉1號楚墓出土竹簡》，《文物》2020年第3期。
⑥ 徐堅：《時惟禮崇：東周之前青銅兵器的物質文化研究》，上海古籍出版社，2014年，第62頁。
⑦ 參陳偉等著《楚地出土戰國簡册〔十四種〕》，經濟科學出版社，2009年；徐在國《上博楚簡文字聲系（一——八）》，安徽大學出版社，2013年，第3255—3256頁。
⑧ 李守奎：《楚文字編》，華東師範大學出版社，2003年，第319頁。

騷》"衆皆競進以貪婪兮"王逸注："競，并也"，認爲包山M2簡121"䇞殺"表示共同殺害。① 从金的"鐱"字，還見於九店M56簡36、包山M2簡18，李守奎先生認爲是"劍"字异體。② 葛陵簡乙四56、清華簡《筮法》簡47"劍"字亦从金作"鐱"。由此可見，《説文》中从"刃"的"劒"字，在戰國楚簡中多从金作"鐱"。在有銘銅劍中，"劍"字亦从金作"鐱"（如《殷周金文集成》11588、11589、11643，下文所引《殷周金文集成》皆簡稱《集成》），楚簡中的"鐱"，或認爲是劍銘中的"僉"旁增贅旁"甘"，屬於繁化。③

表1 遣策簡中"劍"字形對比

| 望山M2簡48 | 仰天湖M25簡23 | 天星觀M1 | 安崗M1簡4 |

仰天湖M25遣策簡中的"邺"，史樹青先生認爲與"越"通，作地名。④ 李學勤先生指出，越劍出於楚墓曾見於長沙古物聞見記。⑤ 越國銅劍尤其是越王劍出土于楚墓已屢見不鮮。如紀南城周邊的楚墓出土了越王勾踐、⑥ 者旨於賜、⑦ 州句、⑧（嗣旨）不光⑨ 四代越王的有銘青銅劍，其中，劍銘中的"越"字，除了在越王勾踐劍中从邑，與仰天湖M25遣策簡相同作"邺"，其餘均作"戉"。越國的"越"，清華簡《繫年》作"戉"，《越公其事》則作"雩"和"邺"，楚簡中這類同一字不同的寫法，可能與簡本的底本以及抄手的書寫習慣有關。"鐱"，李守奎先生釋爲"鑄"。⑩ "越鑄劍"大概就是越人所鑄之劍，吳越鑄劍聞名于時，

---

① 參陳偉等著《楚地出土戰國簡册〔十四種〕》，經濟科學出版社，2009年，第60頁。
② 李守奎：《楚文字編》，華東師範大學出版社，2003年，第802頁。
③ 孫合肥：《戰國文字形體研究》，中華書局，2020年，第207、247頁。
④ 史樹青：《長沙仰天湖出土楚簡研究》，群聯出版社，1955年，第26頁。
⑤ 李學勤：《談近年新發現的幾種戰國文字資料》，《文物參考資料》1956年第1期。
⑥ 湖北省文物考古研究所：《江陵望山沙冢楚墓》，文物出版社，1996年。
⑦ 江陵縣文物局：《江陵官坪楚墓發掘簡報》，《江漢考古》1989年第3期；張世松：《越王鹿郢劍》，《荊州重要考古發現》，文物出版社，2009年，第129頁。
⑧ 荊州地區博物館：《湖北江陵藤店一號墓發掘簡報》，《文物》1973年第9期。
⑨ 滕壬生：《越王不光劍》，《荊州重要考古發現》，文物出版社，2009年，第134頁；荊州博物館：《湖北荊州曹家山一號楚墓發掘簡報》，《江漢考古》2015年第5期。
⑩ 李守奎：《楚文字編》，華東師範大學出版社，2003年，第794頁。

故稱越鑄劍。①劉國勝先生疑"鍺劍"與望山 M2 的"商劍"是同語的異寫。②"鍺"，又見於燕王職劍（《集成》11643）銘"郾（燕）王職乍武無鍺劍"，董珊先生認爲"武無鍺"是劍銘自名前的限定語。③"鍺"在劍銘中又可省"金"旁作"者"（《集成》11634）（表2）。在楚國戈銘中，有一類自名爲"輊戈"，如楚王酓（熊）璋戈（《集成》11381），燕國兵器銘文中，有一類自名爲"萃鋸（戟）"，如郾侯載戈（《集成》11186），或認爲"輊"與"萃"字應爲一詞在不同系文字之異寫，表示戰車部隊。④因此，不論是楚簡遣策，還是燕王職劍銘中的"鍺（或'者'）"，應類似於"輊（萃）"字，可能表示"劍"的某種用途或置用場所。

表2 遣策與燕王職劍銘中鍺、者字比較

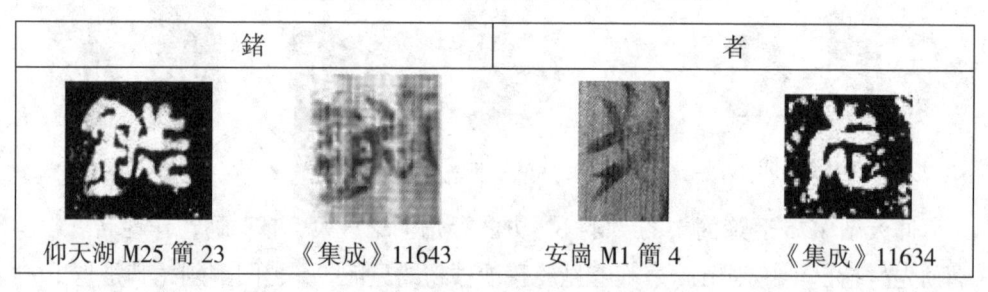

鍺		者	
仰天湖 M25 簡 23	《集成》11643	安崗 M1 簡 4	《集成》11634

"鍺劍"之下的簡文是對"鍺劍"形制、裝飾的說明。郭若愚先生認爲，"生絇"，即"青絇"，爲此劍之衣鼻；"綹組"指劍衣。⑤田河先生疑"絇"讀爲"緱"，仰天湖25號墓出銅劍一柄，柄有絲織"繃緱"，劍套於黑漆劍鞘內。與簡文所記吻合。"綹"可能讀爲"貊"，"綹組"即"貊靼"，是一種柔革，似乎是劍的附飾。⑥劉國勝先生疑"生絇"指"鍺劍"劍手柄上的絲質包裹。疑"組"讀爲"縛"，"綹縛"似指纏卷劍鞘的絲織束帶。"贏"疑指"舩"上的紋飾。"舩"疑讀爲"璏"。此墓出土銅劍的鞘上有玉劍璏"青白色，正面刻有穀紋"，"贏舩"似指此物。"疏羅之帶"似是記"鍺劍"的劍帶。⑦

安崗 M1 遣策簡"一吳牀劍，一索者劍"，整理者指出，"吳"指吳地，"牀

---

① 田河：《出土戰國遣冊所記名物分類匯釋》，吉林大學博士學位論文，2007年，第151頁。
② 劉國勝：《楚喪葬簡牘集釋》，科學出版社，2011年，第127頁。
③ 董珊：《戰國題銘與工官制度》，北京大學博士學位論文，2002年，第97頁。
④ 劉釗：《襄陽陳坡"昭王之信戈"銘文補釋》，《考古》2016年第6期。
⑤ 郭若愚：《長沙仰天湖戰國竹簡文字的摹寫和考釋》，《上海博物館集刊》第3期，上海古籍出版社，1986年，第28頁。
⑥ 田河：《出土戰國遣冊所記名物分類匯釋》，吉林大學博士學位論文，2007年，第174頁。
⑦ 劉國勝：《楚喪葬簡牘集釋》，科學出版社，2011年，第128、129頁。

劍",即"將劍"。"索"似當讀爲"楚",指楚地。"將劍""者劍"都是劍名。"吳將劍"是指吳國制作或吳式的將劍。"者劍"當即仰天湖遣策簡中的"鍺劍"。"索"與仰天湖簡中"越"地位相當,似當讀爲"楚"。"索""楚"音近相通。"楚者劍"即指楚國制作或楚式的"者劍"。安崗 M1 出土銅劍 2 把,長度、形制不一,當即簡文所記"吳將劍"和"楚者劍"。縞帶,將劍的劍帶。"細□",當是記"者劍"的劍帶,疑末字是"帶"。①

安崗 M1 遣策簡中的"一吳酒劍"之"酒",又見於簡 15"一吳酒妻文","妻文",同簡中又作"䍿敓",整理者認爲當指墓中出土的銅削刀。②長臺關簡 2-011"二酒白之膚"、③包山簡 253 和簡 254"二酒白之膚"。④長臺關簡和包山簡整理者都將"酒"釋爲"醬",包山簡整理者進一步指出"醬字,指醬色"⑤。胡雅麗先生認爲"醬"借作"妝","白"借作"碧","妝碧"指裝飾的綠松石。⑥何琳儀先生認爲"酒白",讀"漿白"。⑦劉信芳先生認爲"醬白"是指"膚"之顏色(淺絳色)。⑧"酒",即《説文·酉部》"醬"字之古文。在長臺關和包山簡中,"酒"字都與表示顏色的"白"字一起修飾"膚",故"酒"字可能如多數學者所言,用來表示顏色。《周禮·考工記》:"鄭之刀,宋之斤,魯之削,吳粵之劍,遷乎其地,而弗能爲良,地氣然也。"又"粵無鏄",鄭玄注:"此粵,越國。"⑨因此,"吳粵之劍"即吳越之劍。《史記·伍子胥列傳》:"(吳王)乃使使賜伍子胥屬鏤之劍曰:'子以此死'",瀧川資言《史記會注考證》云:"屬讀爲鐲,刺也。《書·禹貢》孔傳:'鏤,鋼鐵也',亦取其利也。"⑩吳王夫差"賜"

---

① 劉國勝、胡雅麗:《安崗一、二號墓竹簡釋文與考釋》,襄陽市博物館、老河口市博物館《老河口安崗楚墓·附錄》,科學出版社,2018 年,第 149 頁。
② 劉國勝、胡雅麗:《安崗一、二號墓竹簡釋文與考釋》,襄陽市博物館、老河口市博物館《老河口安崗楚墓·附錄》,科學出版社,2018 年,第 153 頁。
③ 釋文參武漢大學簡帛研究中心、河南省文物考古研究所《楚地出土戰國簡册合集(二)》,文物出版社,2013 年,第 147 頁。
④ 釋文參陳偉等著《楚地出土戰國簡册〔十四種〕》,經濟科學出版社,2009 年,第 117 頁。
⑤ 河南省文物研究所:《信陽楚墓》,文物出版社,1986 年,第 129 頁;湖北省荊沙鐵路考古隊:《包山楚墓》,文物出版社,1991 年,第 391 頁。
⑥ 胡雅麗:《包山二號楚墓遣策初步研究》,見《包山楚墓·附錄》一九,文物出版社,1991 年,第 515 頁。
⑦ 何琳儀:《戰國古文字典》,中華書局,2004 年,第 705 頁。
⑧ 劉信芳:《楚簡釋字四則》,《古文字研究》第 24 輯,中華書局,2002 年,第 376 頁;劉信芳:《包山楚簡解詁》,(臺北)藝文印書館,2003 年,第 254 頁。
⑨ 十三經注疏整理委員會整理:《周禮注疏》,北京大學出版社,2000 年,第 1240 頁。
⑩〔日〕瀧川資言:《史記會注考證》,上海古籍出版社,2015 年,第 2810 頁。

伍子胥的"屬鏤之劍"自當是吴地的劍,由此可知,吴劍之名稱亦相當繁多。因此,安崗遣策簡中,用來修飾劍的"𦍩"字,用在表示銅劍制作地"吴"字之後,可能當如整理者所説的"將劍"是劍名。

曾侯乙簡122"二真楚甲,索",整理者指出,簡文"索"均用爲"素"。"索""素"本由一字分化,故二字可以通用。"素"是説明"二真楚甲"的。《國語·吴語》"素甲"韋昭注:"素,白甲。"① 信陽長臺關 M1 遣策簡 1 "一索緙帶","索"亦讀爲"素"。② 在戰國楚簡中,"索"多讀爲"素"。又曾侯乙簡130"一索(素)楚甲","索"和"楚"字同一簡中出現。因此,安崗 M1 遣策中的"一索者劍"之"索"可能還是讀爲"素",該墓出土的兩件銅劍,一件(M1:151)稍短,莖無箍,窄格;一件(M1:152)較長,莖中部有兩箍,箍上飾雲紋和圓圈紋;寬格雙面飾卷雲、圓圈組合而成的獸面(圖一)。③《禮記·檀弓下》"奠以素器",鄭玄注:"凡物無飾曰素。"④ 因此,安崗 M1 遣策簡 4 "素者劍",大概就是指墓内出土的稍短(M1:151)無紋飾的銅劍。上舉燕王職劍(《集成》11643)銘"郾(燕)王職乍武無鍺劍",董珊先生已指出"武無鍺"是劍銘自名前的限定語。⑤ 遣策簡中的"索(素)"大概與劍銘中的"無"相當。安崗 M1 遣策簡 15 有"一索鍺觖"，⑥ "索鍺"大概也應讀作"素鍺"。

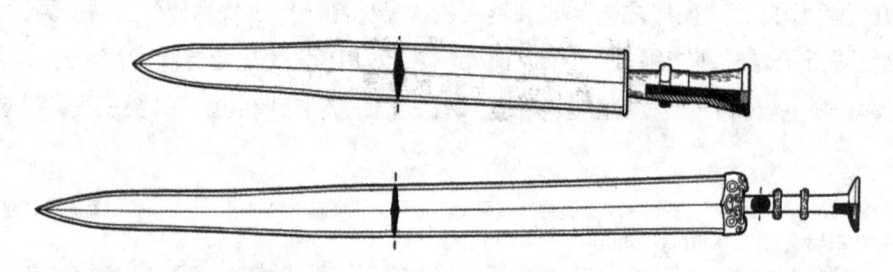

圖一　安崗 M1 出土銅劍（上，M1：151；下，M1：152）

天星觀遣策簡"二行劍""三行劍"中的"行",可能與銅器銘文中的"行器"

---

① 裘錫圭、李家浩:《曾侯乙墓竹簡釋文與考釋》,見湖北省博物館《曾侯乙墓·附録》一,文物出版社,1989年,第522頁。
② 中山大學古文字學研究室:《戰國楚簡研究》(二),1977年,第19頁。
③ 襄陽市博物館、老河口市博物館:《老河口安崗楚墓》,科學出版社,2018年,第54、57頁。
④ 十三經注疏整理委員會整理:《禮記正義》,北京大學出版社,2000年,第313頁。
⑤ 董珊:《戰國題銘與工官制度》,北京大學博士學位論文,2002年,第97頁。
⑥ 劉國勝、胡雅麗:《安崗一、二號墓竹簡釋文與考釋》,襄陽市博物館、老河口市博物館《老河口安崗楚墓·附録》,科學出版社,2018年,第145頁。

之"行"意義相同。以前,大多認爲銅器銘文中的"行"與文獻中的"征""征行"有關,[①]所以自青銅"行器"受到關注以來,大家自然而然將其理解爲遠行、出征或征伐。[②]隨着"行器"數量的不斷增加和研究的深入,楊華先生指出,青銅"行器"的用途絕不限於征行、燕行等,它們也可視爲隨葬的"遣器"。專門爲隨葬而制作的青銅行器,與《儀禮》中的"行器"和秦漢文獻中的"大行"之説相關。傳世文獻中的"行"和"大行"都與喪禮有關,表示死者遠行不返。[③]來國龍先生亦曾指出,包山 M2 遣策簡 259"相遷(徙)之器所以行"有關的器物,應該視爲供死者"冥界旅行"之用的隨身器具。[④]根據對文獻中"大行"的這種解讀,因此,天星觀遣策簡中的"行劍",大概也是指爲墓主邸陽君專門制作的隨葬用劍。1933 年,安徽壽縣朱家集李三孤堆出土的楚王酓(熊)章劍(《集成》11659),由於字迹不清,或將劍銘擬補爲"楚王酓(熊)章爲從士[鑄]劍,用[行用]征"。[⑤]劍銘明確説是楚王酓(熊)章(即楚惠王)爲"從士"鑄劍,故此劍銘中的"行"可能還是與文獻中的"征伐"有關。[⑥]

望山 M2 簡 48"七啻(商)劍",整理者認爲三體石經"啻(商)"字與簡文"劍"上一字相近,故暫釋此字爲"商"。此墓出銅劍七把,與簡文所記之數相合。劍帶當是繫劍之帶。[⑦]田河先生疑"啻"讀爲"摘",摘有佩飾之義,"摘劍"就是佩劍,望山二號墓邊箱出青銅劍 7 件,其中 WM2:B30 號劍劍柄有"繃綫"。[⑧]《戰國策·燕策三》:"荆軻廢,乃引其匕首提秦王",《史記·刺客列傳》"提"作"摘","提"與"摘"爲通假字。[⑨]《説文·手部》:"摘,搔也。从手啻聲。一曰投也。"據此,"啻(商)"或可讀爲"摘(提)","啻劍"即"摘

---

① 參陳英傑《西周金文作器用途銘辭研究》,綫裝書局,2008 年,第 534 頁。
② 楊華:《"大行"與"行器"——關於上古喪葬禮制的一個新考察》,《湖南大學學報(社會科學版)》2018 年第 2 期。
③ 楊華:《"大行"與"行器"——關於上古喪葬禮制的一個新考察》,《湖南大學學報(社會科學版)》2018 年第 2 期。
④ 來國龍:《戰國秦漢"冥界之旅"新探:以墓葬文書、隨葬行器及出行禮儀爲中心》,見《人文論叢》2009 年卷,第 177 頁。
⑤ 湖南省文物管理委員會:《長沙仰天湖第 25 號木槨墓》,《考古學報》1957 年第 2 期;湖南省博物館、湖南省文物考古研究所、長沙市博物館、長沙市文物考古研究所:《長沙楚墓》,文物出版社,2000 年,第 30 頁。
⑥ 參陳治軍《安徽出土青銅器銘文研究》,黃山書社,2012 年,第 182 頁。
⑦ 朱德熙、裘錫圭、李家浩:《望山一、二號墓竹簡釋文與考釋》,見湖北省文物考古研究所《江陵望山沙冢楚墓·附録》二,文物出版社,1996 年,第 298 頁。
⑧ 田河:《出土戰國遣册所記名物分類匯釋》,吉林大學博士學位論文,2007 年,第 151 頁。
⑨ 參高亨、董志安《古字通假會典》,齊魯書社,1989 年,第 462 頁。

（提）劍"。

通過以上對遣策簡所記"劍"的分析，大致可以歸納出記錄格式的以下特點：

（1）遣策簡除了記錄隨葬劍的數量外，在表示具體數量的數詞後還有表示劍之用途的修飾詞，如天星觀簡中的"行劍"。

（2）根據仰天湖 M25 和安崗 M1 遣策簡可知，"劍"字前還有"越""吳"等表示地名的修飾詞，可與《周禮·考工記》所記的"吳粤（越）之劍"相參照。

（3）仰天湖 M25 和安崗 M1 記錄"劍"的遣策簡，還對"劍"的附屬物"劍帶"有較詳細的描述。

二、遣策所記之"劍"與出土實物的對照

（一）數量對比

仰天湖 M25 被盜，遣策簡所記"一越鍺劍"，在內棺出土 1 件銅劍，通長 25 厘米，劍首圓形，直徑 3 厘米。在北邊箱還出土了 1 件殘木劍，可能爲木俑所持。[1] 如長沙近郊戰國楚墓出土有一件持劍木俑（圖二），[2] 包山 M2 出土木俑 12 件，其中 10 件附有木劍。[3]

望山 M2 儘管被盜，遣策記"七啻（商）劍"，在邊箱出土銅劍 7 件，出土時插在漆木劍鞘内。按照莖箍分爲兩型，A 型 1 件，B 型 6 件。[4]

天星觀 M1 遭盜擾，遣策簡所記"劍"的具體數量不詳，根據發掘簡報中器物描述，實際出土 32 件銅劍，均套有劍鞘。按莖、格、首的不同，分爲二式，Ⅰ式 4 件，Ⅱ式 28 件。在北室出土 1 件劍盒，盒内無劍。[5]

安崗 M1 遣策簡所記"一吳酒劍，一索者劍"，在内椁室西室中部出土兩件銅劍，一件（M1：151）稍短，另一件（M1：152）較長。兩件銅劍均有木劍鞘和劍櫝。[6]

通過上述遣策所記劍的數量與實際出土劍的對比可知，安崗 M1 保存較好，

---

[1] 湖南省文物管理委員會：《長沙仰天湖第 25 號木槨墓》，《考古學報》1957 年第 2 期；湖南省博物館、湖南省文物考古研究所、長沙市博物館、長沙市文物考古研究所：《長沙楚墓》，文物出版社，2000 年，第 30 頁。

[2] 湖南省博物館、首都博物館：《鳳舞九天——楚文化特展》，科學出版社，2015 年，第 179 頁。

[3] 湖北省荆沙鐵路考古隊：《包山楚墓》，文物出版社，1991 年，第 254—256 頁。

[4] 湖北省文物考古研究所：《江陵望山沙冢楚墓》，文物出版社，1996 年，第 136 頁。

[5] 發掘簡報的器物描述有 32 件銅劍，而在器物分布圖中，西室銅劍的編號祇有 31 個。參湖北省荆州地區博物館《江陵天星觀 1 號楚墓》，《考古學報》1982 年第 1 期。

[6] 襄陽市博物館、老河口市博物館：《老河口安崗楚墓》，科學出版社，2018 年，第 54、57 頁。

遣策所記"劍"的數量與實際出土劍的數量完全一致。儘管仰天湖M25和望山M2遭盜擾，但是，遣策所記"劍"的數量與實際出土數量亦相符，説明遣策所記之"劍"與實際出土的數量相吻合。

從表3還可以看出，墓主身份等級較高的天星觀M1"邸陽君"，出土"劍"的數量最多。墓主同爲下大夫的望山M2與安崗M1，儘管身份等級相同，但是，遣策所記劍的數量并不相同，實際出土劍的數量亦不一樣，可能是由於墓主的性别不同所致。

此外，有的出土遣策的墓葬儘管隨葬了劍，但是遣策并未對劍作記録。如包山M2出土2件銅劍，[①]五里牌M406出土銅劍2件，木劍1件，[②]但是，兩墓出土的遣策簡中，却都没有"劍"的記録，與此形成

圖二　長沙近郊戰國楚墓出土的持劍木俑

對比的是兩墓的遣策都對出土的兵器"戈"作了記録，儘管五里牌M406的銅戈已全部被盗。[③]根據《儀禮·既夕禮》"書遣於策"，[④]結合遣策所記兵器及墓内兵器實際出土情况來看，戰國楚墓隨葬物品在遣策中的記録可能較爲複雜，究竟哪些物品記録，哪些物品不記録，尚有待更多的資料作探討。

（二）位置關係

墓葬中遣策簡的位置與劍的出土位置之間的關係也頗值得關注。望山M2的遣策及其所記的劍不僅在數量上一致，而且在位置上也保持了一致，即均放置在

---

①湖北省荆沙鐵路考古隊：《包山楚墓》，文物出版社，1991年，第208—209頁。
②中國科學院考古研究所：《長沙發掘報告》，科學出版社，1957年，第26頁。
③商承祚：《戰國楚竹簡匯編》，齊魯書社，1995年，第129頁。
④十三經注疏整理委員會整理：《儀禮注疏》，北京大學出版社，2000年，第864頁。

表3　遣策所記"劍"與出土實物劍、墓主身份比較

墓葬編號	遣策出土位置	遣策所記劍	出土劍材質與數量（單位：件）	劍出土位置	墓主身份、性別	備注
天星觀M1	西室	二行劍三行劍	銅劍32	西室	封君	被盜，北室1件劍盒，內無劍。
仰天湖M25	北邊箱	簡23：一越鍺劍	銅劍1殘木劍1	銅劍在内棺中部，殘木劍在北邊箱	人骨架已腐朽	被盜
安崗M1	東邊箱上層	簡4：一吳酒劍，一索者劍	銅劍2	内槨室西室中部	下大夫（男性）	
望山M2	邊箱	簡48：七旹劍	銅劍7	邊箱	下大夫（女性）	被盜

邊箱。

　　天星觀M1遣策位於西室，根據墓葬器物分布圖，除了西室的銅劍，北室還出土1件没有銅劍的木劍盒。仰天湖M25遣策位於北邊箱，銅劍置於棺内中部。安崗M1遣策簡位於東邊箱上層，兩件銅劍則在内槨室西室中部出土。由此可見，遣策的位置與所記器物所處的位置并不都吻合。

　　此外，還有一個值得關注的現象是銅劍在墓葬内的擺放位置。上述出土遣策的四座墓葬，望山M2和安崗M1的人骨架保存完好。以墓葬内人骨架的左右為參照，望山M2的7件銅劍位於左側，安崗M1的兩件銅劍則位於右側。仰天湖M25人骨架已腐蝕，[①]天星觀M1的骨骼無存（可能被盜墓者拖至南室，在南室盜洞底部發現一個人頭骨）。[②]按照楚墓的葬俗，人骨架的頭向一般與墓道方向一致，那麽，從墓葬器物分布圖來看，仰天湖M25内棺的這柄銅劍可能位於人骨的左側；天星觀M1西室的32件銅劍亦是處於人骨架的左側。從這四座隨葬遣策的墓葬來看，作爲兵器的銅劍顯然是位於左側的居多，有三座墓葬。曾侯乙編鐘架的中層和下層分別有三個帶坐人形銅柱，其中的銅人均爲左側佩挂一柄銅劍（圖三）。[③]

[①] 湖南省文物管理委員會：《長沙仰天湖第25號木槨墓》，《考古學報》1957年第2期。
[②] 湖北省荆州地區博物館：《江陵天星觀1號楚墓》，《考古學報》1982年第1期。
[③] 湖北省博物館：《曾侯乙墓》，文物出版社，1989年，第78—84頁。

由此可見，墓葬中"銅劍"放置於人的左側，可能是與當時佩劍的方式及習俗有關。《禮記·少儀》："執君之乘車則坐。僕者右帶劍，負良綏……"，鄭玄注："'僕'即禦者也。'右帶劍'者，帶之於腰右邊也，帶劍之法在左，以右手抽之便也。今禦者劍右帶者，禦人在中，君在左，若左帶劍則妨於君，故右帶也。"① 亦可佐證當時帶劍之法在左，帶之於右的往往是由特殊原因。因此，上述出土遣策的四座墓葬，有三座墓葬中的"劍"置於左側，占據多數。

郭店簡《老子丙》簡

圖三　曾侯乙編鐘架人形銅柱的佩劍

6 "君子居則貴左，用兵則貴右"；簡8至簡9 "故吉事上左，喪事上右，是以偏將軍居左，上將軍居右，言以喪禮居之也"。簡文説君子平時以左邊爲尊，用兵打仗則以右邊爲上。吉慶之事以左爲尊，凶喪之事以右爲上。所以偏將軍位於左邊，上將軍位於右邊。這是以喪禮的方式來處理。② 從上述"劍"的放置位置來看，可能受到當時郭店簡《老子丙》這種思想的影響。在墓葬中位於"左"側的"劍"，可能是對應《老子丙》簡文中的"吉事上左"而言；安崗 M1 的"劍"位於"右"側，大概就是簡文所説的"喪事上右"。

---

① 十三經注疏整理委員會整理：《禮記正義》，北京大學出版社，2000年，第1192頁。
② 劉釗：《郭店楚簡校釋》，福建人民出版社，2005年，第40頁。

三、遣策所記之"劍"與楚劍銘比較

楚地出土衆多的銅劍，但鑄銘者甚少，可能與當時作戰以車戰爲主，作戰的主要武器爲戈戟等長兵器。劍由於器身較短，不適合戰爭需要，所以不受重視，因而很少鑄銘。①

根據劍銘内容，我們嘗試分爲以下幾類，略作分析。

1. 與用途有關

如上舉的安徽壽縣朱家集李三孤堆出土的楚王酓（熊）章劍（《集成》11659）：

楚王酓（熊）章爲從士［鑄］劍，用［行用］征。

1963年，湖南湘潭縣易俗河鎮出土的一件銅劍，劍身近劍格處鑄有鳥篆銘文，分爲兩行，整理者認爲有四字，釋文作：王乍（作）□君，②《商周青銅器銘文暨圖像集成》（下文簡稱《銘圖》）收録了該劍，編號爲17829，認爲劍身有銘文六字，釋文作：③

王乍（作）□□君□。

或認爲劍銘中的"君"是指封君，劍銘意爲王爲某君（封君）所作之劍。④

2. 物勒工名

1958年，安徽蚌埠合作社收購的一件"左庫"劍（《銘圖》17813），劍身鑄有銘文三字：⑤

䢵左庫。

䢵，舊釋爲"荆"，⑥或釋爲"鄧（䇹）"。⑦"左庫"習見于三晋兵器，這類庫除有儲藏器物的功用，還是鑄造兵器的一種府庫。劍之"左庫"也應與三晋兵器"左庫"等同，是楚國的一個儲存與鑄造府庫，同時也反映了楚兵器鑄造機構受三晋的影響。⑧

---

① 鄒芙都：《楚系銘文綜合研究》，巴蜀書社，2007年，第278、79頁。
② 古湘：《湘潭縣出土戰國鳥篆銘文銅劍》，《湖南考古輯刊》第4輯，嶽麓書社，1987年，第183頁。
③ 吴鎮烽：《商周青銅器銘文暨圖像集成》第33卷，上海古籍出版社，2012年，第172頁。
④ 古湘：《湘潭縣出土戰國鳥篆銘文銅劍》，《湖南考古輯刊》第4輯，嶽麓書社，1987年，第183頁。
⑤ 吴鎮烽：《商周青銅器銘文暨圖像集成》第33卷，上海古籍出版社，2012年，第155頁。
⑥ 高至喜主編：《楚文物圖典》，湖北教育出版社，2000年，第110頁。
⑦ 孫合肥：《安徽商周金文彙編》，安徽大學出版社，2016年，第695頁。
⑧ 鄒芙都：《楚系銘文綜合研究》，巴蜀書社，2007年，第222、223頁。

1975 年，枝江馬店鎮楊家墖出土的一件銅劍，長 53 厘米，形制與江陵雨臺山 M263 出土 C Ⅱ式銅劍相同，時代屬戰國中期。劍身鑄有一字：①

奠（郑）

或認爲劍銘"奠"可能爲器主名。②從楚簡中的用字來看，"奠"多用來表地名"鄭"，故劍銘中的"奠（鄭）"如果是作爲地名，可能表示劍的生產地或置用地，也屬於物勒工名。

3. 鑄器原料的產地

1974 年，在洛陽市西工區凱旋路北的一座戰國墓葬出土了一柄青銅劍（《集成》11582），銘文作：

繁湯（陽）之金。

整理者認爲，"湯"即湯，繁湯，地名，即繁陽，又見於曾伯霥簠（《集成》4631）、晉姜鼎（《集成》2826），東周時屬楚，今河南省新蔡縣北三十里淮水支流汝河北岸。出土的"繁陽之金"劍，不僅證實了繁陽在中國古代是有名的產銅地，而且說明當時鑄器以繁陽銅所鑄者爲名貴。③傳世及出土的鳥蟲書青銅戈上，有鑄"玄翏（鏐）"等字，容庚先生認爲，"翏"即"鏐"之古文，彝器上所云玄鏐，乃指青銅而言也。④戈銘單鑄"玄鏐"二字，表明戈是用"玄鏐"這種上等銅料來鑄造的，旨在宣揚戈用料之貴重，其目的也就是要提高戈之身價，儘管戈并不一定真是用"玄鏐"這種上等銅料所鑄造。⑤因此，劍銘"繁陽之金"大概與銅戈銘中的"玄翏（鏐）"類似，表示鑄劍所用之銅的名貴。

此外，遠安縣出土的一件銅劍上有"冶戈（？）"二字，⑥如果從物勒工名的角度來看，有可能表示冶工的名字。楚墓出土的木劍上亦有墨書文字，如 1988 年，江陵縣紀南鄉（今荆州區紀南鎮）棗林鋪墓地 M1 出土的一件木劍（M1：17），通長 56、身寬 4.5 厘米，劍身上墨書三字"遺周羽"（三字順序爲自劍格向劍鋒）。整理者認爲木劍的用途應爲舞蹈的道具，⑦或認爲三字爲人名或舞名。⑧

---

① 枝江縣博物館：《枝江近年出土的周代銅器》，《江漢考古》1991 年第 1 期。
② 黃錫全：《湖北出土商周文字輯證（修訂本）》，武漢大學出版社，2019 年，第 141 頁。
③ 洛陽博物館：《河南洛陽出土"繁陽之金"劍》，《考古》1980 年第 6 期。
④ 容庚：《鳥書考》，《中山大學學報》1964 年第 1 期。
⑤ 曹錦炎：《鳥蟲書通考》（增訂版），上海辭書出版社，2014 年，第 21—24 頁。
⑥ 黃錫全：《湖北出土商周文字輯證》（修訂本）第 145 頁，武漢大學出版社，2019 年。
⑦ 江陵縣博物館：《江陵棗林鋪楚墓發掘簡報》，《江漢考古》1995 年第 1 期。
⑧ 劉彬徽：《早期文明與楚文化研究》，嶽麓書社，2001 年，第 229 頁；黃錫全：《湖北出土商周文字輯證》（修訂本），武漢大學出版社，2019 年，第 627 頁。

通過對楚劍銘的梳理分析，并與遣策所記之"劍"對比，可以看出，楚劍銘較少見，遣策所記的"劍"也不多見，這是兩者的共同點。遣策簡中，"劍"字前有表示產地的"越""吴"等修飾詞，大概是强調吴越之劍的聞名于時，可與《周禮·考工記》所記的"吴粤（越）之劍"相參照；而楚劍銘中的地名，則屬於物勒工名。

作者簡介：蔣魯敬，男，1983年生，山東菏澤人，荆州博物館文博館員，武漢大學歷史學院在讀博士研究生，主要從事戰國秦漢考古和出土文獻研究。

《嶽麓書院藏秦簡（陸）》指瑕兩則

董飛　紀佳琪

（山東師範大學歷史文化學院，濟南 250358；山東師範大學齊魯文化研究院，濟南 250358）

内容摘要： "戟刃"爲一詞，其間不應點斷，指戟的頭部。"雍氏軍"并非"參加雍氏之戰"的軍役，而應理解爲"駐紮雍氏承擔守備任務"的軍役。

關鍵詞： 嶽麓書院藏秦簡；戟刃；里耶秦簡；雍氏軍

一、"戟刃"指戟頭

嶽麓秦簡中有"縣官戟、刃"，里耶秦簡 9-1351 中有"金矛刃"。所謂"縣官"，有天子、官府之意，常與"黔首"相對；9-1351 簡中"金矛刃"之"金"指的是"金屬"，二者均爲狀語；"矛""戟"皆爲武器。"武器"與"刃"字之間是否應點斷，嶽麓秦簡、里耶秦簡整理者的處理方式截然不同，兩者當有一誤。孰是孰非，爲方便討論，謄録簡文如下：

●十四年四月己丑以來，黔首有私挾縣官戟、刃沒＜及＞弓、弩者，亟詣吏。吏以平賈（價）買，輒予錢。令到盈二月弗（簡1357）詣吏及已聞令後敢有私挾縣官戟、刃、弓、弩及賣買者，皆與盜同瀘。挾弓、弩殊折，折傷不□（簡1433）☑戟、弓、弩殹（也），勿買，令削去其久刻 ┗。賜于縣官者得私挾。·臣訢與丞相啓、執瀘議曰：縣（簡1464）官兵多與黔首兵相類者，有或賜于縣官而傳賣之，買者不智（知）其賜及不能智（知）其縣官（簡1454）兵殹（也）而挾之，即與盜同法。詣吏有（又）爲自告，減罪一等。黔首以其故秦抵削去其久刻，（簡1307）折毀以爲銅若弃之。不便，被更之。諸挾縣官戟、刃、弓、弩詣吏者，皆除其罪，有（又）以平賈（價）予錢。（0198+2189）☑

受買者亦得私挾之，它如其令。□之□□（（1523）□·五（簡1460）①
　　　　金矛刃一百六十五□□　　　　　　　　　　　　　　9-1351②

　　以上文字出自《嶽麓書院藏秦簡（陸）》，整理者在"縣官戟刃"中間以頓號點斷，尚宇昌認爲："'刃'，刀劍之屬，此處疑即'釖'，劍。"③可見嶽麓秦簡的整理者，以及尚宇昌均視"縣官戟""刃"爲兩事。查考相關史料，我們以爲"戟刃"似爲一事，其間不應點斷。④試述理由如下。
　　長矛、戟一類長兵器，頭部與長柄是分開存放的。以矛爲例，矛的頭部稱"矛刃"，長柄稱"矜"。同爲長兵器的"戟"，頭部自然稱"戟刃"。
　　　　金矛二百六十四有矜（矜）　　　　　　　　　　　　9-285⑤
　　　　戟（戟）三百五，其六毋矜（矜）□　　　　　　　　9-394⑥

　　"矜"爲矛柄，其意甚明。至於矛頭，一般稱之爲"矛刃"，亦可稱之爲"鑽"。據《史記·禮書》："楚人鮫革犀兕，所以爲甲，堅如金石；宛之鉅鐵施，鑽如蜂蠆，輕利剽速，卒如熛風。"⑦關於"鑽"，司馬貞《史記索隱》注釋："鑽謂矛刃及矢鏃也。"⑧"矢鏃"是箭除去箭杆的箭頭部分，"矛刃"自然是矛頭。
　　結合里耶秦簡9-1351、9-394兩簡，一件完整的"金矛"由"金矛刃"與"矜"組成。據9-394簡可知，遷陵縣武庫中存放有三百四十四件完整的"戟"，另有

------

① 陳松長主編：《嶽麓書院藏秦簡（陸）》，上海辭書出版社，2020年，第48—50頁。
② 陳偉主編：《里耶秦簡牘校釋》第2卷，武漢大學出版社，2018年，第293頁。
③ 尚宇昌：《嶽麓秦簡所見秦代兵器管理制度》，鄔文玲、戴衛紅主編《簡帛研究二〇二〇·秋冬卷》，廣西師範大學出版社，2021年，第120—133頁。
④ 尚宇昌提出："刃"即"劍"，但其論述中除"里耶秦簡中，戟、劍、弓、弩均爲常見兵器"的表述以及里耶秦簡8-795："□□釖二"外，并沒有"刃"即"釖"或者"劍"的過硬證據。查嶽麓書院藏秦簡《襍律》以及睡虎地秦墓竹簡《法律答問》，其中均明確出現"劍"字："·襍律，嗇夫擅桎杻（忤）吏，若奪衣寇（冠）、劍、履以辱之，皆貲二甲。（簡1261）《襍律》""士五（伍）甲鬥，拔劍伐，斬人發結，可（何）論？當完爲城旦。"《法律答問》與《襍律》都是律令的一種，作爲君主意志的體現，具有權威、嚴謹、規範的特點。且根據睡虎地秦墓竹簡"歲雠辟律於禦史"。可知律令每年都會進行核對。因此出現別字、异體字等可能性不大。既然包括嶽麓秦簡在內的出土秦律令中都有"劍"字，那麼嶽麓秦簡再用"刃"代替"釖"進而表示"劍"便是多此一舉，也是不被允許的。典型的證據便是嶽麓書院藏秦簡《賊律》中，關於"券書"書寫時寫錯別字的現象有嚴厲的處罰，至少要判處"罰盾"。券書中錯別字的處罰尚且如此嚴厲，何況是代表君主意志的律令中的別字。因此，理論上講，嚴謹規範的律令中，不應同時用"劍""刃"兩字指代"劍"這種武器。參見陳松長主編《嶽麓書院藏秦簡（肆）》，上海辭書出版社，2015年，第148頁；并見睡虎地秦墓竹簡整理小組主編《睡虎地秦墓竹簡》，文物出版社，1978年，第109、187頁。
⑤ 陳偉主編：《里耶秦簡牘校釋》第2卷，武漢大學出版社，2018年，第101頁。
⑥ 陳偉主編：《里耶秦簡牘校釋》第2卷，武漢大學出版社，2018年，第118頁。
⑦《史記》卷二三《禮書》，中華書局，1982年，第1164頁。
⑧《史記》卷二三《禮書》，中華書局，1982年，第1165頁。

六件"戟"缺乏戟柄"柲",衹有頭部。既然矛的頭部稱"矛刃","戟"的頭部便是"戟刃"。

值得注意的是以下兩件兵器上的銘文:

六年,襄城令韓[徝],司寇麻維,右庫工師邯鄲[戜],冶胥,造長戟刃。"①

六年,塚子韓政,邦庫嗇夫韓狐,大官下庫嗇夫長興,庫史加,冶异狄造戈刃。②

以上兩件均爲戰國韓國兵器,一爲"戟刃",一爲"戈刃",按照"自銘"的原則,則此兩件戟、矛的頭部,即爲"戟刃""矛刃",可資爲證。

簡言之:"黔首有私挾縣官戟、刃没<及>弓、弩者,亟詣吏"一句中,"戟"與"刃"之間不應該點斷,"戟刃"連讀,指的是戟的頭部。

此外,此則秦令制定于六國尚未統一的秦王政十四年(前233),但其中又有"黔首""縣官"等秦統一之後的術語,可見這則令文在秦統一後進行過修訂。而衹是修訂部分政治術語,未做結構性調整的現象,表明秦對民間武器管理政策的收緊,主要是秦王政十四年(前233)的事情。在此之前,民間持有武器、買賣武器等的管理是相對寬容的。推測與秦王政十年(前237)"蘄年宮之變"、秦王政十二年(前235)吕不韋廣招門客而被賜死等重大宫廷鬥爭有關。嬴政爲防患於未然,收緊武器管理相關政策。

二、"雍氏軍"實爲守備部隊

《嶽麓書院藏秦簡(陸)》有一則秦令中有:"[今雍氏]卒[詐](詐)爲[相](簡1432)移甲叚(假)而毄(系)治者千餘[人],其叚(假)或自雍氏軍,以至破荆軍叚(假)殹(也)┗"的記載(簡1463)。③關於"雍氏軍",整理者注釋:"秦國所參與雍氏之戰的軍役。"④這一觀點似可商榷。

(一)秦國軍隊命名的兩種典型形式

周秦之際,秦國軍隊通常根據其所承擔的任務命名,其典型格式有兩種,其

---

① 轉引自董越:《廿二年邦戈考》,《中原文物》2014年第5期。
② 轉引自石繼承:《六年塚子韓政戈補考》,華東師範大學中國文字研究與應用中心、華東師範大學語言文字工作委員會編《中國文字研究》第22輯,上海书店出版社,2015年,第40—46頁。
③ 陳松長主編:《嶽麓書院藏秦簡(陸)》,上海辭書出版社,2020年,第53頁。
④ 陳松長主編:《嶽麓書院藏秦簡(陸)》,上海辭書出版社,2020年,第78頁。

一是"任務名+軍";其二是"駐地+軍"。

"參與某戰的軍隊"的命名形式通常是"任務+軍",典型的如《史記·吳王濞列傳》將被派去攻打英布的軍隊稱之爲"破布軍":"劉仲子沛侯濞年二十,有氣力,以騎將從破布軍蘄西,會甄,布走。"①嶽麓秦簡中同樣有"破趙軍"②"破荊軍"③的記載,可坐實此類"任務+軍"命名規則的存在。又,里耶秦簡中有"奔命尉",其部下稱"奔命吏卒":

□□年十一月甲申朔庚子,丹陽將奔命尉虞敢言之:前日□稟丹陽將奔命吏卒食遷陵,遷陵弗稟。請安稟,謁報。敢言之。(正)

十一月庚子水十一刻刻下盡,士五丹陽□里向以來。／徽□。襄手。

(背)

9-452④

"奔命",也稱之爲"奔警"。⑤嶽麓秦簡中有《奔警律》:"先鄰黔首當奔敬(警)者,爲五寸符,人一,右在【縣官】,左在黔首,黔首佩之節(即)奔敬(警)。"⑥可知這些"奔警"吏卒應該就是接到"奔警"命令後,征發黔首組成的軍隊。亦可資爲證。

駐守某地承擔防禦任務的軍隊的命名形式,一般是"駐地+軍":

定齊三年,聞漢將韓信引兵且東擊齊,齊使華毋傷、田解軍曆下以距漢……韓信乃渡平原,襲破齊曆下軍,因入臨菑。

《漢書·魏豹田單韓王信列傳》⑦

齊將華毋傷、田解二人率領軍隊在曆下駐軍,防備漢軍,被韓信擊破。可知在某地駐扎防守的軍隊,史書中通常以"地名+軍"的格式記載。《史記·魏公子列傳》記載:"魏安釐王二十年,秦昭王已破趙長平軍,又進兵圍邯鄲。"長平與秦國對峙的趙軍同樣被稱之爲"長平軍",可資爲證。⑧

又,據睡虎地秦墓竹簡《編年記》記載有墓主"喜"的從軍經歷:"十五

---

① 《史記》卷一〇六《吳王濞列傳》,中華書局,1982年,第2821頁。
② 陳松長主編:《嶽麓書院藏秦簡(肆)》,上海辭書出版社,2015年,第205頁。
③ 陳松長主編:《嶽麓書院藏秦簡(陸)》,上海辭書出版社,2020年,第53頁。
④ 陳偉主編:《里耶秦簡牘校釋》第2卷,武漢大學出版社,2018年,第127頁。
⑤ 陳偉在《嶽麓書院秦簡考校》一文根據《漢書》中李斐對"奔命"的注解,認爲"奔警應與之(奔命)相當"。參見陳偉《嶽麓書院秦簡考校》,《文物》,2009年第10期,85—87頁。
⑥ 陳松長主編:《嶽麓書院藏秦簡(肆)》,上海辭書出版社,2015年,第126頁。
⑦ 《漢書》卷三三《魏豹田單韓王信列傳》,中華書局,1962年,第1849—1850頁。
⑧ 《史記》卷七七《魏公子列傳》,中華書局,1982年,第2379頁。

年，從平陽軍。"① 秦趙平陽之戰是秦王政十三年（前 234）、十四年史事（前 233）。綜合上述分析可知，墓主喜"從平陽軍"，承擔的是守備平陽的任務。

雍氏屬於戰國韓，地望在今日河南禹州一帶。據《史記·秦本紀》記載："十七年，内史騰攻韓，得韓王安，盡納其地，以其地爲郡，命曰潁川。"② 可見嶽麓秦簡書寫的時代，雍氏一地早已納入秦國版圖，嶽麓秦簡中的"雍氏軍"應是駐扎雍氏承擔守備任務的軍隊。若是如整理者在注釋中所認爲的"參與雍氏之役的軍役"，其措辭應是"破雍軍"或者"破雍氏軍"。故整理者所出注釋值得商榷。

（二）秦兵役征發考慮的因素

那麼，是否存在參加完某次戰役的秦軍就地轉爲守備任務，進而導致軍隊命名發生變化的可能呢？就現在史料來看，筆者認爲可以排除這種可能。因爲秦人在征兵作戰時，便會根據即將面臨的作戰任務的不同，征調不同的民衆從軍。

先來看前文提到承擔"奔警"任務的"奔命吏卒"的遴選標準：

> 黔首老弱及痿（癃）病，不可令奔敬（警）者，牒書署其故，勿予符。
> 《奔警律》③

以上是嶽麓書院藏秦簡《奔警律》，據此可知，"不可奔敬（警）"的，一般是"老弱及瘏（癃）病"。簡單地説，祇要不是老弱病殘，都可以承擔"奔警"的任務。顯然，"奔命吏卒"的遴選標準并不高。里耶秦簡 8-439+8-519+8-537 綴合簡："廿五年九月巳丑，將奔命校長周爰書……"④ 可知始皇二十五年（前 222）時，洞庭郡有"奔命吏卒"在活動，此時的楚軍主力已被秦軍擊潰，洞庭郡内不會有大規模的戰事，祇能是小股的反抗或者犯罪行爲。因此，這種"奔命吏卒"的任務更多是維護治安，因此遴選標準并不很高。

一些重大戰事之前，往往有征調精鋭、勇武者從軍的記載。如漢宣帝："秋，大發興調關東輕車鋭卒，選郡國吏三百石伉健習騎射者，皆從軍。"⑤ 又《漢書·酷吏列傳》記載，義縱"以勇悍從軍"⑥。可知征發一綫作戰士卒如"破荆軍"時，很可能有"勇悍""伉健""習騎射"等要求；但維護後方治安、打擊小股敵軍的"奔命卒"則祇需要不是老弱病殘即可，而駐扎某地，單純承擔守備任務的"雍氏軍"

---

① 睡虎地秦墓竹簡整理小組：《睡虎地秦墓竹簡》，文物出版社，1978 年，第 7 頁。
② 《史記》卷六《秦始皇本紀》，中華書局，1982 年，第 232 頁。
③ 陳松長主編：《嶽麓書院藏秦簡（肆）》，上海辭書出版社，2015 年，第 127 頁。
④ 陳偉主編：《里耶秦簡牘校釋》第 1 卷，武漢大學出版社，2012 年，第 149 頁。
⑤ 《漢書》卷八《宣帝紀》，第 243 頁。
⑥ 《漢書》卷九〇《酷吏傳》，第 3653 頁。

等等，戰鬥力應該介於二者之間。

又，睡虎地秦墓竹簡《編年記》中所載的"喜"從軍經歷，實際上也可以視爲安陸縣吏民應征服役的記載。"十五年，從平陽軍"①表明秦王政十五年（前232）時，秦在安陸征兵，遴選的是承擔守備任務的兵士。安陸地處長江流域，若是前往趙地平陽承擔一綫作戰任務，顯然勞師以遠；而"廿三年，興，攻荊……"②則表明地處秦楚前綫的安陸縣承擔"興"的兵役，加入了"破荊軍"的行列。這應該與安陸曾是楚地，民衆熟悉楚地水土、楚人習俗，利於作戰有關，因此被納入"興"的行列。

由此可見，軍役的征發會考慮到多方面因素特別是即將承擔的作戰任務，無論是守備部隊，還是一綫作戰部隊的征調都是如此。承擔守備任務的"某地軍"與承擔一綫作戰任務的"破某軍"之間，在征兵時便有明確的區別，二者之間不會輕易轉換。

（三）小結

秦國軍隊冠名主要有"駐地+軍""任務+軍"兩種格式，前者主要承擔守備任務、後者主要承擔作戰任務。此二者的遴選，主要是依據戰場形式、作戰任務等進行，不會輕易轉換。因此，嶽麓秦簡整理者關於"雍氏軍"的注釋值得商榷，應理解爲：駐扎雍氏承擔守備任務的軍役。

附記：

本文是山東省藝術科學重點課題青年項目"秦'新地治理'相關簡牘整理與研究"（編號：L2022Q06170245），山東師範大學大學生創新創業訓練計劃項目"出土文獻所見秦國基層政治生態治理暨今日啟示：以洞庭郡遷陵縣爲中心"（項目批准號：202103000313）的阶段性成果。

寫作過程中得到"山師史院出土文獻研讀班"諸師友的幫助，同時受到"山東師範大學'歷史與紅色文化研究'專項基金"的資助，謹致謝忱。

作者簡介：董飛，男，1992年4月生，山東師範大學歷史文化學院講師、齊魯文化研究院兼職研究員，歷史學博士，研究方向爲戰國秦漢史、簡牘學。

紀佳琪，女，2003年9月生，山東師範大學歷史文化學院本科生。

---

① 睡虎地秦墓竹簡整理小組：《睡虎地秦墓竹簡》，文物出版社，1978年，第7頁。
② 睡虎地秦墓竹簡整理小組：《睡虎地秦墓竹簡》，文物出版社，1978年，第7頁。

《史記新證》補

周海鋒

(湘潭大學文學與新聞學院、"古文字與中華文明傳承發展工程"協同創新平臺,湘潭 411105)

内容摘要: 秦統一是全方位的統一,大到經濟、政治、軍事、文化等制度性構建,小至名物稱謂之變更。小文趨步陳直考證古史之法,旨在以出土材料印證《史記》相關記載不誣。

關鍵詞: 史記;嶽麓秦簡;睡虎地秦簡;里耶秦簡;秦始皇

陳直撰寫的《史記新證》和《漢書新證》爲史學名著,多取考古材料校補釋解班馬之書,傳世文獻與地下文物相互印證,資料豐富,結論可信,美不勝收,隻言片語或遠勝當今某些長篇巨制。今不揣冒昧,試爲續貂之篇,敬請學界同好指正。

一

天下大疫,百姓内粟千石,拜爵一級。(《史記·秦始皇本紀》)

直按:漢代民爵,每級值二千,秦代入粟千石,始拜爵一級,此秦漢制度不同之點,亦可見秦爵比漢爵爲貴。[1]

鋒補:陳直所言秦爵比漢爵爲貴,乃就兩朝整體情況而言,秦爵較之漢爵的確難得而易失。然秦漢律令簡文明確規定爵一級值萬錢。

·能捕以城邑反及智(知)而舍者一人,撵(拜)爵二級,賜錢五萬,

---

[1] 陳直:《史記新證》,中華書局,2006年,第17頁。按:《史記新證》尚有天津人民出版社1979年版,河洛圖書出版社1980年版,中華書局2006年版修訂了之前版本的訛誤。

詞吏，吏捕得之，購錢五萬。諸已反及與吏辛戰而（1849）

（缺簡）

受爵者毋過大夫┘，所□雖多□□□□□□□□□□及不欲受爵，**予購級萬錢**，當賜者，有（又）行(1892)其賜。　　·廷卒乙廿一（1684）①

●令曰：吏及黔首有賞贖**萬錢以下**而謁**解爵一級**以除，【及】當爲疾死、死皆事者後，謁毋受爵以除賞贖（1168+1192），許之。

（1140）②

《二年律令·爵律》：諸當賜受爵，而不當拜爵者，**級予萬錢**③。

《二年律令·捕律》：捕從諸侯來爲間者一人，拜爵一級，有（又）購二萬錢。不當拜爵者，**級賜萬錢**，有（又）行其購。數人共捕罪人而當購賞，欲相移者，許之。④

從以上律令條文可知秦代民爵的頂點爲大夫，秦至漢初，爵一級值萬錢。1140 簡之所以強調"萬錢以下"才能被允許"解爵一級以除"，就是因爲爵一級值萬錢。

二

二十八年，始皇東行郡縣，上鄒嶧山。（《史記·秦始皇本紀》）

直按：《史記·秦始皇本紀》載秦代六刻石文，獨遺嶧山。《會注考證》已補録全文。嶧山重刻，共有七本，以鄭文寶所摹西安府學本爲第一，審其筆劃，疑爲徐鉉之臨本。又秦刻石每句四字，《史記》所記泰山刻石首句爲二十有六年，秦漢人書二十皆作廿。原文應作廿有六年。⑤

鋒補：秦始皇廿六年巡幸楚地，登臨相（湘）山，史書缺載，見於嶽麓秦簡令文之中。

●廿六年四月己卯丞相臣狀、臣綰受制相（湘）山上：自吾以天下已并，親撫晦（海）内，南至蒼梧，凌涉洞庭之（1001-1+1020）水┘，登相（湘）山、屏山，其樹木野美，望駱翠山以南樹木□見亦美，其皆禁勿伐。臣狀、

---

① 陳松長主編：《嶽麓書院藏秦簡（伍）》，上海辭書出版社，2017年，第125—126頁。
② 陳松長主編：《嶽麓書院藏秦簡（伍）》，上海辭書出版社，2017年，第113—114頁。
③ 彭浩、陳偉、〔日〕工藤元男主編：《二年律令與奏讞書》，上海古籍出版社，2007年，第241頁。
④ 彭浩、陳偉、〔日〕工藤元男主編：《二年律令與奏讞書》，上海古籍出版社，2007年，第151頁。
⑤ 陳直：《史記新證》，中華書局，2006年，第20頁。

臣綰請：其（1001-2）禁樹木盡如禁苑樹木，而令蒼梧謹明爲駱翠山以南所封刊。臣敢請。制曰：可。　　　　·廿七（1104）①

首先從制書產生的時間可知，秦始皇此次南巡蒼梧、洞庭等地必在廿六年四月己卯前後，然史書上絲毫未提秦始皇廿六年有過出巡之事。兩位丞相狀、綰都陪同秦始皇出巡，廿八年秦始皇東巡時，隨從者亦有此二人②，狀指隗狀，綰即王綰。然舊本《史記·秦始皇本紀》所記秦始皇廿八年東巡隨從有丞相隗林③，顏師古在《顏氏家訓·書證》中據當時出土稱權銘文指出隗林乃隗狀之訛④，今通過此簡文，可進一步證實顏氏所言不誣。

其次，從以上簡文可窺見秦代令文產生過程，由簡文可知此則令文直接由制書轉化而成。此制書擬定于秦始皇出巡途中的相山上，乃即興而爲，秦始皇登相山、屏山，見其"樹木野美"，又見駱翠山樹木亦美，心生憐惜，或有口諭"禁勿伐"之類。丞相狀、綰因聖意草擬制書，并得到秦始皇認可，制書的主幹內容爲"禁樹木盡如禁苑樹木，而令蒼梧，謹明爲駱翠山以南所封刊"。可見制書主要是針對駱翠山的，敕令蒼梧要像對待禁苑樹木一樣對待駱翠山樹木，并標明駱翠山之界限，劃出保護範圍。

再次，從上引簡文可知至遲在秦始皇廿六年，蒼梧郡、洞庭郡已設立。有學者根據里耶秦簡三十四年文書"及蒼梧爲郡九歲乃往歲田"推算蒼梧郡置於秦始皇廿五年⑤，這一看法應該是靠得住的。

三

衛尉竭、內史肆、佐弋竭、中大夫令齊等二十人，皆梟首車裂以徇，滅其宗，以其舍人輕者爲鬼薪。（《史記·秦始皇本紀》）

直按：《漢書·百官公卿表》，少府屬官有左弋令丞，武帝太初元年改左弋爲佽飛，西安城址出土有"佐弋瓦"，懷寧柯氏藏有"宜秋佐弋"封泥，皆作佐弋，與本文同，《漢書》作左弋者爲省文。又按：《金文續考》四十頁，上郡戈有"工

---

① 陳松長主編：《嶽麓書院藏秦簡（伍）》，上海辭書出版社，2017年，第57—58頁。
② 《史記·秦始皇本紀》卷六，中華書局，2014年，第316頁。
③ 《史記·秦始皇本紀》卷六，中華書局，1982年，第246頁。
④ 王利器：《顏氏家訓集解》（增補本），中華書局，1993年，第455—456頁。
⑤ 何介鈞：《"秦三十六郡"和西漢增置郡國考證》，見《黃盛璋先生八秩華誕紀念文集》，中國教育文化出版社，2005年。

鬼薪哉"之題名，此戈爲始皇廿五年所造，與本文時代正合，漢代鬼薪爲三歲刑，蓋因秦制。①

鋒補：嶽麓秦簡《亡律》0782簡："佐弋隸臣、湯家臣，免爲士五（伍），屬佐弋而亡者，論之，比寺車府。"内史爲官署兼職官名，又可指行政區劃，各種用法秦簡均見之。作爲職官的内史亦多見，例如里耶秦簡8-228有"内史守衷"②，又如嶽麓秦簡一則規範祠祀的令文："諸給祀不如令者貲各二甲。泰祝、祠祀、泰宰輒舉論之，内史所視祠，令内史丞與卒（2127）史謹循行，舉不當者論之，當舉弗舉者，貲一甲。（2120+2139）"③

秦鬼薪爲無期刑，與漢代不同。鬼薪爲身份刑，不單獨使用，常與耐刑一起使用。鬼薪爲秦刑徒之一種，無人身自由，妻子兒女亦被官府收繫，爲官府免費服役，由官府提供衣食。可通過軍功或減爵豁免鬼薪身份。秦簡關於鬼薪的材料極多，僅擇其要錄於下：

●泰山守言：新黔首不更昌等夫妻盗，耐爲鬼薪白粲，子當爲收，披（彼）有嬰兒未可事，不能自食（1114）別傳輸之，恐行死。議：令寄長其父母及親所，勿庸別輸。丞相議：年未盈八歲者令寄長其（0918）父母、親所，盈八歲輒輸之如令。琅邪（琊）郡比。·十三☐（1935）④

上造、上造妻以上有罪，其當刑及當城旦舂，耐以爲鬼薪白粲。其當【耐罪各】以其耐致耐之。其有贖罪各以其贖讀論之。

（8-775+8-805+8-884+9-615+9-2302）⑤

四

九月葬始皇驪山。（《史記·秦始皇本紀》）

直按：始皇陵在今臨潼縣東南十里，驪山脚下，斷磚殘瓦，遍地皆是。余始發現磚瓦上有文字，計有"左司空顯瓦"磚，"左司高瓦"磚，"左司空"瓦片，"燥"字磚，"閔"字瓦片。後鄭振鐸又在陵上采集得夔龍紋大殘瓦當。左司當

---

① 陳直：《史記新證》，中華書局，2006年，第18頁。
② 陳偉主編：《里耶秦簡牘校釋》第1卷，武漢大學出版社，2012年，第119頁。
③ 陳松長主編：《嶽麓書院藏秦簡（陸）》，上海辭書出版社，2020年，第99頁。
④ 陳松長主編：《嶽麓書院藏秦簡（伍）》，上海辭書出版社，2017年，第63頁。
⑤ 里耶秦簡博物館、出土文獻與中國古代文明研究協同創新中心中國人民大學中心編著：《里耶博物館藏秦簡》，中西書局，2016年，第164頁。

爲左司空之簡文，顯高當爲人名，余疑高爲趙高所監造之瓦，高官左司，《史記》失載。左司空秦代亦當屬於少府，主造磚瓦和石刻，五七年霍去病墓上所出不知名獸，亦刻有"左司空"三大字。近年在陵區，掘出人馬俑千餘件，英姿雄杰，可謂集技巧之大成。[1]

鋒補：《秦始皇本紀》和《六國年表》都載置麗邑事，時在公元前231年。嶽麓秦簡令文亦寫作"麗邑"：

今縣官材（2125）及麗邑伐材固有久劾（刻），請明告黔首：勉承（拯）流材，有得縣官材及麗邑伐（1623）材竹者，皆出置水旁而言所近鄉官，鄉官亟載取，輒以令賞承（拯），勿敢留難⌐。　　　　　（1632）[2]

"麗邑材"指爲秦始皇營造驪山陵墓而準備的木材，或是因爲山洪暴發，將木料衝入河流，故頒布令文讓黔首設法打撈。司空負責土木工程，如宮殿陵墓修築，開池修路等。嶽麓秦簡有"四司空""左司空""右司空""船司空"，又《亡律》載："少府均輸四司空，得及自出者，吏治必謹訊，簿其所爲作務以（0797）"[3]，"空及入僕、養、老，它官徒輸宮司空、泰匠、左司空、右司空者，皆作功，上，及毋得從＝親＝它＝縣（2132）＝道＝官＝者，黥爲城旦舂，吏聽者，與同罪。（1998）"[4]

五

若欲有學法令，以吏爲師，制曰可。（《史記·秦始皇本紀》）

直按：《居延漢簡釋文》卷三、四十一頁，有簡文云："肩山候并山燧長公乘司馬成，中勞二歲八月十四日，能書會計，治官民，頗知律令文。年三十二歲，長七尺五寸，觻得成漢里，家去官六百里。"居延各簡，類此甚多，皆有"頗知律令文"一句，知仍沿用秦代功令之以吏爲師。[5]

鋒補：禁止私學，也是皇權專制的一大表現。然禁止私學與大力發展官學并不衝突。秦統一之初，隨着疆域空前遼闊，急需大量的基層官吏，尤以佐史爲甚。

---

[1] 陳直：《史記新證》，中華書局，2006年，第24頁。
[2] 陳松長主編：《嶽麓書院藏秦簡（柒）》，上海辭書出版社，2022年，第134—135頁。
[3] 陳松長主編：《嶽麓書院藏秦簡（肆）》，上海辭書出版社，2015年，第42頁。
[4] 陳松長主編：《嶽麓書院藏秦簡（肆）》，上海辭書出版社，2015年，第48—49頁。
[5] 陳直：《史記新證》，中華書局，2006年，第23頁。

嶽麓秦簡《繇律》曰：“史子未傅先覺（學）覺（學）室”（1236）[1]，秦令曰“中縣史學童今茲會試者凡八百卌一人”[2]，中縣一次參加考核的史學童就有841人，可見史學童的規模甚大。秦令又規定“學書吏所，年未盈十五歲者不爲舍人”[3]，“書”指文字、文書，《二年律令·史律》：“試史學童以十五篇，能風（諷）書五千字以上，乃得爲史”[4]。

里耶秦簡中有數枚木牘記載了秦代縣學和學童相關情況：

廿六年七月庚辰朔乙未，遷陵拔謂學佴：學童拾有鞠，遣獄史畸往執，其亡，不得。上奔牒而定名事里，它坐，亡年日月，論云何，[何]皋赦，或覆問之毋（無）有。遣獄史畸以律封守上牒。以書言。勿留。（正面）

七月乙未牢臣分戲以來。／亭手。畸手。　　　　（背面 14-18）[5]

廿六年七月庚辰朔乙未，學佴亭敢言之：令曰童拾☒
史畸執定言。今問之，毋學童拾。敢言之。　　　☒☒（15-172）[6]

☒直學佴，令教以甲子、算馬、大雜。　　　　　　（15-146）[7]

□之，如學佴，勿敢【私事】，私事者貲二甲。　　十六（15-154）[8]

從里耶秦簡 14-18 號木牘可知最遲在秦始皇廿六年七月，遷陵縣就設置了學佴，而秦正式控制遷陵則在秦王政廿五年。可見，秦幾乎在對遷陵進行有效統治的同時就創辦了縣學，任用了學吏。里耶秦簡 15-146 記載了縣學童子日常所習課程。“甲子”可能是指天干地支或干支紀年法之類的知識。“算馬”懷疑指算術知識，里耶秦簡有兩塊木牘上書有乘法口訣表。“大雜”不可考，應該也是應用類知識，後世有“雜字”一類童蒙識字教材。學佴爲縣學官之一，負責日常教學和學童管理工作。上海博物館藏秦銅印中有“學佴”半通日字格印[9]。

---

[1] 陳松長主編：《嶽麓書院藏秦簡（肆）》，上海辭書出版社，2015年，第120頁。
[2] 陳松長主編：《嶽麓書院藏秦簡（陸）》，上海辭書出版社，2020年，第179頁。
[3] 陳松長主編：《嶽麓書院藏秦簡（伍）》，上海辭書出版社，2017年，第52頁。
[4] 彭浩、陳偉、〔日〕工藤元男主編：《二年律令與奏讞書》，上海古籍出版社，2007年，第297頁。
[5] 張春龍：《里耶秦簡中遷陵縣學官和相關記錄》，《出土文獻》第1輯，中西書局，2010年，第232頁。按：“遣”字張春龍先生原來釋爲“與”，“往”原釋爲“征”，不辭，筆者據睡虎地秦簡《封診式》“有鞠”篇文例及嶽麓秦簡相關內容改之。句讀也有數處不同於張文。
[6] 張春龍：《里耶秦簡中遷陵縣學官和相關記錄》，《出土文獻》第1輯，中西書局，第232頁。
[7] 張春龍：《里耶秦簡中遷陵縣學官和相關記錄》，《出土文獻》第1輯，中西書局，第232頁。
[8] 張春龍：《里耶秦簡中遷陵縣學官和相關記錄》，《出土文獻》第1輯，中西書局，第232頁。按：“【】”內“私事”二字，乃筆者據簡文補出。
[9]《上海博物館藏印》卷三，第8頁。轉引自張春龍《里耶秦簡中遷陵縣學官和相關記錄》，《出土文獻》第1輯，中西書局，2010年。

嶽麓秦簡1774號簡"以次爲置守、學佴"①,按照功勞次任用守和學佴。"次"即"功勞次"之省稱,嶽麓秦簡1886號載"以攻(功)勞次除以爲叚(假)廷史"②。《二年律令·史律》:"史、卜、祝學童學三歲,學佴將詣大史、大卜、大祝。"③與"學佴"并列的"守"當是學官的總負責人,而非郡守,秦代部門的負責人常稱守,如"州陵守""倉守""少内守"之類。里耶秦簡15-154"勿敢私事",猶言不敢私下授受學問,此正是對韓非子、李斯提倡的"以吏爲師"學説的貫徹。

從上論述可知,秦推行"以法爲教,以吏爲師"政策是一貫的。詩書百家之語,大而不當,空洞玄乎的理論説教,尤爲最高統治者不喜。秦注重實學,農桑種植,醫藥法律,曆法文書之類大行其道。同時,堅决打擊私學,將教育權牢牢控制在官府手中。秦代注重發展縣學,大力培養基層官吏。

六

隱宫徒刑者七十余萬人。(《史記·秦始皇本紀》)

直按:隱宫當爲隱官相沿之誤字。近出《雲夢秦簡·軍爵律》云"工隸臣斬首及人爲斬首以免者,皆令爲工其不完者,以爲隱官工"可證。(見一九七六年《文物》七期)④

鋒補:隱官乃安置刑徒的機構之一,受刑而復免者,依律可授予田宅,然因其形體殘缺,或無法從事耕種,故官府將他們安置在隱官工作。故隱官又可指免罪之刑徒。秦簡中多見隱官材料:

> 《嶽麓秦簡·亡律》:佐弋隸臣、湯家臣,免爲士五(伍),屬佐弋而亡者,論之,比寺車府。内官、中官隸臣(0782)妾、白粲以巧及勞免爲士五(伍)、庶人、工、工隸隱官而復屬内官、中官者,其或亡(2085)⑤

> (缺簡)寺車府└、少府、中府、中車府、泰官、御府、特庫、私官隸臣,免爲士五(伍)、隱官,及隸妾(1975)以巧及勞免爲庶人,復屬其官者,

---

① 陳松長主編:《嶽麓書院藏秦簡(伍)》,上海辭書出版社,2017年,188頁。
② 陳松長主編:《嶽麓書院藏秦簡(伍)》,上海辭書出版社,2017年,192頁。
③ 張家山二四七號漢墓竹簡整理小組:《張家山漢墓竹簡〔二四七號墓〕(釋文修訂本)》,文物出版社,2006年,第80頁。
④ 陳直:《史記新證》,中華書局,2006年,第23頁。
⑤ 陳松長主編:《嶽麓書院藏秦簡(肆)》,上海辭書出版社,2015年,第41頁。

其或亡盈三月以上而得及自出，耐以爲隸（0170）臣妾，亡不盈三月以下而得及自出，笞五十，籍亡不盈三月者日數，後覆亡，輒（2035）數盈三月以上得及自出，亦耐以爲隸臣妾，皆復付其官。　　　（2033）①

廿七年二月丙子朔庚寅，洞庭守禮謂縣嗇夫、卒史嘉、叚（假）卒史谷、屬尉：令曰："傳送委輸，必先悉行城旦舂、隸臣妾、居貲責（債），急事不可留，乃興縣（徭）。"今洞庭兵輸內史及巴、南郡、蒼梧輸甲兵當傳者多，節（即）傳之。必先悉行乘城卒、隸臣妾、城旦舂、鬼薪、白粲、居貲贖責（債）、司寇、隱官、踐更縣者。田時殹（也），不欲興黔首。嘉、谷、尉各謹案所部縣卒、徒隸、居貲贖責（債）、司寇、隱官、踐更縣者簿，有可令傳甲兵，縣弗令傳之而興黔首，[興黔首]可省少弗省少而多興者，輒劾移縣，[縣]丞以律令具論當坐者，言名夬（決）泰守府。嘉、谷、尉在所縣上書。嘉、谷、尉令人日夜端行。它如律令。　　　　　（16–5）②

七

廿六年……追尊莊襄王爲太上皇。（《史記·秦始皇本紀》）

鋒補：嶽麓秦簡數見"泰上皇"，傳世文獻作"太"，乃後人改寫所致。里耶秦簡"更名木方"明確提及"莊王爲泰上皇"（8-461）③。嶽麓秦簡相關材料如下：

▌泰上皇元年以前隸臣妾及□□□□☒　　　　　　　（0479）④

·泰上皇祠廟在縣道者……　　　　　☒（0055（2）–3）⑤

泰上皇時內史言：西工室司寇、隱官、踐更多貧不能自給程（糧）。議：令縣遣司寇入禾，其縣毋（無）禾（0587）當貢者，告作所縣償及貸。西工室伐幹沮、南鄭山，令沮、南鄭聽西工室致。其入禾者及吏移西（0638）工室。

---

① 陳松長主編：《嶽麓書院藏秦簡（肆）》，上海辭書出版社，2015年，第49—50頁。
② 湖南省文物考古研究所編著：《里耶發掘報告》，嶽麓社，2007年，第192頁。里耶秦簡16-6、9-2283內容與16-5相同。引用文書據己意句讀。按："省少"原釋爲"省小"，"名夬"原釋爲"名史"。
③ 陳偉主編：《里耶秦簡牘校釋》第1卷，武漢大學出版社，2012年，第156頁。
④ 陳松長主編：《嶽麓書院藏秦簡（肆）》，上海辭書出版社，2015年，第190頁。
⑤ 陳松長主編：《嶽麓書院藏秦簡（肆）》，上海辭書出版社，2015年，第202頁。

・二年曰：復用。　　　　　　　　　　　　　　（0681）①

八

（廿六年）"收天下之兵，聚之咸陽，銷以爲鐘鐻，金人十二，重各千石，置廷宫中。"（《史記·秦始皇本紀》）

鋒補：秦統一後，大肆收繳民間兵器，但并非禁止所有民衆擁有此物，這些可以從里耶秦簡、嶽麓秦簡中得到證實：

廿七年三月丙午朔己酉，庫後敢言之：兵當輸内史，在貳春□□□□Ⅰ五石一鈞七斤，度用船六丈以上者四梭（艘）。調令司空遣吏、船徒取。敢言Ⅱ之。　　　　　　　　　　　　　　□Ⅲ 8-1510

三月辛亥，遷陵守丞敦狐告司空主，以律令從事。/……Ⅰ

昭行Ⅱ

三月己酉水下下九，佐赾以來。/釦半。　　　　Ⅲ 8-1510背②

・新黔首公乘以上挾毋過各三劍┗，公大夫、官大夫得帶劍者，挾毋過各二劍┗，大夫以下得帶（0347）劍者，毋過各一劍，皆毋得挾它兵。過令者，以新黔首挾兵令論之。　　　　　　　・十一（0676）③

從里耶秦簡可知，統一戰爭結束後，確有收繳天下兵器送往咸陽之舉措。然從嶽麓秦簡可知，秦代并未禁絶民衆擁有武器，吏民能否擁有佩劍，能佩帶多少，與爵位高低有關。

九

（廿六年）"更名民曰'黔首'。"（《史記·秦始皇本紀》）

鋒補：里耶秦簡、嶽麓秦簡中一律用黔首指代民。然秦統一前，文書中常習慣使用"百姓"而非"民"，如睡虎地秦簡。嶽麓秦簡部分《司空律》條文内容與《秦律十八種》高度重合，祇是將"百姓"替换成"黔首"，將"臣""妾"换成"奴""婢"：

---

① 陳松長主編：《嶽麓書院藏秦簡（肆）》，上海辭書出版社，2015年，第204頁。
② 陳偉主編：《里耶秦簡牘校釋》第1卷，武漢大學出版社，2012年，第341頁。
③ 陳松長主編：《嶽麓書院藏秦簡（柒）》，上海辭書出版社，2022年，第80頁。

百姓有貲贖責（債）而有一臣若一妾，有一馬若一牛，而欲居者，許。① 　　　　　　　　　　（《秦律十八種》）

　　黔首有貲贖責（債）而有一奴若一婢，有一馬若一牛，而欲居者，許之。② 　　　　　　　　　　（嶽麓秦簡 J28）

　　嶽麓秦簡《爲吏治官及黔首》作爲宦學教材類文獻，通篇以四字爲主，或考慮押韻問題，取其朗朗上口，易於背誦。故"善度黔首力"，原本當作"善度民力"；"敬給縣官事""擅叚縣官器"，原本當作"敬給公事""擅叚公器"。《爲吏治官及黔首》創作年代當在秦統一之前，秦統一之後，爲了回應文字統一政策，抄寫者在碰到某些稱謂和語詞時特意加以改寫，但仍然有未來得及盡改之處。《爲吏治官及黔首》見"審智（知）民能"，"民"本應改爲"黔首"，此處當是抄寫時疏忽所致。

　　《同、顯盜殺人案》0643 簡載："此黔首大害殹（也）。毋（無）徵物，難得。"③ 從字距和書體來看，"黔首"二字顯然是二次書寫之結果。又另一個案件有"民大害殹（也）。甚微難得"④。此處之民，是未來得及修改所致。需要補充的是，如果人名中出現民，應該不必改爲"黔首"，例如《爲獄等狀四種》"屖陵獄史民詣士五（伍）達"⑤。

（嶽麓簡 0643）

十

　　臣等謹與博士議曰："古有天皇，有地皇，有泰皇，泰皇最貴。臣等昧死上尊號，王爲泰皇。命爲制，令爲詔，天子自稱曰朕。"王曰："去泰，著皇，采上古帝位號，號曰皇帝。他如議。"（《史記·秦始皇本紀》）

　　鋒補：皇帝和陛下均見於嶽麓秦簡，朕見於兔子山秦牘，至於制書、詔書則在嶽麓秦簡和里耶中也頗爲常見：

---

① 陳偉主編：《秦簡牘合集·釋文注釋修訂本》，武漢大學出版社，2016 年，第 112—113 頁。
② 陳松長主編：《嶽麓書院藏秦簡（肆）》，上海辭書出版社，2015 年，第 156 頁。
③ 朱漢民、陳松長主編：《嶽麓書院藏秦簡（叁）》，上海辭書出版社，2013 年，第 181 頁。
④ 朱漢民、陳松長主編：《嶽麓書院藏秦簡（叁）》，上海辭書出版社，2013 年，第 190 頁。
⑤ 朱漢民、陳松長主編：《嶽麓書院藏秦簡（叁）》，上海辭書出版社，2013 年，第 121 頁。

·縣官上計執灋，執灋上計冣皇帝所，皆用筭橐。　　（0561）①

皇帝其買奴卑（婢）、馬，以縣官馬牛羊貿黔首馬牛羊及買以爲義。
　　　　　　　　　　　　　　　　　　　　　　　　（1301）②

·**皇帝**節斿（游）過縣，縣令與一尉共⌐，行反（返），丞亦與一尉共，毋并（併）去官。　　　　　　　　　　　　　　　　（0176）③

丞相、御史言：或有告劾聞陛下，陛下詔吏治之，及請有覆治，制書報曰可者，此皆犯灋者殹（也）⌐。　　（1902+C8-1-1）④

天下失**始皇帝**，皆遽恐悲哀甚，**朕**奉遺詔，今宗廟吏及箸以明至治大功德者具矣，律令當除定者畢矣。元年與黔首更始，盡爲解除流罪，今皆已下矣，**朕**將自撫天下。（正）

吏、黔首，其具行事已，分縣賦擾黔首，毋以細物苛劾縣吏，亟布。以元年十月甲午下，十一月戊午到守府。（背　益陽兔子山秦牘J9③：1）⑤

附記：

本文是2021年度湖南省哲學社會科學基金項目"長沙五一廣場東漢簡牘所見地方行政研究"（21YBA069）的階段性成果。

作者簡介：周海鋒，男，1984年11月生，湘潭大學文學與新聞學院副教授，博士，主要從事秦漢簡牘、法制史、職官制度等方面的研究。

---

① 陳松長主編：《嶽麓書院藏秦簡（肆）》，上海辭書出版社，2015年，第209頁。
② 陳松長主編：《嶽麓書院藏秦簡（肆）》，上海辭書出版社，2015年，第134頁。
③ 陳松長主編：《嶽麓書院藏秦簡（陸）》，上海辭書出版社，2020年，第112頁。
④ 陳松長主編：《嶽麓書院藏秦簡（陸）》，上海辭書出版社，2020年，第68頁。
⑤ 張春龍、張興國：《湖南益陽兔子山遺址九號井出土簡牘概述》，《國學學刊》2015年第4期。按：釋文參考陳偉、何有祖、鄔文玲等先生意見修訂。陳偉：《〈秦二世元年十月甲午詔書〉通釋》，《江漢考古》2017年第1期；何有祖：《秦二世元年詔書解讀》，《文獻》2020年第1期；鄔文玲：《秦漢簡牘中兩則簡文的讀法》，《出土文獻研究》第15輯，中西書局，2016年，第218頁。

漢代居延烽燧亭障排列及設施構成初探

傅興業

（額濟納旗文物保護中心，額濟納旗 735400）

内容摘要：漢代居延烽燧亭障的排列，沿着額濟納河流域由西南向東北有規律分布，整體呈點綫狀態。20世紀30年代，中國西北科學考察團較爲系統調查了這一大型遺址群，采集了烽燧亭障的基本信息資料，并獲取到一批漢代簡牘和實物，是研究漢代居延烽燧亭障重要的基本材料。本文參照文獻資料，結合實地調查，對漢代居延烽燧亭障的排列距離進行了初步梳理，對設施構成進行了分析研究，基本搞清楚了居延烽燧亭障的排列規律與構造方法，這對於居延烽燧亭障今後的研究保護具有一定的參考作用。

關鍵詞：居延烽燧；亭障；排列距離；設施

一、居延烽燧亭障的興築

居延地區地以"流沙"或"弱水流沙"著稱。弱水發源於祁連山北麓，流經張掖甘州河與西南酒泉而來的北大河在匯水匯合後向北奔流，[1] 注入額濟納旗境内的古居延澤。

西漢初期，居延地區屬於匈奴部族的游牧地。《漢書·地理志》記載："張掖郡，匈奴昆邪王地，武帝太初元年開。"[2] 漢元狩二年（前121年），驃騎將軍霍去病出隴西、北地擊匈奴，過居延，攻祁連山匈奴渾邪王部和休屠王部，平定收復了河西，從此居延地區納入漢朝版圖，屬於漢代張掖郡管轄的都尉治地和居延縣地。《漢書·地理志》記載："居延，居延澤在東北，古文以爲流沙。都尉治。

---

[1] 吳礽驤：《河西漢塞調查與研究》，文物出版社，2005年，第7頁。
[2] 《漢書》卷二八《地理志下》，中華書局，1962年，第1613頁。

莽曰居成。"① 太初三年（前102年）始築居延塞，并置縣或都尉。②

隨着漢王朝對河西走廊的戰略開發，先後列置河西四郡，至太初三年開始在居延地區興築烽燧亭障，以護衛河西走廊。《史記·匈奴列傳》記載："（太初三年）使强弩都尉路博德築居延澤上"，③同年"益發戍甲卒十八萬酒泉、張掖北，置居延、休屠以衛酒泉"。④

由此可知居延地區屯兵、設置都尉軍事管理機構、修築烽燧亭障設施，始於西漢武帝時期。

二、居延烽燧亭障的排列與距離

1930年，中國西北科學考察團在額濟納旗境内調查發現了漢代烽燧亭障遺址，并在部分遺址獲得1萬餘枚簡牘。瑞典籍隊員貝格曼將烽燧亭障由北向南統一進行了編號，索馬斯特勒姆根據貝格曼的原始田野記録，整理出版了《内蒙古額濟納河流域考古報告》一書。中國社會科學院考古研究所根據《内蒙古額濟納河流域考古報告》，對亭障加以重述，出版了《居延漢簡甲乙編上下册》。在《居延漢簡甲乙編下册（額濟納河流域障燧述要）》中（以下簡稱《述要》），詳細叙述了烽燧亭障的基本情况。

本文參照以上研究成果，結合文物普查實地調查測量工作，由北向南分别介紹烽燧亭障的排列分布距離。

（一）殄北塞：《述要》中共有1座障、1座亭、4座烽燧，排列分布爲A1障，A10亭，A11、K681、T28、T29（圖一）。

新發現5座烽燧均以地名命名，分别是哈敦呼休烽燧、喬寧塔塔拉烽燧、怒德蓋烏蘭烽燧、敖木格沙拉烽燧、朝斗音塔塔拉烽燧。這些烽燧環繞古居延澤而修築，坐落在高崗，每座烽燧的間距較遠，不僅有防禦功能，還兼有守護水源地的作用。

A1障東南距A10亭17千米，東南距T29烽燧30.3千米。A10亭東距AK681烽燧1.5千米。K681烽燧東距A11烽燧2.2千米。A11烽燧東距T28烽燧3

---

① 《漢書》卷二八《地理志下》，中華書局，1962年，第1613頁。
② 陳夢家：《漢簡綴述》，中華書局，1980年，第215頁。
③ 《史記》卷一一〇《匈奴列傳》，中華書局，2014年，第2916頁。
④ 《史記》卷一二三《大宛列傳》，中華書局，2014年，第3176頁。

· 48 ·　簡牘學研究（第十四輯）

圖一　殄北塞烽燧排列狀況

千米。T28烽燧東南距新發現的敖木格沙拉烽燧7.6千米。敖木格沙拉烽燧東北距T29烽燧10.5千米。T29烽燧東南距哈敦呼休烽燧10.7千米。哈敦呼休烽燧東南距怒德蓋烏蘭烽燧33.2千米，怒德蓋烏蘭烽燧西南距喬寧塔塔拉烽燧8千米，喬寧塔塔拉烽燧西北距朝斗音塔塔拉烽燧16.2千米。朝斗音塔塔拉烽燧的西南側便是P9烽燧，相距38.2千米。

調查發現，A10亭至A11烽燧之間存有碎石壘築的雙重天田，T29烽燧南側存有東北至西南走向的塞牆。

（二）居延區域：《述要》中分爲四部分

1. 伊肯河東岸（北部）共有1座障，1座烽台，3座烽燧，3座城。排列分布爲F30障、A12、A13、K688城、K749城、K778烽台、K789城、A15。（圖二）

新發現1座障、6座烽燧，分布較爲散亂，均以地名命名。分別是拉里烏素烽燧、陶來圖1號烽燧、陶來圖2號烽燧、陶來圖3號烽燧、查幹德日布烽燧、敖勒蘇台烽燧和陶來烏素障。陶來烏素障與K778烽台性質相同，晚於漢代。K749城、K688城處於居延的核心區域，相距6.8千米。

F30障東北距A10亭5.4千米，西南距A12烽燧2.5千米。A12烽燧西南距A13烽燧2.6千米。A13烽燧西南距K688城東3.3千米。K688城西南距K749城6.8千米。K778烽台二晚於漢代，東北距K749城1.2千米。K789城東北距K778烽台二7.5千米。A15烽燧東北距K789城4.6千米。

推測F30障與A10亭之間還存有烽燧，這一列烽燧與環繞古居延澤的烽燧有一定的聯繫。

K688城西南距温都格北1號高臺墓葬5千米，温都格北1號高臺墓葬西南距温都格北2號高臺墓葬1.3千米，温都格北2號高臺墓葬西南距K749城1.5千米。因建築形制與綠城遺址周邊的高臺墓葬相似，三普調查時命名爲温都格北1號、2號高臺墓葬。2014年經內蒙古文物考古研究所調查試掘，認定爲烽燧遺迹。

2. "居延城"K710，處於比較孤立的位置，經調查四周未見與之相連接的烽燧。西北距K688城8千米，西南距K749城10.6千米。

K797障又稱爲馬明查幹白興，土坯砌築，晚於漢代。K797障西南距T88烽燧1.3千米，東北距T85烽燧2.9千米。

3. 伊肯河東岸（南部）共有1座障，5座烽燧。分布排列爲F84障，T14烽燧、T85烽燧、T88烽燧、T105烽燧、T106烽燧。

F84障東北距K778烽台二10.8千米，西南距T14烽燧1.2千米。T14烽燧西

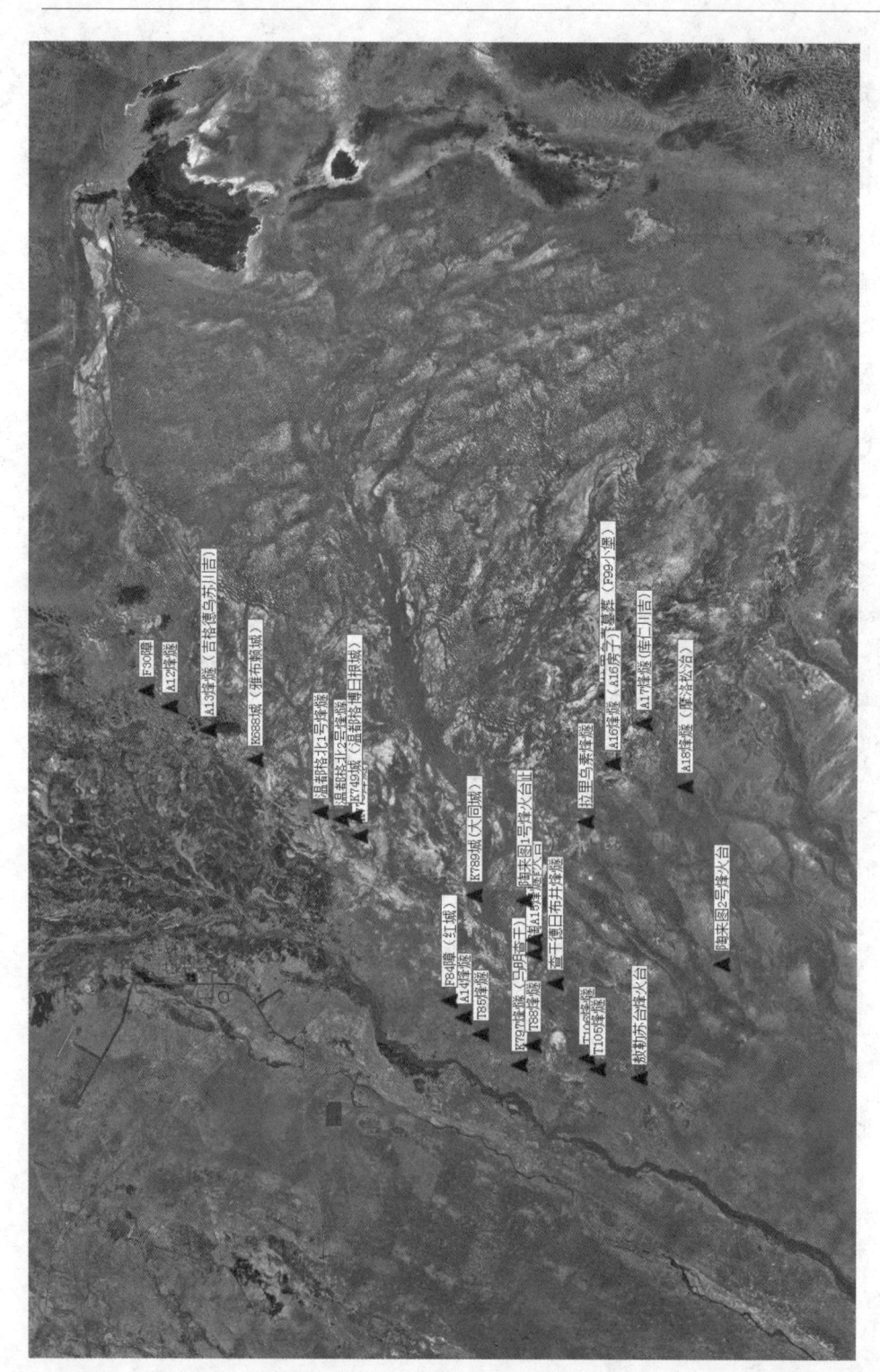

圖二 居延區域烽燧排列狀況

南距 T85 烽燧 1.4 千米。T85 烽燧西南距 T88 烽燧 3 千米。T88 烽燧西南距 T105 烽燧 4 千米，東距陶來烏素障 5.2 千米，東南距查幹德日布烽燧 3.7 千米。T105 烽燧南偏西距敖勒蘇台烽火臺 2.4 千米，東南距 T106 烽燧 4.3 千米。T106 烽燧東南距陶來圖 3 號烽燧 5.2 千米，東北距陶來圖 2 號烽燧 2.2 千米。

4. 黑城東南 1 座房子，2 座烽燧，1 座小堡。分布排列爲 A16 房子、A17 烽燧、A18 烽燧、F99 小堡。

在房子的 A16 東側新發現一座烽火臺，應屬於 A16 房子的組成部分。A16 房子西北距拉里烏素烽燧 4.1 千米，東南距 A17 烽燧 2.6 千米。A17 烽燧西南距 A18 烽燧 4.4 千米，東北距 F99 小堡 2.6 千米。A18 烽燧西南距 T111 烽燧 5 千米。F99 小堡夯土築，建築形制與綠城區域的高臺墓葬屬同一類型。黑城即 K799 城。

（三）甲渠塞：《述要》共有 1 座障、27 座烽燧，排列分布爲 A2、T3、T4、T5、A3、A4、T6、T7、T8、T9、A5、T10、T11、A6、T12、T13、A7、A8、T14、T15、T16、P1、A9、T17、T18、T19、T20、T21。其中 A4、T3、T4、T5、T6、T19 已消失（圖三）

1972 年，甘肅省組成的考古調查組在 A1 障的南側發現一座烽燧，命名爲 A1a 烽燧。2016 年，在 A1a 烽燧南側新發現一座烽燧，以地名命名爲阿德格庫秀爾烽燧。

從 A1a 至 T21 沿綫全程 54.6 千米，沿伊肯河西岸呈東北—西南走向，T7 至 T21 烽燧西側存有雙重塞墻，東側存有 3-4 處燃放積薪的報警設施，表面堆積較多的煉渣。

A1a 烽燧東北距 A1 障 4.5 千米，西南距阿德格庫秀爾烽燧 6.1 千米。阿德格庫秀爾烽燧西南距 A2 烽燧 1.9 千米。A2 烽燧西南距 A3 烽燧 13.8 千米。按照漢代甲渠塞烽燧建制布局的距離推測，在 T3 至 A2、A1a 烽燧和 A1 障之間可能還存有烽燧。

A3 烽燧西南距 T7 烽燧 5.6 千米。T7 烽燧西南距 T8 烽燧 1.3 千米。T8 烽燧西南距 T9 烽燧 1.3 千米。T9 烽燧西南距 A5 烽燧 1.3 千米。A5 烽燧西南距 T10 烽燧 1.3 千米。T10 烽燧西南距 T11 烽燧 1.3 千米。T11 烽燧西南距 A6 烽燧 1.3 千米。A6 烽燧西南距 T12 烽燧 1.3 千米。T12 烽燧西南距 T13 烽燧 2.6 千米。T13 烽燧西南距 A7 烽燧 1.3 千米。A7 烽燧西南距 A8 障 1.2 千米。A8 障西南距 T14 烽燧 1.3 千米。T14 烽燧西南距 T15 烽燧 1.4 千米。T15 烽燧西南距 T116 烽燧 1.3 千米。T16 烽燧西南距 P1 烽燧 1.1 千米。P1 烽燧西南距 A9 烽燧 1.4 千米。A9 烽燧西南

· 52 ·　簡牘學研究（第十四輯）

圖三　甲渠塞烽燧排列狀況

距 T17 烽燧 1.3 千米。P1 烽燧西南距 A9 烽燧 1.4 千米。A9 烽燧西南距 T17 烽燧 1.3 千米。T17 烽燧西南距 T18 烽燧 1.3 千米。T18 烽燧東南距 T19 烽燧 1.3 千米，T19 烽燧西南距 T20 烽燧 1.5 千米。T20 烽燧西南距 T21 烽燧 1.3 千米。T21 烽燧是甲渠塞伊肯河西岸最南端的烽燧，距河東岸的 T107 烽燧 1.2 千米。T19 烽燧僅存燃放積薪的報警設施，地表有較多灰陶片。

《述要》中記錄竇都格博日格南，靠近伊肯河東岸，尚有 3 座烽燧，分別是 T107 烽燧、T108 烽燧、T109 烽燧，呈東北—西南走向。此次調查在 T109 烽燧南側新發現烽燧 1 座、障 1 座，以地名命名爲川吉淖爾烽燧和呼日吉圖障。此外在川吉淖爾烽燧北 3.6 千米處，新發現一段天田，長 246 米。

從 T107 烽燧至卅井塞西端的 A22 烽燧全程 34.2 千米。T107 烽燧距河西的 T21 烽燧 1.2 千米，西南距 T108 烽燧 2.5 千米。T108 烽燧西南距 T109 烽燧 4.7 千米。T109 烽燧南距呼日吉圖障 4.1 千米處，呼日吉圖障西南距川吉淖爾烽燧 16.3 千米，川吉淖爾烽燧西南距 A22 烽燧 6.5 千米。

根據新發現的烽燧、天田和障址推測，它們之間可能還存有烽燧，但不能排除被河水沖毀或埋於沙漠之中的可能。

（四）卅井塞：《述要》共有 32 座烽燧，1 座障，由東北向西南排列分布爲 P9、T117、T118、P10、T119、T120、T121、T122、T123、T124、T125、T126、T127、T128、T129、T130、T131、T132、T133、T134、T135、T136、T137、T138、T139、P11、A19、T140、A20、T141、A21、A22

新發現烽燧 3 座均以地名命名，分布是竇日川吉烽燧、渾德冷音烏素烽燧、川吉淖爾烽燧。（圖四）

以上列燧處在荒漠戈壁和湖谷地帶，從博羅松治（竇日川吉）P9 烽燧至布肯托尼（布肯陶來）A22 烽燧，沿綫全長 63.6 千米，總體呈東北—西南走向，烽燧南側有雙重塞墻，北側存有 3~4 處燃放積薪的報警設施，并發現了"十"字形儲水設施。

P9 烽燧坐落在高崗上，障位於高崗西南平緩坡處。P9 烽燧西南距竇日川吉烽燧 1.5 千米。竇日川吉烽燧西南距 T117 烽燧 1.5 千米。T117 烽燧西南距 T118 烽燧 2.1 千米。T118 烽燧西北距 P10 烽燧 5.7 千米。P10 烽燧西北距 T119 烽燧 2.2 千米。T119 烽燧西北距 T120 烽燧 2.1 千米。T120 烽燧西北距 T121 烽燧 1.6 千米。T121 烽燧西北距 T122 烽燧 5.1 千米。T122 烽燧西南距 T123 烽燧 1.6 千米。T123 烽燧西距 T124 烽燧 1.5 千米。T124 烽燧西南距 T125 烽燧 1.3 千米。T125 烽燧西

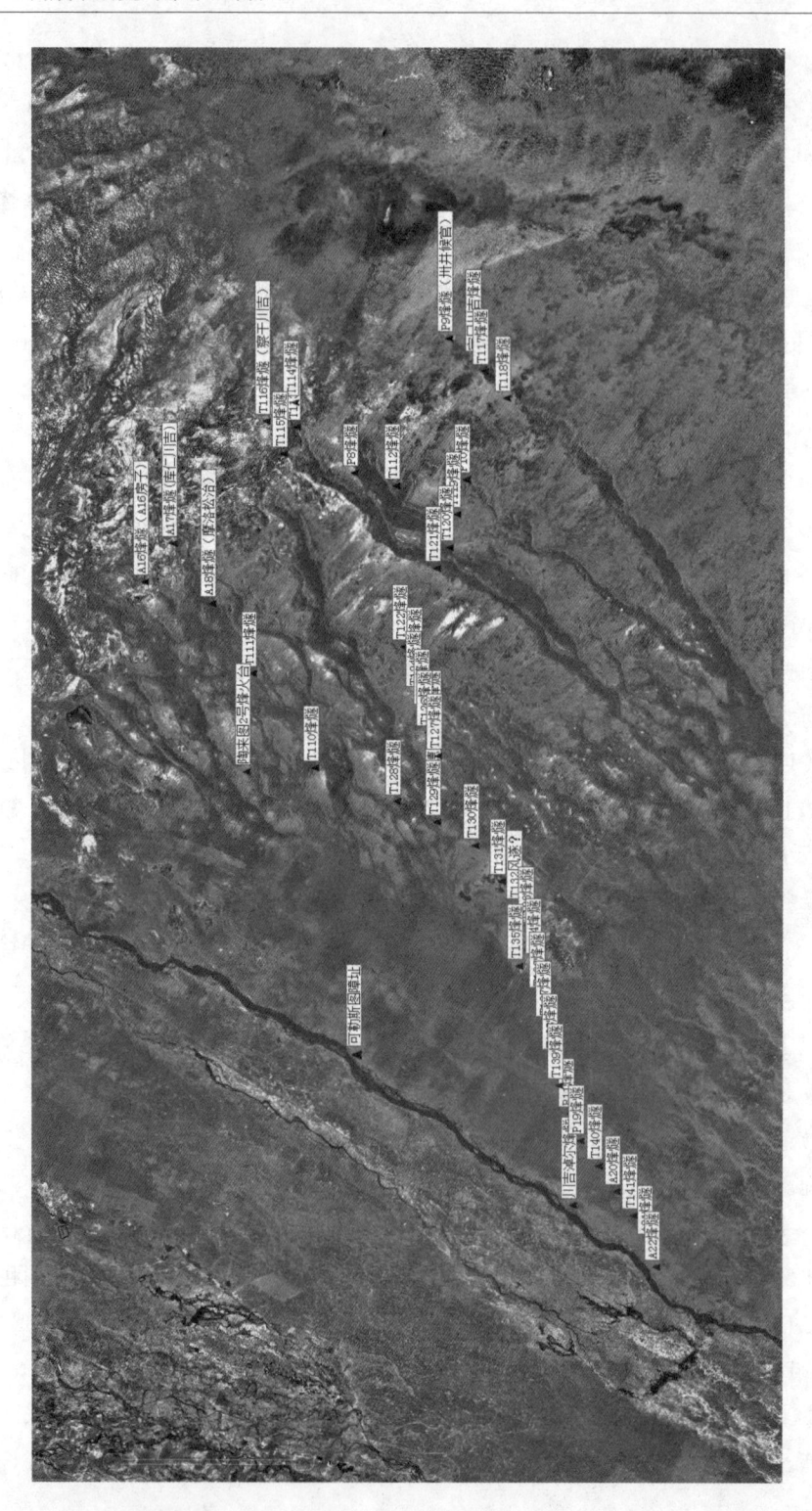

圖四　卅井塞烽燧排列狀況

距 T126 烽燧 1.3 千米。T126 烽燧西南距 T127 烽燧 1.5 千米。T127 烽燧西南距渾德冷音烏素烽燧 1.9 千米。渾德冷音烏素烽燧西距 T129 烽燧 2.3 千米。T129 烽燧西南距 T130 烽燧 2.9 千米，北偏東距 T128 烽燧 2.6 千米。

T128 烽燧與 T110、T111、A17、A18 烽燧連爲一條烽燧綫。

T130 烽燧西南距 T131 烽燧 2.8 千米。T131 烽燧西南距 T132 烽燧 1.8 千米。T132 烽燧西偏南距 T133 烽燧 1.8 千米。T133 烽燧西南距 T134 烽燧 1.8 千米。T134 烽燧西北距 T135 烽燧 1.9 千米。T135 烽燧西南距 T136 烽燧 2.1 千米，南偏東距 T134 烽燧 1.1 千米。T136 烽燧西南距 T137 烽燧 1.9 千米。T137 烽燧西南距 T138 烽燧 2.1 千米。T138 烽燧西南距 T139 烽燧 1.9 千米。T139 烽燧西南距 P11 烽燧 1.9 千米。P11 烽燧西南距 A19 烽燧 1.7 千米。A19 烽燧西南距 T140 烽燧 1.9 千米。T140 烽燧西南距 A20 烽燧 1.9 千米。A20 烽燧西南距 T141 烽燧 1.9 千米。A20 烽燧北偏西距川吉淖爾烽燧 2.8 千米。T141 烽燧西南距 A21 烽燧 1.8 千米。A21 烽燧西南距 A22 烽燧 1.7 千米。A22 烽燧西南距 T142 烽燧 9.8 千米。

1. 卅井塞西北排列分佈爲 T112、T113、T114、T115、T116，P8。

這 6 座烽燧呈東北—西南走向，沿綫長 9.3 千米，它們是從卅井塞 T119 烽燧處向北延伸出的另一條烽燧綫。

T112 烽燧北偏東距 P8 烽燧 2.8 千米，南偏西距 T119 烽燧 4.2 千米。P8 烽燧東北距 T113 烽燧 4.6 千米。T113 烽燧北偏東距 T116 烽燧 2 千米，東距 T114 烽燧 1.3 千米，西偏北距 T115 烽燧 1.8 千米。T114 烽燧西北距 T116 烽燧 2.3 千米。T115 烽燧東北距 T116 烽燧 2.4 千米。T116 烽燧處在最北端。

2. 寶都格博日格東由南向北排列分佈爲 T110、T111。

這兩座烽燧西側新發現的烽燧命名爲陶來圖 3 號烽燧。陶來圖 3 號烽燧西北距 T106 烽燧 5.3 千米。

T110 烽燧西南距 T128 烽燧 5.6 千米，東北距 T111 烽燧 7 千米，西北距陶來圖 3 號烽燧 4.4 千米。T111 烽燧東北距 A18 烽燧 5 千米。

（五）廣地塞：《述要》共有 17 座烽燧、1 座障、1 座城（即 K822 城，晚於漢代，城內有 1 座烽燧），由北向南排列分佈爲 T142、T143，A23，K823，A24，K822，T144，A25，T145、T146、T147，A26，T148、T150、T151、T152、T153，A27。其中 T144 烽燧消失（圖五）

新發現烽燧 6 座均以地名命名，分別是塔本呼德格烽燧、夏日庫列烽燧、瑙高川吉、巴彥寶格德 1 號烽燧、巴彥寶格德 2 號烽燧、巴彥寶格德 3 號烽燧。

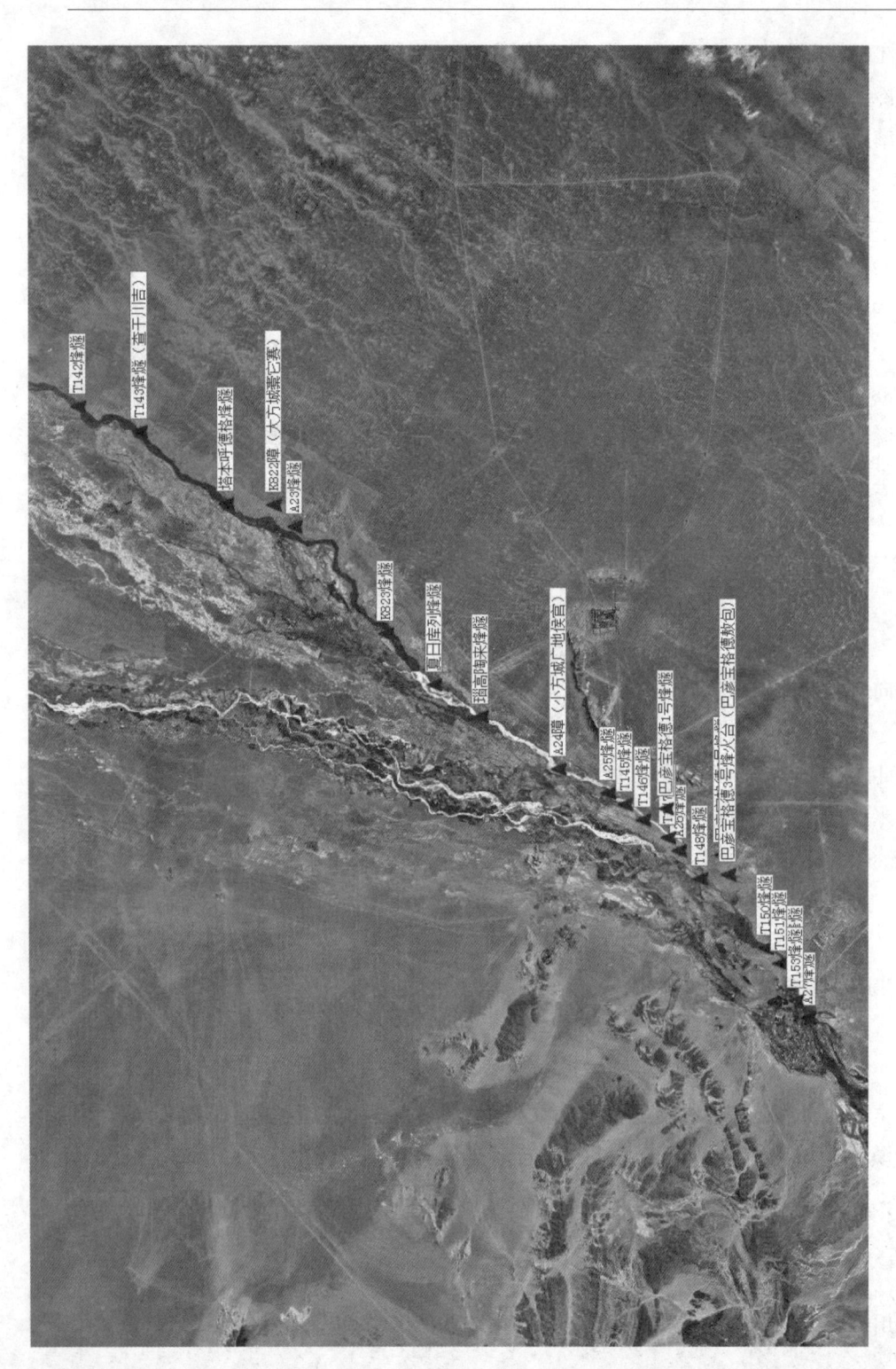

圖五　廣地塞烽燧排列狀況

以上列燧處在額濟納河中游東岸的戈壁，T142 至 T152 全長 53.4 千米，總體呈東北—西南走向，烽燧沿綫未見天田或塞牆遺迹。

T142 烽燧西南距 T143 烽燧 3.9 千米。T143 烽燧西南距塔本呼德格烽燧 6.2 千米。塔本呼德格烽燧南距 K822 城（大方城）2.8 千米。K822 城西南距 A23 烽燧 1.7 千米。A23 烽燧西南距 K823 烽燧 8 千米。K823 烽燧西南距夏日庫列烽燧 3.9 千米。夏日庫列烽燧西南距瑙高川吉 3.2 千米。瑙高川吉西南距 A24 障 5.2 千米。A24 障（小方城）西南距 A25 烽燧 3.1 千米。

A25 烽燧西南距 T145 烽燧 1.2 千米。T145 烽燧西南距 T146 烽燧 1.4 千米，東偏北距巴彥寶格德 3 號烽燧 1.6 千米。

巴彥寶格德 3 號烽燧西南距巴彥寶格德 2 號烽燧 3.9 千米。巴彥寶格德 2 號烽燧西南距巴彥寶格德 1 號烽燧 1.3 千米。巴彥寶格德 1 號烽燧。這三座新發現的烽燧坐落在山頂，與山下的 T145、T148、T149 烽燧并行。

T146 烽燧西南距 T147 烽燧 1.7 千米。T147 烽燧西南距 A26 烽燧 960 米。A26 烽燧西南距 T148 烽燧 2 千米。T148 烽燧西南距 T149 烽燧 2 千米，東南距巴彥寶格德 2 號烽燧 1.5 千米。西南距 T150 烽燧 4.4 千米，東南距巴彥寶格德 1 號烽燧 1.2 千米。T150 烽燧西南距 T151 烽燧 1.2 千米。T151 烽燧西南距 T152 烽燧 1.3 千米。T152 烽燧西南距 T153 烽燧 1.1 千米。T153 烽燧西南距 A27 烽燧 1.2 千米。A27 烽燧西南距 T155 烽燧 4.2 千米。

（六）橐他塞：《述要》有 19 座烽燧、1 座障，排列分布爲 T154、T155、T156，A28，T157、T158，F159，T160，A29，T161、T162、T163、T164、T165，A30、A31，T166、T167、T168。其中 T154 烽燧、T156 烽燧消失（圖六）

以上列燧處在額濟納河中游東岸的戈壁，從 A27 至 A32 全長 52 千米，呈東北—西南走向，沿綫未見天田或塞牆的遺迹。

T155 烽燧西南距 A28 烽燧 6.5 千米。A28 烽燧西南距 T157 烽燧 2.1 千米。T157 烽燧西南距 T158 烽燧 4.2 千米。T158 烽燧西南距 T158 烽燧 5.1 千米。F159 障由烽火臺和障組成，烽火臺建在障西北角，西南距 T160 烽燧 4 千米。T160 烽燧西南距 A29 烽燧 1.5 千米。A29 烽燧西南距 T161 烽燧 2.5 千米。T161 烽燧西南距 T162 烽燧 1.7 千米。T162 烽燧西南距 T163 烽燧 3.9 千米。T163 烽燧西南距 T164 烽燧 1.7 千米。T164 烽燧南距 T165 烽燧 1.2 千米。T165 烽燧南距 A30 烽燧 1.7 千米。A30 烽燧南偏西距 A31 烽燧 4 千米。A31 烽燧南偏西距 T166 烽燧 2.2 千米。T166 烽燧南距 T167 烽燧 2.2 千米。T167 烽燧西南距 T168 烽燧 1.5 千米。

圖六 裹他塞烽燧排列狀況

T168 烽燧西南距 A32 烽燧 1.5 千米。

（七）肩水塞：《述要》分爲四組，即東部塞、西部塞、兩塞間、毛目南。排列分布在甘州河東岸的烽燧綫，南起 T207 烽燧向北延伸至額濟納河東岸的 A32 烽燧。排列分布在北大河西岸的烽燧綫，向北延伸至額濟納河流域，這段塞牆應屬疏勒河岸漢代塞牆的東端，與肩水塞相交。[①]烽燧多以土坯築，總體呈東北—西南走向。

1. 東部塞

東部塞處在額濟納河上游東岸的戈壁，有 19 座烽燧、1 座障。排列分布爲 A32、A33、T174、T175、T176、T180、T181、T182、T186、T187、T188、T191、T192、T193、T194、T195、T197、T198、T199、T200。

T174 至 T192 沿綫長 24.6 千米，東側有雙重天田，西側有 3~4 處燃放積薪的報警設施。A32 至 T174 之間有連接烽燧的塞牆，長 2.5 千米。

A32 烽燧南距 A33 障 540 米。A33 障東南距 T174 烽燧 2 千米。T174 烽燧西南距 T175 烽燧 2.2 千米。T175 烽燧西南距 T176 烽燧 2.4 千米。T176 烽燧西南距 T180 烽燧 3.5 千米。T180 烽燧西南距 T181 烽燧 1.6 千米。T181 烽燧西南距 T182 烽燧 1.6 千米。T182 烽燧西南距 T186 烽燧 3.2 千米。T186 烽燧西南距 T187 烽燧 2 千米。T187 烽燧西南距 T188 烽燧 2 千米。T188 烽燧西南距 T191 烽燧 1.6 千米。T191 烽燧西南距 T193 烽燧 1.8 千米。T193 烽燧西南距 T192 烽燧 2.7 千米。T192 烽燧西南距 T194 烽燧 4.9 千米。

T194 烽燧已消失。烽燧東側有兩道塞牆，間距 400 米，東北—西南走向，殘高 0.3~0.9 米，底部寬 6 米。

T195 烽燧、T197 烽燧、T198 烽燧、T199 烽燧、T200 烽燧，未作調查。

2. 西部塞

西部塞處在額濟納河上游西岸的戈壁，存有 11 座烽燧，由北向南排列分布爲 T169、T170、T171、T172、P12、T178、T183、T184、T185、T190、T196，考察團記錄烽燧之間連接有塞牆。新發現 3 座烽燧，均以地名命名，分別是馬力曾烽燧，梧桐泉烽燧、白梁圖烽燧。

T169 烽燧東距 A32 烽燧 1.3 千米。T170 烽燧西南距 T171 烽燧 900 米，東南距 T169 烽燧 2 千米。T171 烽燧西南距 T172 烽燧 1.7 千米。T172 烽燧西南距 P12

[①] 中國社會科學院考古研究所編：《居延漢簡甲乙編》，中華書局，1980 年，第 313 頁。

圖七 肩水塞烽燧排列狀況

烽燧 4.3 千米。P12 烽燧西南距 T178 烽燧 4.6 千米。這些烽燧東側均發現燃放積薪的報警設施。T178 烽燧西南距 T183 烽燧 4.6 千米。T183 烽燧西北距 T184 烽燧 3.2 千米。T184 烽燧坐落在山的頂部，地名爲阿潤陶海。

T185 烽燧、T190 烽燧、T196 烽燧，未作調查。

馬力曾烽燧東南距 T172 烽燧 2 千米。在馬力曾烽燧西北是梧桐泉烽燧、白梁圖烽燧。梧桐泉烽燧東南距馬力曾烽燧 48 千米。白梁圖烽燧東距梧桐泉烽燧 29 千米。這三座烽燧均爲漢代，毛石幹壘，是否與肩水塞有關聯，有待考證。

3. 兩塞間

兩塞間處在額濟納河上游西岸、東岸的戈壁，共有 4 座烽燧、3 座障，2 座城。西岸：由北向南排列分布爲 T173、F179；東岸：A34、A35、A36、A37、A38、F117、T189。其中 A34 烽燧消失。

T173 烽燧西南距 F179 烽燧 9.7 千米，東北距 T169 烽燧 2.5 千米，西距 T172 烽燧 1.8 千米。F179 烽燧西南距 T183 烽燧 4.6 千米，西北距 T178 烽燧 1.8 千米。

A34 烽燧，介於 A33 烽燧和 A35 城之間，已消失。A35 城東北距 A33 障 8.9 千米，東南距 A36 烽燧 5.6 千米。A36 烽燧西南距 T186 烽燧 2 千米，東北距 T182 烽燧 1.6 千米。

A37 烽燧、A38 城，未作調查。

F177 烽燧緊靠額濟納河東岸，東南距 A35 城 430 米，西南距 T189 烽燧 11.8 千米。T189 烽燧東距 T188 烽燧 2.3 千米，西南距 T192 烽燧 4 千米。A36、T189、T192 這三座烽燧處在東部塞西側，應屬於東部塞列燧。

東岸：是肩水東部塞的延續，西北科學考察團記錄共有 6 座烽燧。由東北向西南排列分布爲 T202、T203、T204、T205、T206、T207。未調查。（圖七）

4. 毛目南

處在甘州河東岸，是肩水東部塞的延續，西北科學考察團記錄共有 6 座烽燧。排列分布爲 T202、T203、T204、T205、T206、T207。未調查。

（八）北大河塞

處在北大河北岸，西北科學考察團記錄障 1 座，烽燧 9 座，由東北向西南排列分布爲 A39、A40、A41、A42、A43、T213、T214、T215、斯氏 T46I、T46g。未調查。

三、居延烽燧亭障的設施構成

漢代居延烽燧亭障設施從類型上大體可分爲城障、烽燧及其附屬天田、報警設施、儲水池等，建築形制均爲土木結構。城障烽燧均爲平地起築，也有建在黃土夯築的台基之上，大部分城障烽燧選擇在地勢較爲平坦的開闊地帶建造，個別烽燧建造在高崗地或山的頂部，依勢而建。建築材料因地制宜，就地取材，根據地理環境和設施需求情況選用礫石沙土、芨芨草、石頭、砂石板等。建築方法采用堆積、夯築、土坯砌築、砂石板與土坯混築、石構壘築。

堆積類：以天田、塞墻爲主。有礫石沙土、碎石塊、砂石板三種。

天田：以自然地形爲基礎，就地掃取礫石沙土堆積而成。天田處在距烽燧5米以外的一側，與烽燧綫并行，能辨認的天田形似土壟，兩道或三道相間平行，内側間距5.0~6.9米，土壟底寬1.0~2.5米，殘高0.05~0.3米。（圖八）個別地段也用碎石塊和砂石板塊堆積，A10亭至A11烽燧段天田以碎石塊堆積而成，卅井塞T123烽燧處天田使用砂石板塊堆積而成。

塞墻：居延漢簡記載了漢塞修築的三種形式，即僵落、墻垣與壕塹。[①]大多塞墻在戈壁自然地帶以沙土、小石子堆積而成，形似一道土龍，剖面呈梯形，底

圖八　T140烽燧、天田、儲水池

[①] 馬智全：《漢簡記載漢塞修築的三種形式》，《魯東大學學報（哲學社會科學版）》2018年第5期。

寬10~11米，殘高0.02~0.4米。保存較好的肩水金關塞牆，總體呈西北—東南走向，長4521米。目前在甲渠塞T107與T108烽燧之間發現一段木柴僵落，長2000余米。

夯築類城障：漢代的A35城、K688城、K479城、K710城、A33障，包括唐代的K789大同城、元代的K799黑城和K822大方城，牆體均采用夯築的方法建造。夯土的主要成分爲黏土，夾有細沙粒，夯層8~10厘米，夯層中夾有圓木。

土坯砌築類亭障：漢代居延亭障的牆體均采用墼制土坯錯縫砌築的方法建造，最底層的每層土坯之間夾有芨芨草，往上砌築每兩層、三層或六層土坯夾有一層芨芨草。墼制土坯尺寸較大，長40厘米、寬18厘米、厚12厘米，土坯中含有較多的粗沙粒。A24障、F84障、A8障、A1障、A10亭均爲土坯砌築，A24障、A1障底部爲黃土夯築的台基，上部爲土坯砌築。

夯築類烽燧：漢代夯築類型的烽燧數量較少，烽台整體夯築，夯層6~9厘米，夯層中夾有紅柳枝條。夯土以膠泥土爲主，含有礫石、粗沙粒。具有明顯夯築特征的烽燧分別是T109、T152、T152、T143烽燧。

土坯砌築類烽燧：漢代烽燧由烽火臺和塢組成，目前登記在冊的漢代烽燧共計153處，大部分爲土坯砌築。烽火臺和塢牆均在地面逐層疊砌，未發現建築地基的基礎。土坯橫豎相間，向上漸收，每隔三至六層土坯夾一層芨芨草[①]。甲渠塞發掘清理的P1、T9、T10、T14烽燧均屬於土坯砌築。

砂石板與土坯混築類烽燧：此類烽燧多見於卅井塞，有兩種建築情況，一種是選用砂石板塊直接壘築，砂石板塊之間座有泥漿，并夾有木棍，使整體建築更加牢固。一種是當烽燧建造在山崗地帶，烽燧的位置受到地形局限，使用土坯砌築在烽燧的底部，其上部依然使用砂石板塊壘築，或底部爲石塊、砂石板，上部爲土坯。T120、T124、T127、T128等烽燧屬於這類。（圖九）

石構類烽燧：這一類烽燧大都建築在山丘的頂部，使用大小不等的石頭塊層層壘築，石頭塊的縫隙填以沙土和碎石，并夾以木棍。古居延澤T29、T28、A11烽燧屬於這類。（圖十）

報警設施：也稱作積薪垜或積薪台。每座烽燧與天田相對應的一側，設有3至7個數量不等的報警設施，用於燃放積薪。平面呈十字狀可通風的方形台體，以沙土堆積或用石頭、砂石板塊壘築，邊長約5米，一字型排列，每處每個報警設施的間距不等，位置也略有不同，一般距離都在15~30米之間。新發現的

---

① 魏堅主編：《額濟納漢簡》，廣西師範大學出版社，2005年。

圖九　T127烽燧底部爲砂石板塊，上部爲土坯壘砌

圖十　石頭壘築的A11烽燧、天田

圖十一　T119 烽燧砂石板報警設施

圖十二　T138 烽燧、天田、儲水池、報警設施

巴彥寶格德 1 號烽燧報警設施爲石頭築，T119 烽燧報警設施爲砂石板築，結構清晰。（圖十一）

　　儲水池：在居延卅井塞諸多烽燧的北側或南側發現了儲水池，大多建在平坦的戈壁或低窪處，有十字形和長方形兩種。十字形儲水池由一個圓形的坑和四條溝渠組成。圓形的坑居中，直徑 20~30 米，圍繞圓形坑的東、西、南、北四個方位各開挖一條 4~6 米寬的溝渠，與圓形坑連接，形成十字形。四面溝渠起到彙集雨水的作用，圓形坑用於儲水。T137 烽燧西北側十字形儲水池東西 45 米，南北 42 米。T136、T138、T139、P11、T140、T141 等烽燧均發現了十字形儲水池，大小略有差異，形制與 T137 烽燧儲水池相同。長方形的儲水池較少，A20 烽燧南側是一個長方形的儲水池，東西長 42 米，南北寬 30 米。（圖十二）

四、小結

　　居延烽燧亭障屬於漢代修築的軍事防禦設施，從整體布局方面來看經過了周密的考察和規劃，雖然都是單體建築，數量較多，但排列分布有一定的規律性，構成點與綫連接的防禦體系。從建造方面來看按照嚴格的設計組織實施，無論是城障還是烽燧，均爲土木結構，築造方法較爲單一，建築材料就地取材，構造配置合理，具有一定的實用性。從體制機構方面來看設置都尉、候官等管理體系，分級管理各塞段亭障，保障了烽火資訊的傳遞。

　　漢代居延烽燧亭障軍事防禦建築設施，在抵禦北方匈奴進犯河西、確保絲綢之路往來商貿活動的安全、開拓疆域和屯戍邊治理邊疆等方面都發揮了重要的作用，這些遺存是研究漢代居延烽燧亭障長城防禦體系和屯戍活動的重要遺址。

　　梳理烽燧亭障之間的距離，對烽燧亭障在地理空間的排列和分布有了進一步的認識，對研究確定各亭障的名稱有一定參考價值。對恢復張掖郡轄下居延、肩水兩個都尉軍事防禦系統的布局結構具有重要意義，對出土簡牘內容的研究具有參考價值。

　　這次調查測量主要以殄北塞、甲渠塞、卅井塞、廣地塞、橐他塞、肩水塞所屬烽燧亭障爲主，特別是調查中又發現一些新的烽燧，根據烽燧的具體位置和排列分布判斷，均屬於漢代烽燧亭障，是研究居延遺址的新材料。

　　文中不足之處敬請方家指正。

附記：

本文得到蘭州城市學院孫占宇教授的指導。額濟納旗文物保護中心劉鵬爲本文製作了遺址 GPS 分布圖并提供航拍圖，在此表示衷心的感謝！

作者簡介：傅興業，男，1962年生，内蒙古額濟納旗人，額濟納旗文物保護中心（博物館）研究館員，内蒙古自治區第八批"草原英才"團隊帶頭人，主要從事草原文化遺産研究。

《長沙五一廣場東漢簡牘》
所見長沙郡及外來人物考論

蔣波　楊爽爽

（湘潭大學碧泉書院出土文獻與秦漢文明研究中心，湘潭 411100；二里頭夏都遺址博物館，洛陽 471000）

内容摘要：《長沙五一廣場東漢簡牘》記載了大量長沙郡臨湘縣本地以及外來人士。因人口激增，長沙郡出現縣鄉里、縣鄉亭丘兩種户籍管理并存的現象。又因東漢初年北方遭受戰禍、自然災害的打擊，加之長沙當地商品經濟異常活躍，大量北方人士涌入長沙，爲當時長沙地區的發展做出了貢獻。

關鍵詞：《長沙五一廣場東漢簡牘》；人物；特征

2010年6月至8月，長沙市考古研究所在五一廣場東南側1號窖内發現了六千多枚東漢簡牘。經過整理可知，簡牘内容多是漢和帝永元二年（90）至漢安帝永初六年（112）長沙郡和門下諸曹、臨湘縣和門下諸曹及下屬諸鄉、亭之間的上下行文書，亦有與外郡縣的往來文書，内容豐富，涉及當時的政治、經濟、文化、司法等諸多方面。作爲東漢早中期的官署文書，長沙五一廣場東漢簡牘記録了不少當地以及外來人士往來長沙郡臨湘縣的活動情況，這爲我們研究當時的社會提供了新材料。[1]

---

[1] 目前，已刊布的五一廣場東漢簡牘相關整理成果主要有：《湖南長沙五一廣場東漢簡牘發掘簡報》《長沙五一廣場東漢簡牘選釋》《長沙五一廣場東漢簡牘（壹—陸）》。本文的人名、籍貫等資訊，即以此爲基礎。分別參見長沙市文物考古研究所《湖南長沙五一廣場東漢簡牘發掘簡報》，《文物》2013年第6期；長沙市文物考古研究所等編《長沙五一廣場東漢簡牘選釋》，中西書局，2015年；長沙市文物考古研究所等編《長沙五一廣場東漢簡牘（壹）》，中西書局，2018年；長沙市文物考古研究所等編《長沙五一廣場東漢簡牘（貳）》，中西書局，2018年；長沙市文物考古研究所等編《長沙五一廣場東漢簡牘（叁）》，中西書局，2019年；長沙市文物考古研究所等編《長沙五一廣場東漢簡牘（肆）》，中西書局，2019年；長沙市文物考古研究所等編《長沙五一廣場東漢簡牘（伍）》，中西書局，2020年；長沙市文物考古研究所等編《長沙五一廣場東漢簡牘（陸）》，中西書局，2020年。

一、《長沙五一廣場東漢簡牘》所見本郡人物

《長沙五一廣場東漢簡牘》所見可考姓名及籍貫的長沙郡人計有63人，大多爲臨湘縣本地人。

路英：臨湘縣南鄉逢門里人。（簡36）

逢定：原爲連道縣奇鄉人，後在臨湘縣南鄉樂成里著籍。（簡81、317）

弩：臨湘縣長賴亭部盧蒲丘人。（簡89）

張董：良家子，臨湘縣桑鄉廣亭部上丘人，獄書佐。（簡126、339、341）

雷旦：臨湘縣桑鄉廣亭部橋丘人，以績紡爲事。（簡126、339、341）

張需：臨湘縣溈鄉人。（簡220）

馬胡：臨湘縣都鄉漻陽里人，西市亭長。（簡257）

區馮：臨湘縣南鄉人。（簡257）

董普：臨湘都鄉三門亭部人，以吏次署獄掾，左賊史。（簡338、339、445）

雷良：雷旦夫，臨湘縣桑鄉廣亭部橋丘人，廣亭長。（簡339、341）

姬：臨湘縣南鄉逢門亭部人，以績紡爲事。（簡348）

縑：臨湘縣麋亭部人，以佃作爲事。（簡380）

張雄：臨湘縣都鄉利里人，賊曹掾。（簡392、421、2187、2586+2752）

舒俊：臨湘縣南鄉匠里人，賊曹史。（簡392、421、2187、2586+2752）

朱循：臨湘縣南鄉逢門里人，賊曹史。（簡392、421、2187、2586+2752）

樂竟：臨湘縣南鄉東門里人，驂駕。（簡392、421、2187、2586+2752）

熊赵：臨湘縣中鄉泉陽里人，驛曹史。（簡392、421、2187、2590）

笱：羅縣摻溏亭部拇溪丘人。（簡403+416）

王英：連道縣人。（簡431）

周長高：臨湘縣陽馬亭部人。（簡432）

置：醴陵縣如波亭部薌渚丘人，以田作爲事。（簡466）

譚：醴陵縣雍亭部帛柤丘人，以田作爲事。（簡466）

慶枇：臨湘縣都亭部人。（簡470）

畫：臨湘縣麋亭部人。（簡474）

程馮：臨湘縣平鄉人。（簡477）

夏防：醴陵縣人，少。（簡523）

番幹：臨湘縣桑鄉人。（簡525）

黃徽：臨湘縣桑鄉人。（簡 664+542）
王珍：臨湘縣都鄉安成里人。（簡 746+569）
李廉：臨湘縣南鄉人。（簡 570）
午：臨湘縣南鄉溢里人。（簡 598）
親：臨湘縣都鄉樂里人。（簡 598）
黃京：臨湘縣廣成鄉陽里人。（簡 620）
範主：臨湘縣陽馬亭部人。（簡 758）
周賢：臨湘縣長賴亭部扜上丘人。（簡 876、1671）
寵：臨湘縣監亭部堤下丘人，以田作爲事。（簡 880）
漢：監亭部松田丘人，以田作爲事。（簡 880）
撫：監亭部松田丘人，以田作爲事。（簡 880）
樊兜：臨湘縣溢亭部人。（簡 883）
文：臨湘縣鄱亭部人。（簡 958）
壽：臨湘縣昭亭部巨阪丘人。（簡 958）
賜：臨湘縣昭亭部巨阪丘人。（簡 958）
黃閒：臨湘縣潕陽鄉人。（簡 999+1002）
黃過：臨湘縣長瀨鄉人。（簡 1786+1113）
李岑：荼（茶）陵縣復陽鄉人。（簡 1116）
文曹：荼（茶）陵縣復陽鄉人。（簡 1116）
區廬：荼（茶）陵縣復陽鄉人。（簡 1116）
武，臨湘縣都亭人。（簡 1121、1600+1593+1611）
誦：臨湘縣莫鄉人。（簡 1275+1428）
孫脩：臨湘縣長賴鄉姚（？）耳菅丘人。（簡 1426）
鄧魚：臨湘縣南鄉人。（簡 1515+1516）
馮它：臨湘縣潕陽鄉人。（簡 1539）
唐壽：臨湘縣廣成（？）鄉人。（簡 1546）
黃閒，臨湘縣潕陽鄉人。（簡 1673）
馬明：臨湘縣南門亭部人。（簡 1681）
李紀：臨湘縣麤亭部杯丘人，以田作、績紡爲事。（簡 1842）
黃綏：臨湘縣南鄉人。（簡 1852+1863）
紀伯：臨湘縣☐部柤溲丘人。（簡 2150+1872+1886）

黄□：臨湘縣南鄉逢門亭部李丘人，儺子。（簡2176）
傅賢：臨湘縣南鄉逢門亭部相唐丘人，儺子。（簡2176）
李崇：臨湘縣南鄉逢門亭部玄丘人，儺子。（簡2176）
姬：臨湘縣禦門亭部人，以績紡爲事。（簡2199）
趙咋（？）：臨湘縣南鄉人。（簡2494）

二、《長沙五一廣場東漢簡牘》所見外來人士

《長沙五一廣場東漢簡牘》所見可考籍貫的外來人士計有50人，其中南陽郡11人，零陵郡7人，武陵郡、河南尹、下邳國、交趾郡、汝南郡各3人，陳留郡、江夏郡、豫章郡、南郡、潁川郡各2人，濟陰郡、蒼梧郡、東萊郡、會稽郡、廣漢郡、巴郡、南海郡均爲1人。

陳育：南陽郡新野縣人。（J1③：285）[1]
李昌：南陽郡新野縣人。（J1③：285）[2]
董孟陵：南陽郡新野縣人。（J1③：285）[3]
趙□：南陽郡新野縣人。（J1③：285）[4]
王方：濟陰郡定陶國人。（簡55）
□□：陳留郡考成縣人。（簡56）
李叔成：零陵郡泉陵縣人。（簡80）
李少：零陵郡泉陵縣人。（簡117+115）
□：武陵郡酉陽縣人。（簡137）
起：江夏郡安陸縣都鄉平里人。（簡137）
脩：零陵郡泉陵縣人。（簡306）
文度：豫章郡艾縣人。（簡346）
項：豫章郡艾縣人。（簡346）
王叔異：南陽郡人。（簡444）
陳孝偖：南陽郡人。（簡444、469）
忠：蒼梧郡人。（簡540）

---

[1] 長沙市文物考古研究所：《湖南長沙五一廣場東漢簡牘發掘簡報》，《文物》2013年第6期。
[2] 長沙市文物考古研究所：《湖南長沙五一廣場東漢簡牘發掘簡報》，《文物》2013年第6期。
[3] 長沙市文物考古研究所：《湖南長沙五一廣場東漢簡牘發掘簡報》，《文物》2013年第6期。
[4] 長沙市文物考古研究所：《湖南長沙五一廣場東漢簡牘發掘簡報》，《文物》2013年第6期。

王高妻：零陵郡泉陵縣人。（簡540）

王山：南郡江陵縣人。（簡586）

少：河南尹洛陽平樂鄉壽樂里人。（簡598）

雅：河南尹洛陽平樂鄉壽樂里人。（簡598）

高：南陽郡宛縣人。（簡598）

叔：東萊郡人。（簡598）

王伯：南陽郡宛縣人。（簡659）

世：南郡江陵縣人。（簡692）

綱：會稽郡人。（簡692）

徐：下坏（邳）國人。（簡692）

建：下坏（邳）國人。（簡692）

申：下坏（邳）國人。（簡692）

孟：交阯（趾）郡人。（簡692）

信：交阯（趾）郡人。（簡692）

都：交阯（趾）郡人。（簡692）

伍次：零陵郡湘鄉縣南陽鄉新亭里人。（簡709）

王奉：汝南郡吳房縣都鄉市里人。（簡712）

陳次：潁川郡昆陽縣都鄉倉里人。（簡740）

☐☐：潁川郡舞陽縣都鄉人。（簡761）

陳迫：零陵郡湘鄉縣宜貴里人。（簡838）

何當：武陵郡臨沅縣都鄉☐西里人。（簡839）

行：廣漢郡雒縣人。（簡940）

趙汝：巴郡江州縣人。（簡940）

冀理：南陽郡平氏縣人。（簡940）

成：南陽郡宛縣人。（簡1505）

次：陳留郡扶溝縣人。（簡1505）

此：武陵郡零陽縣人。（簡1505）

李主：南海郡人（簡1553）。

蘇長：河南尹洛陽人。（簡1726）

呂陽：江夏郡人。（簡1762）

張柱：汝南郡平與縣人。（簡2200）

□：汝南郡人。（簡 2190）
☑：南郡當陽縣人。（簡 2227）
陳馮：南陽郡宛縣人。（簡 2231）

三、《長沙五一廣場東漢簡牘》所見人物群體特征

考前所列《長沙五一廣場東漢簡牘》所見本地與外郡人士，有以下兩個特征：

首先就籍貫而言，長沙郡本地人物的籍貫通常爲縣鄉里、縣鄉亭丘兩種户籍劃分。我們在搜集長沙郡人的籍貫時，發現五一簡通常記爲"某鄉+某里"，如簡421載："臨湘耐罪大男都鄉利里張雄，年卅歲。"① 亦或是"某鄉+某亭部""某亭部+某丘"，如簡339載："姓名如牒。普，都鄉三門亭部，董、旦桑鄉廣亭部。董與父老、母何、同産兄輔、弟農俱居。"② 簡466載："置、潭，各起家宋客根置醴陵界中。置，如波亭部蕕注丘，潭，雍亭部帛粗丘，各以田作爲事。"③ 説明當時的長沙郡不僅有鄉轄里的居地劃分，同時也有鄉統亭、亭轄丘的區域劃分，兩個體系共存。④ 秦漢時期地方的行政制度是以鄉、里爲基層單位，《漢書·百官公卿表上》曰："大率十里一亭，亭有長。十亭一鄉，鄉有三老、有秩、嗇夫、游徼。三老掌教化。嗇夫職聽訟，收賦税。游徼徼循禁賊盗。縣大率方百里，其民稠則減，稀則曠，鄉、亭亦如之。皆秦制也。"⑤ "鄉里作爲政權的最低基層單位，地位至爲重要。舉凡國家賦税、徭役、兵役以及地方教化、獄訟、治安等，無不由鄉里官吏直接承擔。"⑥ 而亭一般作爲管理社會治安、文書傳遞的半軍事化機構，并不隸屬於鄉，與鄉是平行的關係，分屬兩個系統。⑦ 五一簡中出現這兩種户籍管理劃分并存的情況，究其原因，或與當時長沙郡人口的激增有關。《漢書·地理志下》

---

① 長沙市文物考古研究所等編：《長沙五一廣場東漢簡牘（貳）》，中西書局，2018年，第173頁。
② 長沙市文物考古研究所等編：《長沙五一廣場東漢簡牘（壹）》，中西書局，2018年，第241頁。
③ 長沙市文物考古研究所等編：《長沙五一廣場東漢簡牘（貳）》，中西書局，2018年，第182—183頁。
④ 長沙市文物考古研究所：《湖南長沙五一廣場東漢簡牘發掘簡報》，《文物》2013年第6期。
⑤ 《漢書》卷一九上《百官公卿表上》，中華書局，1962年，第742頁。關於亭與鄉的關係，史學界大多認爲《百官公卿表》所載"十亭一鄉"乃誤字，并認爲亭和鄉是同一級的單位，亭是城市中縣以下里以上的單位。參見王毓銓：《漢代"亭"與"鄉""里"不同性質不同行政系統説——"十里一亭……十亭一鄉"辨正》，《歷史研究》1954年第2期；熊鐵基：《"十里一鄉"和"十里一亭"——秦漢鄉、亭、里關係的決斷》，《江漢論壇》1983年第10期。
⑥ 仝晰綱：《秦漢鄉里的社會職能》，《山東師大學報》（社會科學版）1992年第3期。
⑦ 吴榮曾：《漢代的亭與郵》，《内蒙古師範大學學報》（哲學社會科學版）2002年第4期。

記載長沙郡在西漢平帝元始二年（2）時，人口數爲235825[1]，到了東漢順帝永和五年（140），人口數爲1059372，[2] 人口增加了3.94倍。面對人口數量的激增，東漢政府常常下詔鼓勵百姓開墾土地，如元和三年（86），漢章帝下詔："二月壬寅，告常山、魏郡、清河、鉅鹿、平原、東平郡太守……孟春善相丘陵土地所宜。今肥田尚多，未有墾辟。其悉以賦貧民，給與糧種，務盡地力，勿令游手。"[3] 又如永元十一年（99），漢和帝下詔："春二月，遣使循行郡國，稟貸被災害不能自存者，令得漁采山林池澤，不收假稅。"[4] 在長沙地區，無人的國有田地、山林、池澤大多位於縣城周邊的丘陵地帶。隨著人口的增長和耕墾的需要，原有的鄉里聚落難以消化大量移入人口，這些遠離城邑的鄉野之地，逐漸形成以丘爲名的聚居區。如簡876："輒部賊曹掾黃納、游徼李臨逐召賢。賢辭：本臨湘民，來客界中，丞爲洞所殺。後賢舉家還歸本縣長賴亭部杅上丘，去縣百五十餘里。書到，亟，部吏與納并力逐召賢等，必得，以付納。"[5] 簡2176："☐鄉逢門亭部李丘儷子黃☐家，去縣五十里；南鄉逢門亭部柤唐丘儷子傅賢家，去縣六☐；南鄉逢門亭部玄丘儷子李崇家，去縣五十里。"[6] 上述長賴亭部杅上丘距臨湘縣有一百五十多里，逢門亭部李丘、柤唐丘、玄丘亦距臨湘縣有五六十里，説明丘一般遠離城邑。加之丘的地形複雜，常常會成爲不法刑徒的躲藏之地，簡427載："君教若。左賊史顏遷白：府檄曰：鄉佐張鮪、小史石竟、少鄭平毆殺費櫟，亡入醴陵界。竟還歸臨湘不處，鮪從迹所斷絶。案文書前部賊捕掾蔡錯、游徼石封、亭長唐曠等逐捕鮪、平、竟，迹絕醴陵檟亭部劣淳丘乾溲山中。前以處言如府書，丞優、掾隗議請☐却，賊捕掾錯等白草。"[7] 因此，由主管治安的亭部去管轄丘也就不難理解。當然也有距離城邑較近的丘，則由鄉亭來管轄，簡126載："廣亭部董，上丘；旦，橋丘。與男子烝願、雷勒相比近知習，輔農以田作，真、旦績紡爲事。普以吏次署獄掾。董，良家子，給事縣，備獄書佐。"[8] 簡339："姓名如牒。普，都鄉三門亭部；董、旦桑鄉廣亭部。董與父老、母何、同產兄輔、弟農俱居。"[9] 董在縣中任職，且日

---

[1]《漢書》卷二八下《地理志下》，中華書局，1962年，第1639頁。
[2] 據《續漢書·郡國志四》，見《後漢書》，中華書局，1965年，第3485頁。
[3]《後漢書》卷三《肅宗孝章帝紀》，中華書局，1965年，第154頁。
[4]《後漢書》卷四《孝和孝殤帝紀》，中華書局，1965年，第185頁。
[5] 長沙市文物考古研究所等編：《長沙五一廣場東漢簡牘（叁）》，中西書局，2019年，第156頁。
[6] 長沙市文物考古研究所等編：《長沙五一廣場東漢簡牘（陸）》，中西書局，2020年，第133頁。
[7] 長沙市文物考古研究所等編：《長沙五一廣場東漢簡牘（貳）》，中西書局，2018年，第175頁。
[8] 長沙市文物考古研究所等編：《長沙五一廣場東漢簡牘（壹）》，中西書局，2018年，第206頁。
[9] 長沙市文物考古研究所等編：《長沙五一廣場東漢簡牘（壹）》，中西書局，2018年，第241頁。

常在廣亭部上丘居住，以古代的通勤條件來說，上丘應距離縣廷不遠，而廣亭部上丘恰恰隸屬於桑鄉。總之，因爲人口的激增，爲了緩解人口壓力，丘隨之而誕生。又因丘的位置偏遠、地形複雜，通常由主管治安的亭部進行管轄，對於一些距離城邑較近的丘，爲了方便管理，則由鄉亭統轄，故而長沙地區也就出現了縣鄉里、縣鄉亭丘兩種户籍管理并存的現象。①

其次就區域而言，長沙郡外來人士中長江以北地區的人數最多。上述所見

---

① 鄉亭里丘的研究歷來是學者們關注的熱點，如周振鶴《從漢代"部"的概念釋縣鄉亭里制度》認爲，里與亭部是相對應平行并存的，亭部具有地域意義，里體現户籍，亭部體現地籍。高敏《從嘉禾年間〈吏民田家莂〉看長沙郡一帶的民情風俗與社會經濟狀況》認爲，長沙當地有里名丘化的現象，認爲吴簡中的丘完全等於里，兩者差别衹是名稱不同而已。于振波《走馬樓吴簡中的"里"與"丘"》提出，丘是耕作區，里爲居住區，認爲"居在某丘"的居民是流動性的暫住人口。隨着更多吴簡公布，丘的數量遠多於里，兩者同名的僅爲少數，丘即里的推論似乎難以成立。宋超《長沙走馬樓吴簡中的丘與里》《走馬樓吴簡中的"丘"與"里"再探討》認爲，丘是自然聚落，里是人爲區劃。丘負責登録户籍，里負責各種賦税的繳納。侯旭東《長沙走馬樓三國吴簡"里""丘"關係再研究》認爲，里、丘的複雜對應關係是由於居民自由遷往新聚落卻又要保持舊有鄉里名籍的結果。郭浩《從漢"里"談長沙走馬樓吴簡中的"里"和"丘"》認爲，吴簡中的里衹是一個虛擬的户籍單位，丘是臨湘縣地區的居住單位，"同丘不同鄉"的原因是：某人從某鄉遷移到另一鄉某丘居住、耕種時，其户籍單位未能及時變更，故在繳納賦税時衹能記在其原來所在鄉的籍賬上。王愛清《秦漢鄉里控制研究》一書認爲，丘是居住區，丘和里之間的關係是丘里合一，或里統丘。沈剛《長沙走馬樓三國吴簡所見鄉、丘、里關係臆解》認爲，吴簡中的里强調户和口的狀況，是沿襲秦漢以來的傳統，這種户口管理方式能够有效地保障爲政府征發到足够的勞役。丘是秦漢以來土地占有關係長期演化的結果，孫吴臨湘地區的地方政權爲適應這一變化的現狀，所實行的新的賦税征繳方式，并由此帶來了基層社會組織管理方式的變化。王彦輝《聚落與交通視閾下的秦漢亭制變遷》詳細考證了五一簡和三國吴簡中的亭和丘，認爲秦漢文獻中的"十里一亭""十亭一鄉"，是真實存在的制度設計。亭的設置原則是不能遠離聚落和脱離交通，丘是通過遷移、占墾等形式而形成的聚落，是按地域命名的，非鄉里行政組織，國家對丘的管理，已放弃了以里爲基礎的鄉里編制和多重監管的傳統。陳冠男《漢代"亭"的性質考論》就亭的職能進行分析，認爲亭是包括内地和邊地的，具有緝捕盜賊、交通驛站、備守防邊性質的半軍事化機構，亭和鄉里之間并不存在統屬關係，他們是相互獨立的兩套不同的組織機構。趙義鑫《臨湘居民的生活空間——走馬樓吴簡所見丘與鄉里問題研究》認爲，臨湘侯國承認"丘"作爲地方基層行政單位，將丘置於鄉、里的下級，形成鄉、里、丘三級的行政建制。以上論著分别參見周振鶴《從漢代"部"的概念釋縣鄉亭里制度》，《歷史研究》1995年第5期；高敏《從嘉晋年間〈吏民田家莂〉看長沙郡一帶的民情風俗與社會經濟狀況》，《中州學刊》2000年第5期；于振波《走馬樓吴簡中的里與丘》，收入氏著《走馬樓吴簡初探》，文津出版社，2004年，第43—76頁；宋超《長沙走馬樓吴簡中的丘與里》，收入長沙市考古研究所編《長沙三國吴簡暨百年來簡帛發現與研究國際學術研討會論文集》，中華書局，2005年，第77—85頁；宋超《走馬樓吴簡中的丘與里再探討》，收入長沙簡牘博物館、北京吴簡研討班編著《吴簡研究》第2輯，崇文書局，2006年，第139—156頁；侯旭東《長沙走馬樓三國吴簡"里""丘"關係再研究》，武漢大學文科學報編輯部《魏晋南北朝隋唐史資料》第23輯，2006年，第14—26頁；郭浩《從漢"里"談長沙走馬樓吴簡中的里和丘》，《史學月刊》2008年第6期；王愛清《秦漢鄉里控制研究》，山東大學出版社，2010年，第26頁；沈剛《長沙走馬樓三國吴簡所見鄉、丘、里關係臆解》，收入中國魏晋南北朝史學會、山西大學歷史文化學院編《中國魏晋南北朝史學會第十届年會暨國際學術研討會論文集》，北岳文藝出版社，2011年，第502—511頁；王彦輝《聚落與交通視閾下的秦漢亭制變遷》，《歷史研究》2017年第1期；陳冠男《漢代"亭"的性質考論》，《寶鷄文理學院學報（社會科學版）》2018年第1期；趙義鑫《臨湘居民的生活空間——走馬樓吴簡所見丘與鄉里問題研究》，陝西師範大學碩士論文，2019年。

可考籍貫的外來人士中，位於長江以北地區的人數遠多於長江以南。此外，《長沙五一廣場東漢簡牘選釋》簡314載："入書事，具簿。掾棠書言：作徒濟陰成武髡鉗龐綏等百六十八人刑竟，謹以本郡致書校計，應詔書，歲刑遣歸田里。範、朗、崇叩頭死罪。即日書謹到，輒實占：均所居高遷里。"①可見，長沙的外來人口中，北方居民最多。究其原因，一方面或與東漢初年北方遭受戰禍和連年自然災害的打擊有關。東漢初年，北方尤其是中原地區戰亂頻繁，"民庶塗炭，百不一在"，②甚至出現"人相食，城郭皆空，白骨蔽野"③的悲慘景象。東漢建立後，自然災害頻發，"比年不登，百姓虛匱。京師去冬無宿雪，今春無澍雨，黎民流離，困於道路。"④有學者統計，自光武帝建武元年（25）至獻帝二十四年（219）間，共發生了282次自然災害，在和帝永元年以後，災害的頻率更是驟然升高。⑤這些大規模的自然災害大多出現在中原地區，漢和帝永元七年(95)，"秋七月乙巳，易陽地裂。九月癸卯，京師地震。"⑥永元八年(96)，"五月，河内、陳留蝗……九月，京師蝗。"⑦永元十年（98），"夏五月，京師大水……冬十月，五州雨水。"⑧又如漢安帝永初二年（108），"六月，京師及郡國四十大水，大風，雨雹。"⑨永初三年（109），"十二月辛酉，郡國九地震……是歲，京師及郡國四十一雨水雹。并涼二州大饑，人相食。"⑩北方尤其是中原地區連年遭受災禍，百姓失去家園，爲尋求安穩，大量的北方居民也就涌向了"地廣人希，飯稻羹魚……果隋蠃蛤，不待賈而足，地埶饒食，無饑饉之患"⑪的湖湘地區。這在五一簡中也多有體現，簡940載："訊行，知狀者女子趙汝、冀理、李董等，辭皆曰：行本廣漢雒，汝巴郡江州，理南陽平氏，曉湘鄉，董縣民。行、汝、理皆往不處年中各舉家來客臨湘，占數都鄉。曉。"⑫另一方面或與長沙當地商品經濟的異常活躍相關。長沙境内轄有湘水水系，并與澧水、沅水、資水等水

---

① 長沙市文物考古研究所等編：《長沙五一廣場東漢簡牘選釋》，中西書局，2015年，第146頁。
② 《後漢書》卷五四《楊震列傳》，中華書局，1965年，第1786頁。
③ 《後漢書》卷一一《劉玄劉盆子列傳》，中華書局，1965年，第484頁。
④ 《後漢書》卷四《孝和孝殤帝紀》，中華書局，1965年，第186頁。
⑤ 楊振紅：《漢代的自然災害初探》，《中國史研究》1994年第4期。
⑥ 《後漢書》卷四《孝和孝殤帝紀》，中華書局，1965年，第181頁。
⑦ 《後漢書》卷四《孝和孝殤帝紀》，中華書局，1965年，第181—182頁。
⑧ 《後漢書》卷四《孝和孝殤帝紀》，中華書局，1965年，第185頁。
⑨ 《後漢書》卷五《孝安帝紀》，中華書局，1965年，第210頁。
⑩ 《後漢書》卷五《孝安帝紀》，中華書局，1965年，第213—214頁。
⑪ 《史記》卷一二九《貨殖列傳》，中華書局，1959年，第3270頁。
⑫ 長沙市文物考古研究所等編：《長沙五一廣場東漢簡牘（叁）》，中西書局，2019年，第166頁。

系相連，發達的水陸交通網，爲當地各郡縣之間的商業交流提供了便利。五一簡中大量内容向我們展示了東漢長沙社會基層商品貿易活動的真實歷史畫面，試看幾例：

  以販禾爲事戴……本□□相識知今（？）□。 （簡144）①

  ☒□寺舍，其月不處日，脩與種、勤、牧、真，傳種☒市牛肉廿斤、豕肉十斤、鮐五斤復從石沽。 （簡231）②

  ……縣民，各有廬舍禦門都亭部，相比近知習，各占租坐，賣繒帶爲事，任今月十七。 （簡304）③

  ……相比近知習，意，賈販，旦，姬績紡爲事，到永初。
                  （簡348）④

  ☒沽酒爲業，今年七月不處☒。 （簡571）⑤

  ……其日假猛於市，賣絲蕤一梁直五百五十、絳直領一直千，生綖布單一直二百八十，縹細緻繻表一直百。 （簡646+587）⑥

由上可知，當時長沙市場上交易的商品大多爲食品類、紡織類等日常生活必需品。隨着當地商品經濟的愈發繁榮，長沙當地還出現了小市、西市、木市等固定交易市場，簡53："☒願求於小市，賣枯魚自給☒。"⑦簡257"……胡西市亭長今年六月……"⑧簡346："木到。延平元年（106）二月不處日，艾男子文度與項、項兄租俱來解止牧舍，度租欲復收木。其月不處日，度租復從魯市木七具直錢。"⑨"天下熙熙，皆爲利來；天下壤壤，皆爲利往。"⑩商人爲逐利求富，紛紛從北方來到商品經濟較爲發達的長沙也就不足爲奇。

  綜上，長沙五一簡記載了大量東漢時期長沙郡、臨湘縣等地區政治、經濟、文化、司法以及與周邊郡縣交往的官方文書資料，其中關於當地人物與外來人士的相關記載，不僅有助於我們考察東漢時期湖南地區的社會文化風貌，還爲探析

---

① 長沙市文物考古研究所等編：《長沙五一廣場東漢簡牘（壹）》，中西書局，2018年，第209頁。
② 長沙市文物考古研究所等編：《長沙五一廣場東漢簡牘（壹）》，中西書局，2018年，第221頁。
③ 長沙市文物考古研究所等編：《長沙五一廣場東漢簡牘（壹）》，中西書局，2018年，第234頁。
④ 長沙市文物考古研究所等編：《長沙五一廣場東漢簡牘（壹）》，中西書局，2018年，第243頁。
⑤ 長沙市文物考古研究所等編：《長沙五一廣場東漢簡牘（貳）》，中西書局，2018年，第201頁。
⑥ 長沙市文物考古研究所等編：《長沙五一廣場東漢簡牘（貳）》，中西書局，2018年，第204頁。
⑦ 長沙市文物考古研究所等編：《長沙五一廣場東漢簡牘（壹）》，中西書局，2018年，第194頁。
⑧ 長沙市文物考古研究所等編：《長沙五一廣場東漢簡牘（壹）》，中西書局，2018年，第224頁。
⑨ 長沙市文物考古研究所等編：《長沙五一廣場東漢簡牘（壹）》，中西書局，2018年，第243頁。
⑩《史記》卷一二九《貨殖列傳》，中華書局，1959年，第3256頁。

古代社會南北地區溝通往來與人口流動提供了重要參考。

附記：

本文是湖南省社科基金項目"秦漢時期湖湘人物的整理與研究"（19YBP007）的階段性成果。

作者簡介：蔣波，男，1979年生，湖南永州人，博士，湘潭大學碧泉書院教授，主要從事秦漢史研究。

楊爽爽，女，1992年生，河南許昌人，碩士，二里頭夏都遺址博物館助理館員，主要從事先秦秦漢史研究。

長沙吳簡臨湘侯國平鄉民所在丘名考

羅 凡

(南開大學歷史學院，天津 300350)

內容摘要： 走馬樓吳簡所見臨湘侯國平鄉丘名數量爲11鄉之最，主要見於《長沙走馬樓三國吳簡竹簡》(壹)(叁)(肆)(陸)(玖)中。經過考察，整理者共釋出平鄉丘名159個，僅有60個能夠確認，誤釋衍出丘名共42個。經確認的平鄉丘名在命名上主要與自然景觀、方位詞有關，還涉及建築名稱，僕丘、上和丘、伍社丘、杷丘、盡丘、栗丘等丘名最爲常見。平鄉丘名常出現省寫的情況，部分丘名因字形相近及圖版模糊易產生混淆，影響釋讀。

關鍵詞： 走馬樓吳簡；臨湘侯國；平鄉；丘；出入簡

長沙走馬樓三國吳簡中見有大量記載了鄉、丘信息的簡文，這類簡主要集中於涉及臨湘侯國財政的"出入簡"中。由於簡牘本身保存不佳、書寫潦草等原因，現有丘名釋文及其與各鄉的對應有待進一步校正。目前，針對各鄉鄉民所在丘的考察工作已經陸續開展，本文以臨湘侯國平鄉爲範圍，考察其下所有丘名信息，通過對比圖版與釋文，核定各丘的名稱與數量，完善吳簡丘名釋文，總結平鄉丘名的主要特徵。[1]

---

[1] 有關這一研究的緣起、前提與方法，參楊振紅《長沙吳簡臨湘侯國都鄉民所在丘名考》，《出土文獻》2022年第1期。

一、確認的平鄉丘名

《長沙走馬樓三國吳簡竹簡》〔壹〕~〔玖〕①中，記載有平鄉與丘對應的簡總計 572 例，其中《竹簡》〔壹〕有 101 例，〔貳〕19 例，〔叁〕76 例，〔肆〕152 例，〔伍〕僅有 9 例，〔陸〕151 例，〔柒〕23 例，〔捌〕9 例，〔玖〕32 例。整理者已釋及部分釋出的平鄉丘名共計 159 個，其中能够確認的丘名有 60 個，數量在臨湘侯國 11 鄉中均爲最多，②這些丘名分別爲：林丘、杖丘、下和丘、浸頃丘、東丘、常略丘、栗丘、盡丘、畫丘、慮丘、於上丘、杷丘、柚丘、伍社丘、上和丘、平陽丘、胡菒丘、巾竹丘、洽丘、僕丘、租下丘、唐中丘、園丘、寇丘、監丘、石文丘、函丘、泊丘、伯丘、岑下丘、彈溲丘、平樂丘、專丘、車丘、枯菒丘、筋竹丘、周陵丘、賓丘、山下丘、敬賢丘、下略丘、枯于丘、上丘、略丘、上桐丘、領傳丘、舍田丘、領下丘、上園丘、莀世丘、中田丘、租丘、侯丘、倉中丘、杆沽丘、常樂丘、亭下丘、區丘、橋丘、桐丘。

具體情況如下。

1.林丘

吳簡中共釋有 4 例平鄉林丘，分別見於：（壹 1452）（肆 1819）（肆 2342）（陸 2723）。下面附上 2 例圖版。其中，（肆 2342）圖版所示"林"似與"杷"更爲相似，應是"杷丘"。

---

① 長沙市文物考古研究所、中國文物研究所、北京大學歷史學系·走馬樓簡牘整理組編著：《長沙走馬樓三國吳簡·竹簡（壹）（貳）（叁）》，文物出版社，2003、2007、2008 年。長沙簡牘博物館、中國文化遺產研究院、北京大學歷史學系·走馬樓簡牘整理組編著：《長沙走馬樓三國吳簡·竹簡（肆）（伍）（陸）》，文物出版社，2011、2018、2017 年。長沙簡牘博物館、中國文化遺產研究院、北京大學歷史學系、故宫研究院古文獻研究所編著：《長沙走馬樓三國吳簡·竹簡（柒）（捌）（玖）》，文物出版社，2013、2015、2019 年。後文簡號以"（册數+簡號）"的形式表示，不再標注出版信息。

② 已完成丘名考證的有楊振紅：《長沙吳簡臨湘侯國都鄉民所在丘名考》；《長沙吳簡臨湘侯國東鄉民所在丘名考》，鄔文玲、戴衛紅主編：《簡帛研究二〇二二·春夏卷》，廣西師範大學出版社，2022 年，第 283—307 頁；楊振紅：《長沙吳簡臨湘侯國廣成鄉民所在丘名考》，西北師範大學歷史文化學院等編：《簡牘學研究》第 12 輯，甘肅人民出版社，2022 年，第 130—151 頁；單印飛：《長沙吳簡臨湘侯國中鄉民所在丘名考》，西北師範大學歷史文化學院等編：《簡牘學研究》第 12 輯，甘肅人民出版社，2022 年，第 152—167 頁；王萍：《長沙吳簡臨湘侯國南鄉民所在丘名考》，西北師範大學歷史文化學院等編：《簡牘學研究》第 12 輯，甘肅人民出版社，2022 年，第 168—177 頁；羅凡：《長沙吳簡臨湘侯國桑鄉民所在丘名考》，西北師範大學歷史文化學院等編：《簡牘學研究》第 12 輯，甘肅人民出版社，2022 年，第 178—197 頁；羅凡：《長沙走馬樓吳簡臨湘侯國樂鄉丘名考》，《簡帛研究》待刊；羅凡：《長沙吳簡臨湘侯國模鄉民所在丘名考》，待刊；尚宇昌：《走馬樓吳簡丘名正補（小武陵鄉）》，待刊；羅凡、張祚麻：《長沙吳簡臨湘侯國西鄉民所在丘名考》，待刊。

（壹 1452）　（肆 1819）　（陸 2723）　（肆 2342）

2. 杖丘

平鄉杖丘共釋有 2 例：（肆 1207）（肆 3727）。

另，整理者還釋有 1 例 "杕丘"，見於（肆 1082），據圖版，也應爲 "杖丘"。

（肆 1207）　（肆 3727）　（肆 1082）

3. 下和丘

平鄉下和丘共釋有 7 例：（壹 3210）（壹 7456）（壹 7581）（壹 7827）（叁 278）（柒 4364）（玖 1427）。下面附上 2 例圖版。

另有（陸 5134），整理者釋爲 "下□丘"，據圖版，亦爲 "下和丘"。

（壹 7581）　（壹 7827）　（陸 5134）

4. 浸頃丘

整理者所釋平鄉浸頃丘共有 6 例：（壹 3212）（壹 3233）（壹 4497）（叁 3584）（叁 6146）（叁 6218）。在這六枚簡圖版中，有 "浸頃丘" 與 "侵頃丘" 兩種寫法，下面分別附上 1 例圖版以示。

（肆 1116）中釋爲 "浸須丘"，（陸 2057）（陸 5433）（陸 3933）釋爲 "侵頃丘" 者，據圖版均應爲 "浸頃丘"。

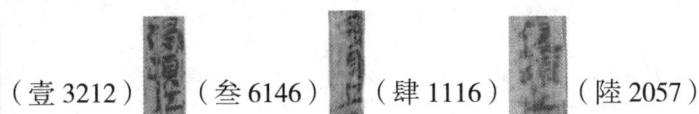

（壹 3212）　（叁 6146）　（肆 1116）　（陸 2057）

（陸 5433）　（陸 3933）

5. 東丘

平鄉東丘共釋有 15 例，見於：（壹 3221）（壹 3249）（壹 8337）（壹 8751）（壹 9751）（叁 2833）（叁 5613）（肆 3132）（伍 95）（陸 2113）（陸 2243）（陸 2845）（柒 1607）（柒 1614）（柒 4374）。下面附上 2 例圖版。

另外，整理者還釋有1例"車丘"，見於（壹4444）。（肆1857）被釋爲平鄉"專丘"。從字形來看，這兩個丘名實爲"東丘"。

（壹3221）　（伍95））　（壹4444）　（肆1857）

6. 常略丘

整理者共釋有13例平鄉常略丘：（壹3235）（壹3247）（壹7344）（壹7467）（壹7846）（壹8584）（貳5351）（肆1097）（伍2224）（陸2659）（陸2665）（陸4911）（玖5730）。下面附上2例圖版。

另外，平鄉下還釋有1例"常恪丘"，見於（貳8983）。據圖版，也應是"常略丘"。

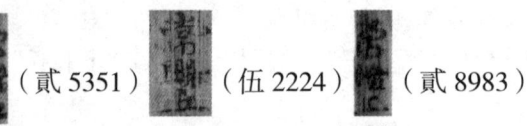

（貳5351）　（伍2224）　（貳8983）

7. 栗丘

平鄉栗丘共釋有23例：（壹3261）（叁3439）（叁3713）（叁3743）（肆1004）（肆1107）（肆1326）（肆1669）（肆2132）（肆2278）（肆2282）（肆2372）（肆2741）（肆3176）（肆3430）（肆3848）（陸2252）（陸2795）（陸2827）（陸2841）（捌3958）（玖1651）（玖3909）。下面附圖版2例。

（肆2282）　（陸2827）

8. 盡丘

平鄉盡丘共釋有29例，分別見於：（壹3273）（壹5060）（壹7302）（壹7305）（壹7317）（壹7825）（貳6235）（叁2656）（叁3691）（叁3710）（肆2308）（肆2310）（肆2312）（肆2364）（肆2370）（肆3817）（伍1920）（伍5533）（陸2324）（陸2707）（陸2710）（陸3546）（陸3923）（陸4233）（陸4258）（捌4071）（玖1932）（玖5734）（玖7389）。在這些圖版中，大部分"盡丘"之"盡"字上半部從"聿"，下半部"皿"的中間筆劃形似"乂"，亦有"盡"字形似"書"，下面分別附上2例圖版以示。據圖版，被釋爲"盡丘"的（貳6235）和（玖1932）實爲"畫丘"。而（叁5630）和（叁5712）釋爲平

鄉"畫丘"者，則應爲"盡丘"。

另，平鄉"蓋丘"僅見於（壹7801）。其"蓋"字的"艹"部較爲模糊，暫從整理者釋文。"蓋丘"應與"盡丘"指同一丘名，"蓋"又是吳簡中的常用字，可能"盡丘"即爲"蓋丘"的省寫。（肆1195）被釋爲平鄉"台（？）丘"、（陸4915）釋爲"囗五丘"、（陸3543）釋爲"長平丘"者，據圖版，均爲"盡丘"。

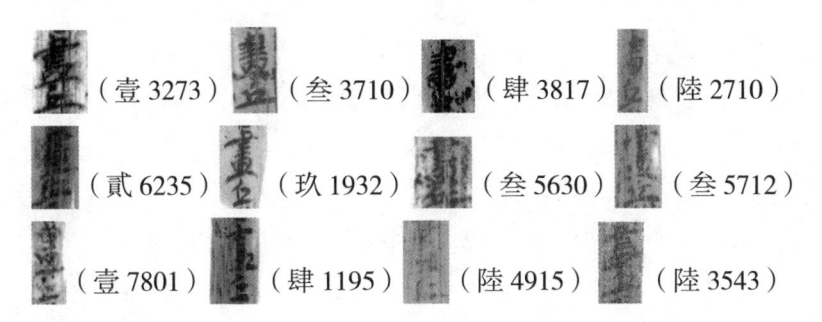

（壹3273）　（叁3710）　（肆3817）　（陸2710）

（貳6235）　（玖1932）　（叁5630）　（叁5712）

（壹7801）　（肆1195）　（陸4915）　（陸3543）

9. 畫丘

平鄉畫丘共釋有5例，分別見於：（叁5630）（叁5712）（陸2103）（陸2209）（陸2388）。其中，（叁5630）（叁5712）應是"盡丘"，而被釋爲平鄉"盡丘"的（貳6235）（玖1932）則實爲"畫丘"，圖版見上文。下面附上2例畫丘圖版。

另外，（壹2843）被釋爲平鄉"盧丘"，據圖版，應是"畫丘"。

（陸2103）　（陸2388）　（壹2843）

10. 慮丘

整理者共釋有3例平鄉慮丘：（柒1572）（柒1575）（柒1661）。下面附上2例圖版。

另，（壹4443）被釋爲"雷丘"，據圖版，也應爲"慮丘"。

（柒1572）　（柒1575）　（壹4443）

11. 於上丘

吳簡所釋平鄉於上丘共有12例，見於：（壹3283）（壹5729）（壹8253）（壹8331）（叁2845）（叁2846）（貳5874）（肆2284）（肆4266）（陸2713）（陸4030）（陸5135）。下面附上2例圖版。

（叁3309）中釋有"平鄉於上潘牒二年財用錢二千"，整理注曰："'於上'下脫'丘'字。"①另外田家莂（5·430）亦有"於上丘潘牒"，故此處應是"於上[丘]"。

此外，有1例"□五丘"見於（陸2296），由圖版來看亦爲"於上丘"。

（玖6585）被釋爲中鄉"於上丘"，據圖版，此處應爲"平鄉"。②

（叁2845） 　（肆2284） 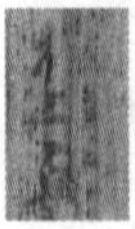　（陸2296） 　（叁3309）"於上潘牒"

（玖6585）"於上丘"與"入中鄉"

12. 杷丘

平鄉杷丘共釋有22例，見於：（壹3568）（壹3864）（壹4859）（壹8214）（壹8533）（貳4526）（貳8591）（叁3696）（叁3698）（叁3726）（叁3811）（肆1962）（肆2309）（肆2311）（肆2323）（肆2380）（肆3434）（肆3962）（陸2238）（陸2259）（陸2264）（陸2398）。觀察圖版可知，大部分"杷"字形與"杞""杙"相近，如（壹3568）（陸2264）和（壹8214）（貳8591）圖版所示，僅有（肆2309）可見其右部與"已"明顯不同。

平鄉"杞丘"共釋有7例：（陸2680）（陸2703）（陸2925）（陸3552）（陸4061）（玖1657）（玖4244），均與杷丘所示字形一致。此外，（陸3552）中所記"杞丘吏石彭"、（玖1657）中的"杞丘縣吏石彭"，與（壹3568）所釋"杷丘吏石彭"疑爲同一人，在《田家莂》（5·407）中還釋有"杷丘縣吏石彭"。由此可判定，"杞丘"應實爲"杷丘"。

另，（壹4545）被釋爲"柚丘"、（肆2342）釋爲"林丘"、（陸2217）釋爲"杙丘"者，據圖版，也均是"杷丘"。

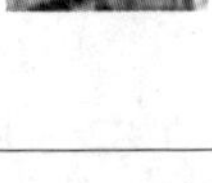

（壹3568）　（陸2264）　（壹8214）　（貳8591）

① 走馬樓簡牘整理組編著：《長沙走馬樓三國吳簡·竹簡〔叁〕》，第795頁。
② 單印飛：《長沙吳簡臨湘侯國中鄉民所在丘名考》，西北師範大學歷史文化學院等編《簡牘學研究》第12輯，甘肅人民出版社，2022年，第164頁。

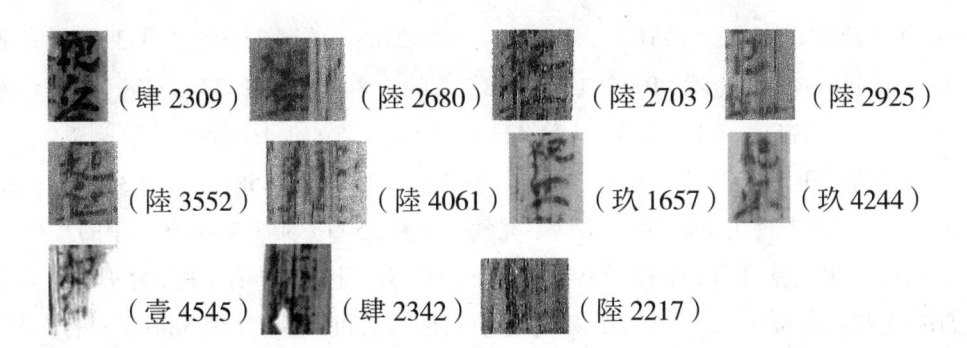

長沙吳簡臨湘侯國平鄉民所在丘名考 ·85·

（肆 2309）　（陸 2680）　（陸 2703）　（陸 2925）

（陸 3552）　（陸 4061）　（玖 1657）　（玖 4244）

（壹 4545）　（肆 2342）　（陸 2217）

13. 柚丘

平鄉柚丘共釋有 6 例，見於：（壹 4545）（壹 5683）（叁 3802）（陸 2826）（陸 2840）（柒 4264）。其中（壹 4545）實爲"杷丘"，前文已述。下面附上 2 例圖版。

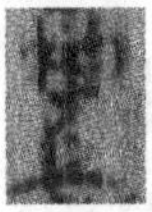

（陸 2826） 　（柒 4264）

14. 伍社丘

整理者所釋平鄉伍社丘共有 19 例：（壹 4446）（壹 7319）（壹 7529）（壹 8322）（肆 1132）（肆 2351）（肆 3849）（肆 3854）（肆 4297）（肆 4306）（肆 4307）（肆 3134）（陸 2721）（陸 3904）（陸 3961）（陸 5633）（陸 5693）（捌 3961）（玖 3931）。下面附上 2 例圖版。

平鄉下還釋有 1 例"五禮丘"，見於（壹 6953），據圖版應是"五社丘"，爲"伍社丘"的省寫。

另外，（伍 5405）被釋爲"佐祐丘"，（捌 3977）釋爲"伍龍丘"，（壹 7714）被釋爲"伍□丘"者，均實爲"伍社丘"。（壹 2934）中所記丘名未釋，據圖版也應是。

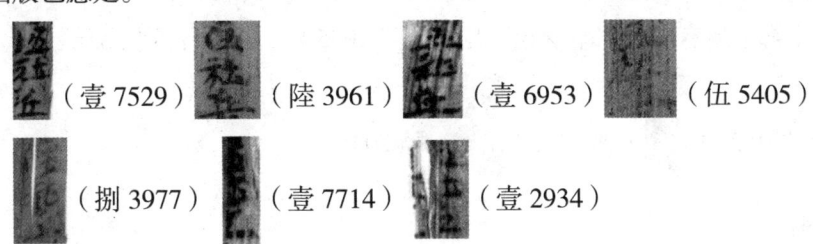

（壹 7529）　（陸 3961）　（壹 6953）　（伍 5405）

（捌 3977）　（壹 7714）　（壹 2934）

15. 上和丘

吳簡中所見平鄉上和丘共 29 例：（壹 4564）（壹 6913）（壹 7360）（壹 7486）（叁 303）（叁 2726）（叁 2770）（叁 2831）（叁 3749）（叁 6236）（肆

903）（肆1705）（肆1951）（肆2330）（肆2783）（肆3560）（肆3924）（肆4271）（伍5446）（陸2109）（陸2983）（陸2984）（柒1578）（玖420）（玖1517）（玖3911）（玖4233）（玖4236）（陸2255）。下面附上2例圖版。

平鄉"上利丘"釋有4例，見於：（叁2753）（叁3587）（叁3599）（叁3716）。這些圖版中的"利"字均不完整，（叁3599）與（叁3716）中的"利"更接近"和"字。此外，平鄉下還釋有"上升丘"和"上木丘"各1例，分別見於（陸5084）和（陸5801）。（陸5084）字形更接近"上和丘"，（陸5801）中的"木"字也形似"禾"，或爲"和"的省寫。在吳簡中這兩個丘名僅出現於此，其後所記人名均爲"謝賢"，（叁3716）中也記有"上利丘謝賢"，殘簡（壹4535）中"上和丘謝賢"五字較爲清晰，其所屬鄉名不知。由此推斷，"上利丘""上升丘"實爲"上和丘"，"上木丘"應爲"上禾丘"，即"上和丘"。

另，整理者還釋有"三州丘""上故丘"和"上□丘"各1例，分別見於：（壹3299）（陸2255）和（陸2949）。據圖版，此三處均爲"上和丘"。

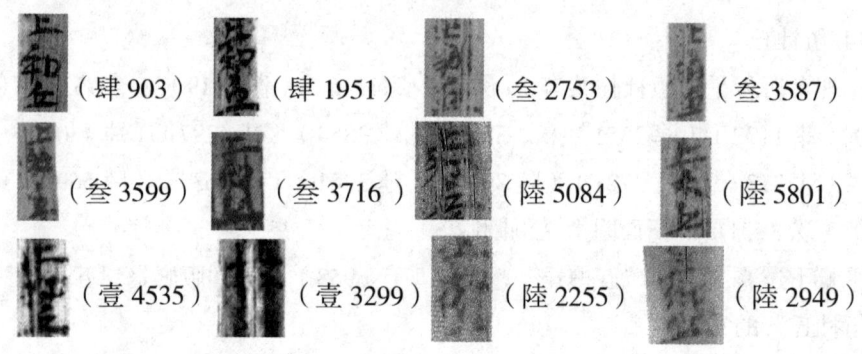

（肆903） （肆1951） （叁2753） （叁3587）

（叁3599） （叁3716） （陸5084） （陸5801）

（壹4535） （壹3299） （陸2255） （陸2949）

16. 平陽丘

整理者所釋平鄉平陽丘共有7例：（壹4626）（壹7884）（叁2683）（叁3783）（肆2355）（陸2786）（陸3920）。下面附上2例圖版。

另，平鄉下還有1例"平湯丘"見於（陸2035），也應爲"平陽丘"。

（壹4626） （肆2355） （陸2035）

17. 胡萇丘

平鄉下所見胡萇丘有7例，見於（貳3293）（貳4577）（叁488）（叁3178）（肆1203）（肆1248）（肆2294）。下面附上2例圖版。

此外，整理者還釋有"胡長丘""門長（？）丘"各1例，分別見於（壹

6531）和（叁5660）。"胡長丘"應爲"胡莨丘"的省寫，"門長（？）丘"則實爲"胡莨丘"。

（貳3293）　（貳4577）　（壹6531）　（叁5660）

18. 巾竹丘

吴簡中所見平鄉巾竹丘共計8例：（壹8268）（壹8294）（叁62）（肆1019）（肆1062）（陸2169）（陸5440）（陸5973）。下面附圖版2例。

平鄉下還釋有"内□丘"1例，見於（貳9027）。據圖版，應爲"巾竹丘"。

另外，（壹6819）和（陸5164）中各有1例未釋丘名，觀察圖版，亦應爲"巾竹丘"。

（壹8268）　（肆1062）　（貳9027）

（壹6819）　（陸5164）

19. 洽丘

整理者所釋平鄉洽丘共計10例，見於：（壹7313）（壹7326）（壹7479）（壹8297）（肆1010）（肆1813）（肆1955）（肆2346）（肆2369）（陸5620）。下面附上2例圖版。

另，平鄉下還見有"合丘"1例：（壹7281）。據圖版，亦爲"洽丘"。

（壹7313）　（壹8297）　（壹7281）

20. 僕丘

平鄉僕丘共釋有24例，見於：（壹7418）（貳188）（叁2678）（叁3596）（肆1143）（肆1218）（肆1698）（肆2130）（肆2352）（肆2362）（肆2389）（肆3140）（肆3741）（陸2256）（陸2288）（陸2685）（陸2672）（陸3605）（柒86）（柒2380）（玖1655）（玖3906）（玖3918）（玖3922）。下面附上2例圖版。

此外，平鄉下還釋有"濮丘"1例：（叁2767），據圖版，應爲"僕丘"。

另，（陸2714）被釋爲平鄉"業丘"。相較於"業"，此處圖版字形更接近"羮"，疑爲"僕丘"省寫。平鄉下與其相似的還有（貳4417），整理者按照圖版字形隸定爲"羮丘"，應同爲"羮丘"。

（陸2685）　（玖3906）　（叁2767）

（陸2714）　（貳4417）

21. 秞下丘

平鄉秞下丘共見有2例：（壹7480）（叁2931）。此外還釋有"租下丘"共4例，見於：（陸2867）（陸2962）（陸2982）（陸4967）。其中僅（陸2962）的圖版可識"禾"部，其餘均無法判斷"木"部還是"禾"部。在桑鄉丘名的考證中已提到"租下丘"實爲"秞下丘"同音誤寫的可能性[①]，此處應同理。

（壹7480）　（叁2931）　（陸2867）　（陸2962）

（陸2962）　（陸4967）

22. 唐中丘

整理者所釋平鄉唐中丘有6例，見於：（壹7826）（肆1790）（伍2204）（肆1089）（陸3932）（陸4956）。下面附上2例圖版。

（壹7826）　（伍2204）

23. 園丘

平鄉園丘在吳簡中僅釋有2例，見於：（陸2235）（陸5170）。

此外，平鄉下還釋有"囷丘"1例，見於（壹8290），"囷丘"1例，[②]見於（叁6217）。其中"囷""囷"字内部結構均無法辨識，而吳簡中"園"字亦存在多

[①] 羅凡：《長沙吴簡臨湘侯國桑鄉民所在丘名考》，西北師範大學歷史文化學院等編《簡牘學研究》第12輯，甘肅人民出版社，2022年，第184—185頁。

[②] 此處釋文寫作"囷"，表示爲"米"，并非"囷"字，可能是釋文輸入有誤。

種寫法。筆者認爲此處的"囷丘""囷丘"爲園丘的可能性更大。

（陸 2235） 　（陸 5170） 　（壹 8290） 　（叁 6217）

24. 寇丘

平鄉寇丘共釋有 11 例：（壹 8636）（壹 8661）（壹 9883）（貳 4538）（叁 3170）（叁 3175）（叁 3747）（叁 3763）（柒 1616）（玖 1239）（玖 1679）。下面附上 2 例圖版。

此外，平鄉下還見有"烝丘""寇丘"各 1 例，分別見於（叁 6194）和（陸 2110），另有 3 例未釋丘名分別見於（肆 2324）（肆 3130）和（陸 2102）。觀察圖版字形，以上均實爲"寇丘"。

（柒 1616）　（玖 1239）　（叁 6194）　（陸 2110）

（肆 2324）　（肆 3130）　（陸 2102）

25. 監沱丘

平鄉監沱丘共釋有 11 例，見於：（肆 1077）（肆 1332）（肆 2328）（肆 2347）（肆 3144）（肆 3449）（肆 3784）（肆 2371）（肆 2778）（陸 5153）（柒 1597）。下面附上 2 例圖版。根據圖版可知，"沱"字實際由"氵"和"宅"構成。《竹簡》〔貳〕整理者注曰："沱"，似爲'池'字之別體。"[①]"監池丘"在吴簡中僅釋有 1 例，圖版無法辨認。"監池司馬"又爲常見詞，其中"池"字並未見有异體寫法，故整理者之説無法確認，暫從"沱"。

另，平鄉下還見有"監沱丘"共 4 例：（壹 9971）（叁 1409）（叁 3356）（叁 5720），均與"監沱丘"爲同一丘名。

（肆 2371）　（陸 5153）　（壹 9971）　（叁 1409）

[①] 走馬樓簡牘整理組編：《長沙走馬樓三國吴簡・竹簡〔貳〕》，文物出版社，第 788 頁。

（叁 3356） （叁 5720）

26. 石文丘

整理者所釋平鄉石文丘共釋有 8 例，見於：（貳 3943）（叁 5717）（肆 2289）（肆 2326）（陸 2230）（陸 2928）（玖 3912）（玖 3917）。下面附上 2 例圖版。

此外，平鄉下還有 1 例"石支丘"：（叁 2647），2 例"石下丘"：（肆 1844）[1]和（陸 4088），以及 1 例"石□丘"：（壹 7316）。觀察圖版可知，這三個丘名均應爲"石文丘"。

（貳 3943） （肆 2289） （叁 2647） （肆 1844）

（陸 4088） （壹 7316）

27. 函丘

平鄉函丘共釋有 12 例：（貳 4764）（肆 1878）（肆 1879）[2]（肆 2279）（肆 2329）（肆 2375）（肆 2381）（肆 2737）（肆 3150）（肆 3557）（肆 3725）（陸 4279）。其中（肆 1878）字形與"函"有較大差距，暫存疑。下面附上 2 例函丘圖版。

（玖 1891）被釋爲平鄉"幽（？）丘"。據圖版字形，應爲"函丘"。

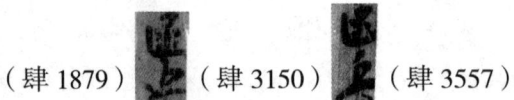

（肆 1879） （肆 3150） （肆 3557）

（肆 1878） （玖 1891）

---

[1] 安部氏對"石下丘"的考證中提出簡（肆 1844）應改釋爲"石文丘"。〔日〕安部聰一郎：《長沙走馬樓三國吳簡中所見"鄉"與"丘"對應關係的再研究》，長沙簡牘博物館編《長沙簡帛研究國際學術研討會論文集》，中西書局，2017 年，第 127—128 頁。
[2] 此枚簡簡首鄉名不可識，暫從整理者所釋"平鄉"。

28. 泊丘

吳簡中所見平鄉泊丘共有 17 例：（叁 2675）（叁 5623）（叁 5634）（叁 6148）（肆 1111）（肆 1188）（肆 1562）（肆 2288）（肆 2806）（陸 2669）（陸 2682）（陸 2773）（陸 2825）（陸 2830）（陸 2961）（陸 3547）（柒 4281）。其中，（肆 1111）字形似與"泊"字有較大差距，暫存疑。下面附上 2 例圖版。

此外，整理者還釋有"洎丘"1 例，見於（貳 5958）。關於此字，整理者注曰："洎，疑爲'泊'字之別體。"① 應是"泊丘"。

（叁 5623）　（肆 2806）　（肆 1111）　（貳 5958）

29. 伯丘

平鄉伯丘釋有 2 例：（肆 3139）（肆 3652）。"泊丘"與"伯丘"字形非常相近，前文提到"浸頃丘"就常與"侵頃丘"混寫。但在田家莂中分別記有同年"泊丘"和"伯丘"下不同的吏民信息，故平鄉下二丘應該互相獨立存在。

（肆 3139）　（肆 3652）

30. 岑下丘

整理者所釋平鄉岑下丘共有 2 例，見於（叁 2844）（肆 2376）。

（叁 2844）　（肆 2376）

31. 彈溲丘

平鄉彈溲丘共釋有 4 例，見於（叁 2869）（陸 3608）（玖 1238）（玖 1654）。下面附上 2 例圖版。

（叁 2869）　（玖 1654）

---

① 走馬樓簡牘整理組編著：《长沙走馬樓三國吳簡·竹簡〔貳〕》，文物出版社，第 839 頁。

32. 平樂丘

整理者所釋平鄉平樂丘有 10 例：（肆 1057）（肆 1072）（肆 1238）（肆 3651）（陸 2176）（陸 2658）（陸 5155）（柒 1604）（捌 6038）（玖 6232）。下面附上 2 例圖版。

平鄉下還釋有"平藥丘"1 例，見於（肆 2298）。吳簡中"平藥丘"僅出現於此處，"艹"字頭可能爲衍筆，應與"平樂丘"爲同一丘名。

（肆 1238）　（捌 6038）　（肆 2298）

33. 專丘

平鄉專丘共釋有 6 例：（肆 1330）（肆 1857）（貳 4524）（肆 3154）（肆 3446）（肆 3834）。其中，前文已提到（肆 1857）實爲"東丘"，（肆 3446）則形同"車"，應是"車丘"，圖版見下文。下面附上 2 例專丘圖版。

（肆 1330）　（肆 3834）

34. 車丘

平鄉下整理者釋有 1 例車丘，見於（壹 4444），但此處"車"字字形更接近"東"，應是"東丘"。被釋爲"專丘"的（肆 3446）"專"字字形更符合"車"。此外在一枚未知鄉名的斷簡（叁 4213）中，見到記有清晰的"車丘"，可作爲字形對照。

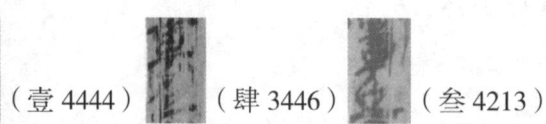

（壹 4444）　（肆 3446）　（叁 4213）

35. 枯筤丘

整理者所釋平鄉枯筤丘僅有 2 例，見於（肆 1860）（肆 3857）。

（肆 1860）　（肆 3857）

36. 筋竹丘

整理者所釋平鄉筋竹丘僅有 1 例，見於（肆 3131）。另外，平鄉入簡（肆

3770）中記有 1 例"筋竹州吏"，此處整理者注曰"'竹'下疑脫'丘'字"[①]，應是。

平鄉下還釋有 1 例"蘇竹丘"，見於（肆 2785）。仔細觀察圖版，此字上從"艹"，下部從"劦"，字形與"筋竹丘"一致。此外，（陸 2677）被釋爲平鄉"鄭（？）丘"，（肆 2805）被釋爲"蘇（？）下丘"，據圖版，均應爲"筋竹丘"。

（肆 3131）　（肆 2785）　（陸 2677）　（肆 2805）

（肆 3770）"筋竹州吏"

37. 周陵丘

平鄉周陵丘共釋有 2 例，見於（肆 4320）和（捌 6037）。

（肆 4320）　（捌 6037）

38. 賓丘

平鄉賓丘共釋有 3 例，見於（陸 2260）（陸 5031）（陸 5117）。下面附上圖版 2 例。

另，整理者還釋有 1 例"覆丘"：（陸 5118），1 例"客丘"：（陸 4906）。據圖版字形，應均爲"賓丘"。

（陸 2260）　（陸 5117）　（陸 5118）　（陸 4906）

39. 山下丘

平鄉山下丘共釋有 3 例，見於（陸 4033）（陸 5140）（玖 5733）。下面附上圖版 2 例。

此外，還有 1 例"岑丘"見於（陸 5173），應拆開釋爲"山下丘"。另有 1 例"尖丘"見於（陸 2293），應同爲"山下丘"。

[①] 走馬樓簡牘整理組編：《长沙走馬樓三國吳簡·竹簡〔肆〕》，文物出版社，2011 年，第 711 頁。

（陸 4033） 　（陸 5140）　（玖 5733）

（陸 5173） 　（陸 2293）

40. 敬賢丘

平鄉敬賢丘共釋有 2 例，見於（捌 5345）（玖 3924）。

（捌 5345） 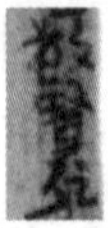　（玖 3924）

41. 下略丘

平鄉下略丘共釋有 2 例，見於（伍 4241）（貳 5372）。

另有 1 例 "下□丘" 見於（陸 2812），據圖版，應亦爲 "下略丘"。

（伍 4241） 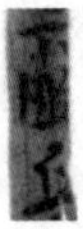　（貳 5372） 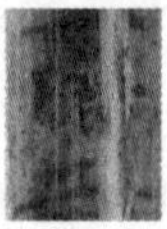　（陸 2812）

42. 枯于丘

平鄉枯于丘共釋有 2 例，見於（肆 3135）（陸 3556）。

此外，平鄉下還有 1 例 "枯于丘" 見於（陸 2878），1 例 "枯丘" 見於（玖 1376），據圖版，均爲 "枯于丘"。

另，（肆 2373）中丘名未釋，比照圖版，此處亦應爲 "枯于丘"。

（肆 3135） 　（陸 3556） 　（陸 2878）

（玖 1376） 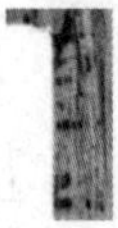　（肆 2373）

43. 上丘

平鄉上丘共釋有 2 例，見於（肆 2360）（陸 2937）。（陸 2937）中 "丘" 字圖版與字形相差較大，後文還出現了小段空白，不排除此處 "上" 字之後還有其他字而"丘"字筆迹缺失或漏寫的可能，故此例宜存疑。

另，（肆2594）被釋爲平鄉"七丘"，據圖版，也應爲"上丘"。

（肆2360）　（陸2937）　（肆2594）

44. 略丘

平鄉略丘共釋有2例，見於（壹3911）（陸2171）。

（壹3911）　（陸2171）

45. 上桐丘

平鄉上桐丘僅釋有1例，見於（叁2729）。

（叁2729）

46. 領傳丘

平鄉領傳丘僅釋有1例，見於（肆4334）。

（肆4334）

47. 舍田丘

平鄉舍田丘僅釋有1例，見於（肆4348）。

（肆4348）

48. 領下丘

平鄉領下丘僅釋有1例，見於（陸2106）。

（陸2106）

49. 上園丘

平鄉上園丘僅釋有1例，見於（陸2784）。

（陸 2784）

50. 菤世丘

（陸 4094）見有 1 例平鄉 "菤□丘"，觀察圖版，應爲 "菤世丘"。

（陸 4094）

51. 中田丘

平鄉中田丘僅釋有 1 例，見於（陸 4183）。

（陸 4183）

52. 柤丘

平鄉柤丘僅釋有 1 例，見於（陸 5677）。①

（陸 5677）

53. 侯丘

平鄉侯丘僅釋有 1 例，見於（陸 5775）。

（陸 5775）

54. 倉中丘

平鄉倉中丘僅釋有 1 例，見於（捌 3952）。

（捌 3952）

55. 杆沽丘

平鄉杆沽丘僅釋有 1 例，見於（捌 3953）。

---

① 此枚簡的圖版所示簡號與前一簡簡號重複。

（捌 3953）

56. 常樂丘

平鄉常樂丘僅釋有 1 例，見於（玖 5714）。

另，（肆 4325）被釋爲"常□丘"，據圖版，此處未釋字應爲"樂"。

（玖 5714）　　（肆 4325）

57. 亭下丘

平鄉亭下丘僅釋有 1 例，見於（貳 6241）。

（貳 6241）

58. 區丘

平鄉區丘釋有 2 例，見於（壹 8318）與（陸 3540）。其中（陸 3540）簡首所記鄉名并不清晰，相較於字形結構簡單的"平"，反而與"桑""樂"比較相似，"區丘"又爲桑鄉下常見丘名，故此處宜存疑。

（壹 8318）　　　　（陸 3540）"平鄉"與"區丘"

59. 橋丘

整理者所釋平鄉下有 2 例"僑丘"，分別見於（肆 1063）和（肆 3850）。其中，（肆 1063）中"僑"字左部并非"亻"而更接近"十"，有可能是"木"旁。而（肆 3850）中僅能識左部"亻"，右部似乎是一個筆劃較多、上下結構的字，此處宜存疑。

另，（壹 3373）被釋爲"滽丘"，圖版中僅存"喬"部，應與（肆 1063）同爲一丘。

（肆 1063）　　（肆 3850）　　（壹 3373）

60. 桐丘

平鄉桐丘共釋有 2 例，見於（壹 4388）（陸 5435）。

（壹 4388）　　（陸 5435）

表 1　確認的平鄉丘名

序號	丘名	誤釋或未釋丘名	簡號	數量	改釋數量	合計
1	林丘		（壹 1452）（肆 1819）（陸 2723）	3	0	3
2	杖丘		（肆 1207）（肆 3727）	2	1	3
		杕丘	（肆 1082）	1		
3	下和丘		（壹 3210）（壹 7456）（壹 7581）（壹 7827）（叁 278）（柒 4364）（玖 1427）	7	1	8
		下□丘	（陸 5134）	1		
4	浸頃丘		（壹 3212）（壹 3233）（壹 4497）（叁 3584）（叁 6146）（叁 6218）	6	1	10
		浸須丘	（肆 1116）	1		
		侵頃丘	（陸 2057）（陸 5433）（陸 3933）	3		
5	東丘		（壹 3221）（壹 3249）（壹 8337）（壹 8751）（壹 9751）（叁 2833）（叁 5613）（肆 3132）（伍 95）（陸 2113）（陸 2243）（陸 2845）（柒 1607）（柒 1614）（柒 4374）	15	2	17
		專丘	（肆 1857）	1		
		車丘	（壹 4444）	1		
6	常略丘		（壹 3235）（壹 3247）（壹 7344）（壹 7467）（壹 7846）（壹 8584）（貳 5351）（肆 1097）（伍 2224）（陸 2659）（陸 2665）（陸 4911）（玖 5730）	13	1	14
		常恪丘	（貳 8983）	1		

續表

序號	丘名	誤釋或未釋丘名	簡號	數量	改釋數量	合計
7	栗丘		（壹 3261）（叁 3439）（叁 3713）（叁 3743）（肆 1004）（肆 1107）（肆 1326）（肆 1669）（肆 2132）（肆 2278）（肆 2282）（肆 2372）（肆 2741）（肆 3176）（肆 3430）（肆 3848）（陸 2252）（陸 2795）（陸 2827）（陸 2841）（捌 3958）（玖 1651）（玖 3909）	23	0	23
8	盡丘	薑丘	（壹 7801）	1	5	33
			（壹 3273）（壹 5060）（壹 7302）（壹 7305）（壹 7317）（壹 7825）（叁 2656）（叁 3691）（叁 3710）（肆 2308）（肆 2310）（肆 2312）（肆 2364）（肆 2370）（肆 3817）（伍 1920）（伍 5533）（陸 2324）（陸 2707）（陸 2710）（陸 3546）（陸 3923）（陸 4233）（陸 4258）（捌 4071）（玖 5734）（玖 7389）	27		
		畫丘	（叁 5630）（叁 5712）	2		
		長平丘	（陸 3543）	1		
		台（？）丘	（肆 1195）	1		
		□五丘	（陸 4915）	1		
9	畫丘		（陸 2103）（陸 2209）（陸 2388）	3	3	6
		盡丘	（叁 5630）（叁 5712）	2		
		盧丘	（壹 2843）	1		
10	慮丘		（柒 1572）（柒 1575）（柒 1661）	3	1	4
		雷丘	（壹 4443）	1		
11	於上丘		（壹 3283）（壹 5729）（壹 8253）（壹 8331）（貳 5874）（叁 2845）（叁 2846）（叁 3309）（肆 2284）（肆 4266）（陸 2713）（陸 4030）（陸 5135）（玖 6585）	14	1	15
		□五丘	（陸 2296）	1		
12	杷丘		（壹 3568）（壹 3864）（壹 4859）（壹 8214）（壹 8533）（貳 4526）（貳 8591）（叁 3696）（叁 3698）（叁 3726）（叁 3811）（肆 1962）	22	10	32

續表

序號	丘名	誤釋或未釋丘名	簡號	數量	改釋數量	合計
12	杞丘		（肆2309）（肆2311）（肆2323）（肆2380）（肆3434）（肆3962）（陸2238）（陸2259）（陸2264）（陸2398）	22	10	32
		杞丘	（陸2680）（陸2703）（陸2925）（陸3552）（陸4061）（玖1657）（玖4244）	7		
		柚丘	（壹4545）	1		
		林丘	（肆2342）	1		
		杞丘	（陸2217）	1		
13	柚丘		（壹5683）（叁3802）（陸2826）（陸2840）（柒4264）	5	0	5
14	伍社丘		（壹4446）（壹7319）（壹7529）（壹8322）（肆1132）（肆2351）（肆3849）（肆3854）（肆4297）（肆4306）（肆4307）（肆3134）（陸2721）（陸3904）（陸3961）（陸5633）（陸5693）（捌3961）（玖3931）	19	5	24
		佐祐丘	（伍5405）	1		
		伍龍丘	（捌3977）	1		
		伍□丘	（壹7714）	1		
		□□丘	（壹2934）	1		
	五社丘	五禮丘	（壹6953）	1		
15	上和丘		（壹4564）（壹6913）（壹7360）（壹7486）（叁303）（叁2726）（叁2770）（叁2831）（叁3749）（叁6236）（肆903）（肆1705）（肆1951）（肆2330）（肆2783）（肆3560）（肆3924）（肆4271）（伍5446）（陸2109）（陸2983）（陸2984）（柒1578）（玖420）（玖1517）（玖3911）（玖4233）（玖4236）（陸2255）	29	9	38
		上利丘	（叁2753）（叁3587）（叁3599）（叁3716）	4		
		三州丘	（壹3299）	1		
		上故丘	（陸2255）	1		

續表

序號	丘名	誤釋或未釋丘名	簡號	數量	改釋數量	合計
15	上和丘	上□丘	（陸2949）	1	9	38
		上升丘	（陸5084）	1		
		上禾丘	上木丘	（陸5801）	1	
16	平陽丘		（壹4626）（壹7884）（叁2683）（叁3783）（肆2355）（陸2786）（陸3920）	7	1	8
		平湯丘	（陸2035）	1		
17	胡荙丘		（貳3293）（貳4577）（叁488）（叁3178）（肆1203）（肆1248）（肆2294）	7	1	9
		門長（？）丘	（叁5660）	1		
		胡長丘	（壹6531）	1		
18	巾竹丘		（壹8268）（壹8294）（叁62）（肆1019）（肆1062）（陸2169）（陸5440）（陸5973）	8	3	11
		内□丘	（貳9027）	1		
		□□丘	（壹6819）（陸5164）	2		
19	洽丘		（壹7313）（壹7326）（壹7479）（壹8297）（肆1010）（肆1813）（肆1955）（肆2346）（肆2369）（陸5620）	10	1	11
		合丘	（壹7281）	1		
20	僕丘		（壹7418）（貳188）（叁2678）（叁3596）（肆1143）（肆1218）（肆1698）（肆2130）（肆2352）（肆2362）（肆2389）（肆3140）（肆3741）（陸2256）（陸2288）（陸2685）（陸2672）（陸3605）（柒86）（柒2380）（玖1655）（玖3906）（玖3918）（玖3922）	24	3	27
		濮丘	（叁2767）	1		
	糞丘	業丘	（陸2714）	1		
		菐丘	（貳4417）	1		
21	粗下丘		（壹7480）（叁2931）	2	0	6
	租下丘		（陸2867）（陸2962）（陸2982）（陸4967）	4		

續表

序號	丘名	誤釋或未釋丘名	簡號	數量	改釋數量	合計
22	唐中丘		（壹7826）（肆1790）（伍2204）（肆1089）（陸3932）（陸4956）	6	0	6
23	囩丘		（陸2235）（陸5170）	2	2	4
		囨丘	（壹8290）	1		
		囨丘	（叁6217）	1		
24	寇丘		（壹8636）（壹8661）（壹9883）（貳4538）（叁3170）（叁3175）（叁3747）（叁3763）（柒1616）（玖1239）（玖1679）	11	5	16
		烝丘	（叁6194）	1		
		宸丘	（陸2110）	1		
		□丘	（肆2324）（肆3130）（陸2102）	3		
25	監沱丘		（肆1077）（肆1332）（肆2328）（肆2347）（肆3144）（肆3449）（肆3784）（肆2371）（肆2778）（陸5153）（柒1597）	11	4	15
		監沱丘	（壹9971）（叁1409）（叁3356）（叁5720）	4		
26	石文丘		（貳3943）（叁5717）（肆2289）（肆2326）（陸2230）（陸2928）（玖3912）（玖3917）	8	4	12
		石攴丘	（叁2647）	1		
		石下丘	（肆1844）（陸4088）	2		
		石□丘	（壹7316）	1		
27	函丘		（貳4764）（肆1879）（肆2279）（肆2329）（肆2375）（肆2381）（肆2737）（肆3150）（肆3557）（肆3725）（陸4279）	11	1	12
		幽（？）丘	（玖1891）	1		
28	泊丘		（叁2675）（叁5623）（叁5634）（叁6148）（肆1188）（肆1562）（肆2288）（肆2806）（陸2669）（陸2682）（陸2773）（陸2825）（陸2830）（陸2961）（陸3547）（柒4281）	16	1	17
		沺丘	（貳5958）	1		

續表

序號	丘名	誤釋或未釋丘名	簡號	數量	改釋數量	合計
29	伯丘		（肆3139）（肆3652）	2	0	2
30	岑下丘		（叄2844）（肆2376）	2	0	2
31	彈溲丘		（叄2869）（陸3608）（玖1238）（玖1654）	4	0	4
32	平樂丘		（肆1057）（肆1072）（肆1238）（肆3651）（陸2176）（陸2658）（陸5155）（柒1604）（捌6038）（玖6232）	10	0	11
	平藥丘		（肆2298）	1		
33	專丘		（肆1330）（貳4524）（肆3154）（肆3834）	4	0	4
34	車丘	專丘	（肆3446）	1	1	1
35	枯萇丘		（肆1860）（肆3857）	2	0	2
36	筋竹丘		（肆3131）（肆3770）	2	3	5
		蕨竹丘	（肆2785）	1		
		鄭（？）丘	（陸2677）	1		
		蘇（？）下丘	（肆2805）	1		
37	周陵丘		（肆4320）（捌6037）	2	0	2
38	賓丘		（陸2260）（陸5031）（陸5117）	3	2	5
		覆丘	（陸5118）	1		
		客丘	（陸4906）	1		
39	山下丘		（陸4033）（陸5140）（玖5733）	3	2	5
		岜丘	（陸5173）	1		
		尖丘	（陸2293）	1		
40	敬賢丘		（捌5345）（玖3924）	2	0	2
41	下略丘		（貳5372）（伍4241）	2	1	3
		下□丘	（陸2812）	1		

續表

序號	丘名	誤釋或未釋丘名	簡號	數量	改釋數量	合計
42	枯于丘		（肆 3135）（陸 3556）	2	3	5
		柘於丘	（陸 2878）	1		
		枯丘	（玖 1376）	1		
		□□丘	（肆 2373）	1		
43	上丘		（肆 2360）	1	1	2
		七丘	（肆 2594）	1		
44	略丘		（壹 3911）（陸 2171）	2	0	2
45	上桐丘		（叁 2729）	1	0	1
46	領傳丘		（肆 4334）	1	0	1
47	舍田丘		（肆 4348）	1	0	1
48	領下丘		（陸 2106）	1	0	1
49	上園丘		（陸 2784）	1	0	1
50	莨世丘	莨□丘	（陸 4094）	1	1	1
51	中田丘		（陸 4183）	1	0	1
52	枏丘		（陸 5677）	1	0	1
53	侯丘		（陸 5775）	1	0	1
54	倉中丘		（捌 3952）	1	0	1
55	杆沽丘		（捌 3953）	1	0	1
56	常樂丘		（玖 5714）	1	1	2
		常□丘	（肆 4325）	1		
57	亭下丘		（貳 6241）	1	0	1
58	區丘		（壹 8318）	1	0	1

續表

序號	丘名	誤釋或未釋丘名	簡號	數量	改釋數量	合計
59	橋丘	僑丘	（肆1063）	1	1	2
		潏丘	（壹3373）	1		
60	桐丘		（壹4388）（陸5435）	2	0	2

二、不能確認的平鄉丘名

整理者所釋平鄉丘名中，還有不少因圖版模糊、字迹漫漶，無法判斷釋文是否准確，具體情况如下。

（一）丘名難以確認者

平鄉下無法確認的丘名共有33個。其中出現2次及以上，均無法根據圖版確認釋文的丘名有：

1. 桓丘

（壹9836）　（肆1671）　（陸2179）

2. □下丘

（肆1009）　（壹3570）

3. 溫丘

（肆2332）　（肆2383）

4. 渚丘

（叁5651）　（陸2804）

除以上4個丘名外，僅出現1次、無法確認釋文的丘名有：5 梁丘、6 上殷丘、7 柯丘、8 西丘、9 都丘、10 下唐丘、11 楊溲丘、12 潰丘、13 下棠丘、14 吏丘、15 塁下丘、16 三州下丘、17 佃蕢丘、18 扞丘、19 下龍丘、20 泊□丘、21 陵丘、22 湛龍丘、23 上薄丘、24 平支丘、25 □番丘、26 得□丘、27 □月丘、28 □沂丘、29 楊□丘、30 平□丘、31 汇丘、32 東溲丘、33 行上□丘。

下面附上圖版，序號與上述丘名序號對應。

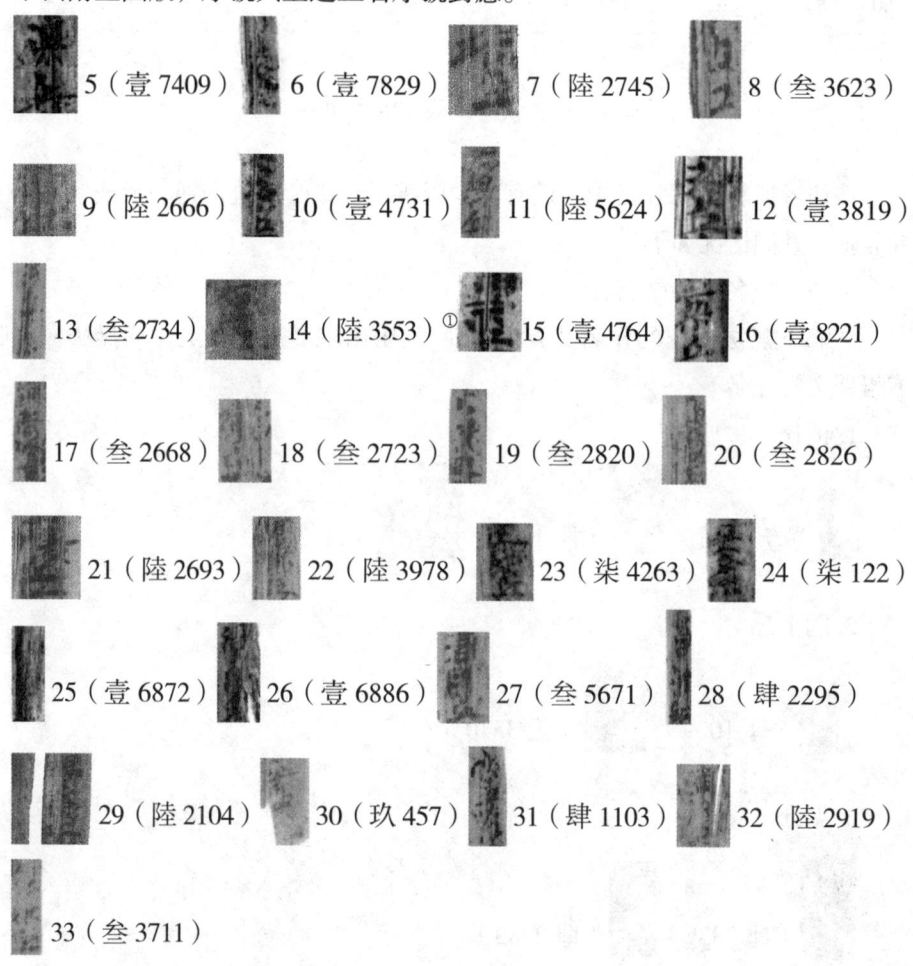

5（壹 7409）　6（壹 7829）　7（陸 2745）　8（參 3623）

9（陸 2666）　10（壹 4731）　11（陸 5624）　12（壹 3819）

13（參 2734）　14（陸 3553）①　15（壹 4764）　16（壹 8221）

17（參 2668）　18（參 2723）　19（參 2820）　20（參 2826）

21（陸 2693）　22（陸 3978）　23（柒 4263）　24（柒 122）

25（壹 6872）　26（壹 6886）　27（參 5671）　28（肆 2295）

29（陸 2104）　30（玖 457）　31（肆 1103）　32（陸 2919）

33（參 3711）

（二）鄉名難以確認者

平鄉出入簡中還有部分僅出現1例的丘名，其簡首所記"平鄉"難以辨識，尤其無法與"東鄉""桑鄉""樂鄉"相區分，故無法判斷平鄉下該丘名確實存在。

---

① 此簡圖版處所注簡號與前一枚簡簡號重複。

此類丘名共有 11 個，具體如下：

表 2 鄉名難以確認的丘

序號	丘名	簡號	丘名圖版	鄉名圖版
1	庫丘	（叁 2702）		
2	唐下丘	（陸 2175）		
3	松田丘	（陸 4240）		
4	下長丘	（壹 3564）		
5	桐唐丘	（壹 4530）		
6	湯丘	（陸 1976）		
7	阿丘	（陸 2041）		
8	楮丘	（叁 5783）		
9	價丘	（柒 4189）		
10	新眦丘	（柒 123）		
11	毛溲丘	（陸 4260）		

此外，平鄉下還有 57 例未釋丘名無法辨認。此處僅列出簡號，并對未釋字數量予以區分。

表 3　未釋平鄉丘名

"□□丘"		"□丘"			未釋字數不明
（壹4866）	（壹5173）	（壹4913）	（壹6258）	（壹6867）	（壹941）
（壹6889）	（壹7314）	（壹8328）	（叁3577）	（叁3766）	（壹995）
（壹8081）	（壹8313）	（叁5686）	（叁5722）	（肆1152）	（叁5680）
（貳4596）	（叁277）	（肆1694）	（肆2390）	（肆3807）	（肆2374）
（肆1224）	（肆1848）	（肆3852）	（肆3858）	（肆4005）	（陸4004）
（肆1906）	（肆3694）	（肆4321）	（伍5820）	（陸2101）	（陸5162）
（陸2236）	（陸2947）	（陸2241）	（陸2262）	（陸2172）	
（陸3905）	（陸5072）	（陸2942）	（陸3906）	（陸2885）	
（陸5683）	（柒1602）	（陸4893）	（陸5116）	（陸3964）	
（柒1615）	（柒2252）	（肆1086）	（肆1058）	（陸4043）	
			（柒84）		

三、結語

經整理和分析後，大致可得出如下結論：

一、吳簡中記載有平鄉丘名信息的簡共計 572 例，主要集中於《竹簡》〔壹〕、〔叁〕、〔肆〕、〔陸〕、〔玖〕，〔貳〕〔柒〕相對較少，有 20 例左右，〔捌〕、〔伍〕最少，各自僅有 9 例。

二、整理者所釋及部分釋出的丘名共計 159 個。其中僅 60 個可以確認（包含 1 個需改釋、1 個需補釋），占總數的約 38%；誤釋而衍出丘名達 42 個，占總數的約 26%。另有 8 個丘名實際爲其他丘名的省寫（包含 3 個需改釋），5 個部分釋出的丘名可根據圖版補釋完整，其餘還有 33 個丘名無法確認，11 個丘名無法判斷是否與平鄉相對應。根據已確認丘名圖版，未釋平鄉丘名中有 7 例可補釋，仍有 57 例丘名未釋出。大致估計，平鄉下丘名總數約在 70 個以上。

三、記載平鄉鄉丘信息的竹簡數量極大，可確認丘名數量最多，但仍不到已釋丘名的一半。其中，出現 10 例以上的丘名有 18 個，僕丘、上和丘、伍社丘、杷丘、盡丘、栗丘出現了 20 例以上，最爲常見。僅出現 1 例的丘名也有 14 個。平鄉丘在命名上同樣主要與自然景觀、方位詞有關，亦有涉及建築的，如亭下丘、倉中丘、橋丘等。

四、在丘名的書寫方面，平鄉丘名多見省寫，如"伍社丘"與"五社丘"，"上和丘"與"上禾丘"，"盡丘"與"盖丘"，"僕丘"與"羮丘"以及"胡蓑丘"與"胡長丘"等，亦有可能屬於衍出部首的"平樂丘"與"平藥丘"。部分丘名因字形相近，加上圖版的模糊不清容易影響釋讀，如"盡"與"畫"，"杷"與"杞"等。而如"圜丘"，因"圜"字出現了多種異體寫法，難以直接辨認。

附記：

本文爲楊振紅教授組織的"長沙走馬樓三國吳簡臨湘侯國鄉丘里研究"系列論文之一。

作者簡介：羅凡，女，1998 年生，南開大學歷史學院博士研究生，專業方向爲秦漢三國史、簡帛學。

岳麓書院所藏簡《秦律令（壹）》譯注二（下）*

日本"秦代出土文字史料研究班"撰① 尚宇昌譯

（京都大學人文科學研究所，日本京都 606-8501；
南開大學歷史學院，天津 300353）

139

·尉卒律曰：縣尉治事①，毋敢令史②獨治③，必尉及士吏與，身臨④之。不從令者，貲一甲。　　　　　　　　　　　　　　　139（1409）

【譯】

·尉卒律：縣尉在履行職務時，不能讓史獨自處理，尉和士吏必須參與，親自到場。不從令的，貲一甲。

【注】

①治事：履行職務，處理政務。

　　惠帝怪相國不治事，以爲豈少朕與？　　　　（《漢書·曹參傳》）

　　·凡治事，敢爲固，謁私圖，畫局陳枅（棋）以爲耤。

（爲吏之道 1-5~2-5）

②史：這里指尉史。

　　尉令不謹，黔首失令，尉、尉史、士吏主者，貲各一甲。（岳麓〔肆〕134）

③獨治：獨自履行職務。

　　其守丞及令、長若真丞存者所獨斷治論有不當者，令真令、長、丞不存及病者皆共坐之，如身斷治論及存者之罪。

---

*譯者按：受篇幅限制，原稿的中譯文分作上、下兩篇。上篇爲 106—138 簡，下篇爲 139—168 簡。本文爲下篇。上篇見《簡牘學研究》第 11 輯，甘肅人民出版社，2022 年，第 48—69 頁。

① 執筆者：齋藤賢、畑野吉則、藤井律之、宮宅潔、宗周太郎、目黑杏子。

（二年律令 105~106）

卅年十一月庚申朔丙子，發弩守涓敢言之：廷下御史書曰，縣□治獄及覆獄者，或一人獨訊囚，嗇夫長、丞、正、監非能與□□殹。不參不便。書到，尉言。·今已到。敢言之。　　　　　　（里耶秦簡⑧141+⑧668）

④臨：到場，親臨現場。

使者、太守臨斂，賜復衾祭祠如法。　　　　　　（《漢書·龔勝傳》）

當收者，令獄史與官嗇夫、吏雜封之，上其物數縣廷，以臨計。

（二年律令 179）

【解說】

此條規定，在縣尉的官署中，不能讓書記官獨自履行職務，必須有尉與士吏親自到場會同處理。注②所引里耶秦簡記載，[①]審訊囚犯也需由多人參與，這與本條文闡述的原則是相通的。

140~141

尉卒律曰：爲計①，鄉嗇夫及典、老②月辟③其鄉里之入穀④、徙⑤、除⑥及死亡者，謁⑦于尉。＝月牒⑧部⑨之，到十月乃

140（1397）

比其牒⑩，里相就殹（也）以會計⑪。黔【首】之闌亡者卒歲而不歸，䇄⑫其計，籍書其初亡之年月于䇄，善臧（藏）⑬以戒其得⑭。

141（1372）

【譯】

尉卒律：製作計簿時，鄉嗇夫及里的典、老要每月調查其鄉、里的新生兒、移居者、任吏者和死亡者，向尉報告。尉每個月在簡上集中記錄，到十月時將這些簡排列在一起，把每個里集中在一起進行合計。黔首闌亡者過了一年仍沒有歸來，要從計簿中抽取出來，在抽取出來的簡上寫上其當初逃亡的年、月，妥善保管，以備抓捕。

【注】

①爲計："計"指帳簿、合計記錄。據里耶秦簡可知，是將出納記錄（"券"即分割符等）進行合計，做成"計"，每年集中上交上級機關。

---

① 譯者按："注②"，當爲"注③"之誤。

爲計，不同程者毋同其出。　工律　　　　　　　　　（秦律十八種 99）
　　　卅年四月盡九月，
　　　倉曹當計禾
　　　稼出入券。
　　　已計。　　　　　　　　　　　　　　　　　　　　　（里耶秦簡⑧776）
　　　遷陵已計卅四年餘見弩臂百六十九。
　　　・凡百六十九。
　　　出弩臂四，輸益陽。
　　　出弩臂三，輸臨沅。
　　　・凡出七。
　　　今九月見弩臂百六十二。　　　　　　　　　　　　　（里耶秦簡⑧151）
　　　卅五年九月丁亥朔乙卯，貳春鄉守辨敢言
　　　之：上不更以下計二牒。敢言之。　　　　　　　　（里耶秦簡⑧1539）
②典、老：里典和里老。參照 11~12 簡注④。
③辟：調查，搜查。參照 135~138 簡注⑬。
④入穀："穀"是嬰兒的意思。"入穀"可能指因新生兒的出生帶來的人口增長。整理小組認爲"穀"通"穀"，"入穀"的意思是收取穀物，但本條文是旨在掌握縣尉可動員的人數的規定，理解爲新生兒數量更符合文意。而且，表示爲"穀物"含義的"穀"字，在秦簡中除"五穀"（睡虎地秦簡日書乙種 64）之外別無用例。不過，史料中可以見到"入穀"之語，却不見"入穀"的例子，"入"字的意思也比較模糊。也有可能讀作"入、穀"，表"轉入、出生"。
　　　穀，乳也。[段注：此乳者，謂既生而乳哺之也。]
　　　　　　　　　　　　　　　　　　　　　　　　　　（《説文解字》十四篇下）
　　　楚人謂乳穀，謂虎於菟，故命之曰鬭穀於菟。（《左傳・宣公四年》）
　　　君子以倍叛之心接臧穀，猶且羞之。[楊注：穀，乳也。謂哺乳小
　　　兒也。]　　　　　　　　　　　　　　　　　　　（《荀子・禮論》）
　　　始令吏得入穀補官，郎至六百石。　　　　　　　（《史記・平準書》）
　　　入穀簿☐　　　　　　　　　　　　　（肩水金關簡 73EJT1：117）
⑤徙：遷移居所。與"除"對擧的"徙"字，一般指官職調動，基於前注對本條文的理解，解釋爲"轉居"。
　　　甲徙居，徙數謁吏，吏環，弗爲更籍。　　　　　　（法律答問 147）

其移徙者，輒移其行繇（徭）數徙所。　　　　　　（岳麓〔肆〕247）

　　任者免徙，令其新嗇夫任，弗任，免。害（憲）盜，除不更以下到士五（伍），許之。　　　　　　　　　　　　　　　　　（岳麓〔肆〕209）

　　居延甲渠第九燧長單宮。　徙缺。　　　　（居延漢簡 E.P.F22：644）

　　故吏陽里上造梁普，年五十。今除補甲渠候官尉史。　代鄭駿。

（居延漢簡 E.P.F22：58）

⑥除：就任官職。就任里典、郵人也稱"除"（里耶秦簡⑧157），就任可免除徭役（二年律令265~266）。

　　正月戊寅朔丁酉，遷陵丞昌却之：啓陵廿七户，已有一典。今有（又）除成爲典。何律令應？尉已除成、匄爲啓陵郵人，其以律令。

（里耶秦簡⑧157）

　　令郵人行制書、急書，復勿令爲它事。　　　　　（二年律令265~266）

⑦謁：上報，報告。參照132—134簡注⑤。

⑧牒：木札，簡牘。這裏可能指"牒書"，即在札上書寫。里耶秦簡中有相對在寬大木板上分條書寫的"疏書"而言的"牒書"，推測可能是在一行的細札上書寫。

　　牒，札也。　　　　　　　　　　　　　　　　（《説文解字》七篇上）

　　以尺牒牒書，當免者人一牒，署當免狀，各上。

（岳麓〔肆〕348）

　　廿九年九月壬辰朔辛亥，貳春鄉守根敢言之：牒書水火敗亡課一牒上。敢言之。　　　　　　　　　　　　　　　　（里耶秦簡⑧645）

　　八月乙酉，庫守悍敢言之：疏書作徒薄（簿）牒北（背）上。敢言之。

（里耶秦簡⑧686+⑧973）

⑨部：整理小組注，"部，分也。"這裏的"部"（組），可能指將每月的合計結果按各個"鄉部"匯總。

　　漢王大説，遂聽信策，部署諸將。〔師古曰：分部而署置。〕

（《漢書·高帝紀》）

　　舍，其鄉部課之。　　　　　　　　　　　　　　（岳麓〔肆〕55）

⑩比其牒：將札排列編綴。

　　合群國，比校民之有道者，設象以爲民紀，式美以相應，比綴以書，原本窮末。　　　　　　　　　　　　　　　　　　　（《管子·小匡》）

公車再召,比牒并名,早爲宰相。[注:比牒猶連牒也,并名謂齊名也。]
(《後漢書·鄭玄傳》)

⑪里相就也以會計:"相就"意爲集中在一起,"會計"意爲計算。可能是説,將按月統計的帳簿,在經過一年後,重新按里匯總,統計各鄉、里全年的人口變動情况。

疇謂其父老曰:"諸君不以疇不肖,遠來相就。"(《三國志·田疇傳》)

美人豐姿色,聰敏有才明,能書會計。
(《後漢書·皇后紀·靈思何皇后》)

張掖居延甲渠塞有秩士吏公乘段尊。中勞一歲八月廿日。能書會計,治官民頗知律令。文。　　　　　　　　　　(居延漢簡 57·6)

⑫紬:整理小組解釋爲"瓤",認爲是書寫材料的"瓤",或者在"瓤"上書寫。另外,睡虎地中還有被解釋爲通"嬥"、"保證(保任)"意思的例子。這裏從通"紬"的説法,解釋爲"抽出"以及"抽出的簡"。

恒以八月令鄉部嗇夫、吏、令史相雜案户、籍副臧(藏)其廷。有
移徙者,輒移户及年籍爵細(紬)徙所,并封。　(二年律令328)

民宅園户籍、年細(紬)籍、田比地籍、田合籍、田租籍,謹副上縣廷。
(二年律令331)

紬大弦而雅聲流,洌風過而增悲哀。[李善注:紬,引也。]
(《文選》卷一九宋玉《高唐賦》)

☐☐父母罵吏,又紬大刀欲賊傷吏,信
☐燧長育敢言之。劾捕令☐　　　　　　　(居延漢簡122·7)

⑬善臧:妥善保管。可能是指要特別注意,不要讓抽出來的簡丢失掉。

盆子時年十五,被髮徒跣,敝衣赭汗,見衆拜,恐畏欲啼。茂謂曰:"善藏符。"盆子即齧折弃之,復還依俠卿。　(《後漢書·劉盆子傳》)

及諸作官府者,皆日勞薄(簿)之,上其廷,廷日校案次編,月盡
爲冣(最),固臧(藏),令可案殹(也)。　　　　(岳麓〔伍〕252)

⑭以戒其得:這裏將"戒"解釋爲"備",但文意稍顯抽象,不甚明確。還有一種意見認爲,由於"得"字寫在本簡的下端,其後仍有簡文,作"善藏以戒。如果得到它的話……(要好好保管,不要懈怠。若不能抓捕……)"。

不虞之不戒。[注:虞,度也。戒,備也。](《左傳·襄公三年》)

把其叚(假)以亡,得及自出,當爲盗不當?自出,以亡論。其得,

坐臧（贓）爲盜，盜皋（罪）輕於亡，以亡論。　　　　　　（法律答問 131）

【解説】
　　此條規定了對鄉、里人口的增減以及擔任役職者的人數進行報告、匯總、合計的手續。鄉、里每月向縣尉報告，縣尉按月將這些信息匯總在一起，到十月時以里爲單位重新製作成賬簿，并進行合計。這應是因爲縣尉負有征發徭役、兵役的責任，所以纔要把當前負擔徭役者、免役者的人數匯總給縣尉。
　　·戍律曰：同居毋并行，縣嗇夫、尉及士吏行戍不以律，貲二甲。
　　　　　　　　　　　　　　　　　　　　　　　　　　　　（秦律雜抄 39）

　　乃陰屬尉史曰："是人，吾所急也，至踐更時脫之。"
　　　　　　　　　　　　　　　　　　　　　　　　（《史記·游俠列傳·郭解》）

　　基於這樣的理解，首先解釋了"入穀"等詞。但正如注④⑤附記所述，仍有一些疑問。若能確定縣尉也參與穀物出納等事務，那麼，將"入穀"解釋爲"入穀"的觀點或可成爲其論據。此外，雖將"里相就"讀爲"每個里相就"，解釋爲組成計簿的簡是按里重新匯總，但也可能是"將里吏集中起來"的意思。
　　後段話題轉到對逃亡者的記錄管理上。據前條所見"奔書"，逃亡者的信息應由縣的獄史來查驗，發現逃亡時間超過一年者，要將其記錄從計簿中抽取出來，在上面寫明逃亡日期。

142~146
　　·尉卒律曰：里自卅戶以上置典、老各一人①。不盈卅戶以下，便利②，令與其旁里共典、老③；其不便④者，予⑤之典　　　　　　　　　142（1373）
而勿予老￥。公夫＝以上擅啓門者⑥附⑦其旁＝里＝，典、老坐之。￥置典、老，必里相誰（推）⑧，以其里公卒、士五（伍）年長⑨而毋（無）害⑩
　　　　　　　　　　　　　　　　　　　　　　　　　　　143（1405）
者爲典、老。毋（無）長者令它里⑪年長者。爲它里典、老，毋以公士，及毋敢以丁＝⑫者＝，爲典、老，貲尉、＝史、士吏主　　　　144（1291）
者⑬各一甲，丞、令、＝史各一盾￥。毋（無）爵者不足，以公士。縣毋命爲典、老者⑭，以不更⑮以下，先以下爵⑯。其或復未當事
　　　　　　　　　　　　　　　　　　　　　　　　　　　145（1293）
戍⑰，不復而不能自給者⑱，令不更以下無復不復⑲，更⑳爲典、老。
　　　　　　　　　　　　　　　　　　　　　　　　　　　146（1235）

【譯】

尉卒律：里如果有三十户以上，就設置典、老各一名。不到三十户的，如果方便的話，與相鄰的里共用典、老；不方便的話，設典，不設老。公大夫以上的人擅自開門，如果它與相鄰的里相連的話，要問鄰里典、老的罪。設置典、老時，必須由各里的人互相推薦，以其里的公卒、士伍中年長且無害者擔任典、老。若無年長者，則以其他里的年長者擔任。選任其他里的典、老時，既不能選公士以上者，也不能選丁擔任。如果以丁爲典、老，尉、尉史、主管的士吏各貲罰一甲，丞、令、令史各貲罰一盾。如果無爵者不足，就從公士中選拔。縣中沒有可任典、老者的話，從不更以下中選拔，優先任命爵低的人。但如果要選舉的人已被復除，或正在服戍卒之役不能擔任，或者雖未被復除但不能親自擔任等場合，則讓不更以下的人，不管其是否復除，輪流擔任典、老。

【注】

①里自卅户以上置典、老各一人：整理小組引《禮記》《公羊傳》等，指出這里構成里的户數與典籍史料相異。不過此條關注的問題是設置典、老必須有一定的户數要求，而非里户數本身。里耶秦簡中，可以看到由二十七户構成的遷陵縣啓陵鄉成里，已有一名典，又要求再置一典，但被遷陵縣丞駁回申請的事例。

　　唯爲社事單出里。[鄭玄注：單出里，皆往祭社於都鄙。二十五家爲里。] （《禮記·郊特牲》）

　　什一行而頌聲作矣。[何休注：家在田曰廬，在邑曰里，一里八十户，八家共一巷，中里爲校室。] （《公羊傳·宣公十五年》）

　　州者謂之術。不滿術者謂之里。故百家爲里，里十爲術，術十爲州，州十爲都，都十爲霸國。 （《管子·度地》）

　　匿敖童，及占癃（癃）不審，典、老贖耐。·百姓不當老，至老時不用請，敢爲酢（詐）偽者，貲二甲。典、老弗告，貲各一甲。伍人，户一盾，皆罨（遷）之。·傅律。 （秦律雜抄32~33）

　　賊入甲室，賊傷甲，甲號寇，其四鄰、典、老皆出不存，不聞號寇，問當論不當？審不存，不當論；典、老雖不存，當論。 （法律答問98）

　　卅二年正月戊寅朔甲午，啓陵鄉夫敢言之：成里典、啓陵郵人缺。除士五（伍）成里勾、成，成爲典，勾爲郵人，謁令尉以從事。敢言之。

　　正月戊寅朔丁酉，遷陵丞昌却之啓陵：廿七户已有一典，今有（又）除成爲典，何律令應（應）？尉已除成、勾爲啓陵郵人，其以律令。／

氣手。／正月戊戌日中，守府快行。正月丁酉旦食時，隸妾冉以來。／
欣發。壬手。　　　　　　　　　　　　　　　　（里耶秦簡⑧157）

②便利：這里指和旁邊的里相鄰接等，具備由一人擔任兩個里的典、老的條件。

秦，形勝之國，帶河山之險，縣隔千里，持戟百萬，秦得百二焉。
地勢便利，其以下兵於諸侯，譬猶居高屋之上建瓴水也。
　　　　　　　　　　　　　　　　　　　　　（《史記·高祖本紀》）

乃爲市之廣陕（狹）小大之度，令必再（稱）邑，便利其出入之門，
百化（貨）財物利之。　　　　　（銀雀山漢簡·守法守令等十三篇880）

③令與其旁里共典、老："共"，意爲共用。

都官除吏官在所及旁縣道。都官在長安、櫟陽、雒陽者，得除吏官
在所郡及旁郡。　　　　　　　　　　　　　　　（二年律令218）

共，同也。　　　　　　　　　　　　　　　　（《說文解字》三篇上）

都官有秩吏及離官嗇夫，養各一人，其佐、史與共養；十人，車牛
一兩，見牛者一人。都官之佐、史冗者，十人，養一人；十五人，車牛
一兩，見牛者一人；不盈十人者，各與其官長共養、車牛。都官佐、史
不盈十五人者，七人以上鼠（予）車牛、僕；不盈七人者，三人以上鼠（予）
養一人。　　　　　　　　　　　　　　　　　（秦律十八種72~74）

④不便：

繆公曰："百姓苟不便，何故能誅其大臣？能誅其大臣，此其調也。"
　　　　　　　　　　　　　　　　　　　　　（《史記·秦本紀》）

古者，民各有鄉俗，其所利及好惡不同，或不便於民，害於邦。
　　　　　　　　　　　　　　　　　　　　（睡虎地秦簡《語書》1）

⑤予：睡虎地秦簡中未見"予"字，而使用通假字的"鼠"字，但龍崗秦簡、
里耶秦簡中則使用了"予"字。將"給予"義的"鼠"變更爲"予"之事，見於
里耶秦簡更名扁書。

從軍當以勞論及賜，未拜而死，有皋（罪）灋（法）耐𨽻（遷）其後；
及灋耐𨽻（遷）者，皆不得受其爵及賜。其已拜，賜未受而死及灋耐𨽻（遷）
者，鼠（予）賜。　　　　　　　　　　　　　（秦律十八種153~154）

勿予其言殹（也），□字□□□禁□□□☒　　　（龍崗秦簡198）

敢言之。前日言當爲徒隸買衣及予吏益僕。　　　（里耶秦簡⑥7）

鼠如故，更予人　　　　　　　　　　　　　　（里耶秦簡⑧461）

⑥公大夫以上擅啓門者：公大夫爲第七級爵。這里的"啓門"不是打開門的意思，而是指破壞垣墻建造門。應當是指在作爲里的邊界的垣墻上擅自開洞造門。

爵：一級曰公士，二上造，三簪裊，四不更，五大夫，六官大夫，七公大夫，八公乘，九五大夫，十左庶長，十一右庶長，十二左更，十三中更，十四右更，十五少上造，十六大上造，十七駟車庶長，十八大庶長，十九關内侯，二十徹侯。皆秦制，以賞功勞。

（《漢書·百官公卿表》）

委輸、傳送，重車重負日行五十里，空車七十里，徒行八十里。免老、小未傳者、女子及諸有除者，縣道勿敢繇（徭）使。節（即）載粟，乃發公大夫以下子、未傳年十五以上者。 （二年律令412~413）

錯爲内史，門東出，不便，更穿一門，南出。南出者，太上皇廟壖垣也。

（《漢書·申屠嘉傳》）

越邑里、官市院垣，若故壞决道出入，及盜啓門户，皆贖黥。其垣壞高不盈五尺者，除。 （二年律令182）

⑦附：整理小組注："指擅啓之門破壞了本里與旁里之間的分界院垣，其門直接附着於旁里内部。"岳麓肆中釋爲"附"的字僅此一見，從圖版來看，雖然可以確認右邊的"付"，但"阜"字旁墨迹磨滅，難以辨認。存在是其他字的可能性。

⑧誰（推）："誰"通"推"，除了整理小組所舉典籍史料外，出土文獻中也有相關用例。

孰居無事推而行是。［經傳釋文：司馬本作誰。］（《莊子·天運》）

天下皆樂誰（推）而弗猒（厭）也，不以元（其）無争與？

（馬王堆帛書·老子乙本德經·第六十六章）

縣各署食盡日，前縣以誰（推）續食。 （二年律令235）

⑨年長：這里不是一般意義上的"年長者"，而是指比後文所見"丁"年長且非徭役、軍役對象的人。其他簡牘史料中可見到用以表示年長者之意的"長者"之詞。

吕后年長，常留守，希見上，益疏。 （《史記·吕太后本紀》）

毋適（嫡）子，以扁（偏）妻子、孽子，皆先以長者。若次其父所以，所以未傳，須其傳，各以其傳時父定爵士（仕）之。父前死者，以死時爵。當爲父爵後而傳者，士（仕）之如不爲後者。 （二年律令361~362）

⑩毋(無)害：履行職務時沒有出現過差錯。

　　以文無害爲沛主吏掾。　　　　　　　　（《史記·蕭相國世家》）

　　縣道官所治死罪及過失、戲而殺人，獄已具，勿庸論，上獄屬所二千石官。二千石官令毋害都吏復案，問(聞)二千石官，二千石官丞謹掾，當論，乃告縣道官以從事。徹侯邑上在所郡守。

　　　　　　　　　　　　　　　　　　　　　（二年律令 396~397）

　　■故徹外蠻……請令縣以囗，令吏毋(無)害者

　　　　　　　　　　　　　　　　　　　　　　　（岳麓〔肆〕303）

⑪它里：這里不限於"旁里"，而指鄰近的其他的里。

　　越里中之與它里界者，垣爲完(院)不爲？巷相直爲院；宇相直者不爲院。　　　　　　　　　　　　　　　　　　　　（法律答問 186）

⑫丁：成人，壯年。這里應指徭役、軍役的對象，從傅籍到"老"之間的成人。下面也舉西晋時期對丁的年齡劃分以資參考。

　　隸臣欲以人丁粼者二人贖，許之。其老當免老、小高五尺以下及隸妾欲以丁粼者一人贖，許之。贖者皆以男子，以其贖爲隸臣。女子操敃紅及服者，不得贖。邊縣者，復數其縣。　倉　（秦律十八種 61~62）

　　囗囗工事縣官者復其户而各其工。大數術(率)取上手什(十)三人爲復，丁女子各二人，它各一人，勿筭(算)繇(徭)賦。家毋當繇(徭)者，得復縣中它人。縣復而毋復者，得復官在所縣人。新學盈一歲，乃爲復，各如其手次。盈二歲而巧不成者，勿爲復。　　（二年律令 278~280）

　　不更以下子年廿歲，大夫以上至五大夫子及小爵不更以下至上造年廿二歲，卿以上子及小爵大夫以上年廿四歲，皆傅之。公士、公卒及士五(伍)、司寇、隱官子，皆爲士五(伍)。疇官各從其父疇，有學師者學之。

　　　　　　　　　　　　　　　　　　　　　（二年律令 364~365）

　　大夫以上年五十八，不更六十二，簪褭六十三，上造六十四，公士六十五，公卒以下六十六，皆爲免老。　　　　　（二年律令 356）

　　《漢儀注》曰："人年十五至五十六出賦錢，人百二十，爲一筭。又七歲至十四出口錢，人二十，以供天子。至武帝時又口加三錢，以補車騎馬。"　　　　　　　　　　　　　　（《後漢書·光武帝紀下》注）

　　又制户調之式：……男女年十六已上至六十爲正丁，十五已下至十三、六十一已上至六十五爲次丁，十二已下六十六已上爲老小，不事。

(《晉書·食貨志》)

⑬尉、尉史、士吏主者：參照132—134簡注。

⑭縣毋命爲典、老者："縣毋命"應當是説，没有符合前段所舉"年長的公卒、士伍中的無害者"或"年長的公士"等選任條件的人，"縣無法進行任命"的意思。

⑮不更：第四級爵。參照注⑥所引《漢書·百官公卿表》。

⑯下爵：相對而言爵級低者。

　·戍律曰：下爵欲代上爵、上爵代下爵及毋（無）爵欲代有爵者戍，皆許之。以弱代者及不同縣而相代，勿許。【不當相代】而擅相代，貲二甲。雖當相代而不謁書于吏，其庸代人者及取代者，貲各一甲。
（岳麓〔肆〕182~183）

　鬬而以釼（刃）及金鐵鋭、錘、椎（椎）傷人，皆完爲城旦舂。其非用此物而眇人，折枳（肢）、齒、指，肤體，斷陕（決）鼻、耳者，耐。其毋傷也，下爵毆上爵，罰金四兩。毆同列以下，罰金二兩，其有疻痏及□，罰金四兩。
（二年律令27~28）

⑰復未當事戍："復"指免除賦税、徭役。"事"指使役；"戍"指戍役（軍役）。"當事戍"可能就是《二年律令》的"當繇（徭）戍"。

　蜀漢民給軍事勞苦，復勿租税二歲。[師古曰：復者，除其賦役也。]
（《漢書·高帝紀上》）

　一郵十二室。長安廣郵廿四室，敬（警）事郵十八室。有物故、去，輒代者有其田宅。有息，户勿減。令郵人行制書、急書，復勿令爲它事。
（二年律令265~266）

　因徙三萬家麗邑，五萬家雲陽，皆復不事十歲。（《史記·秦始皇本紀》）

　故大夫以上賜爵各一級，其七大夫以上，皆令食邑，非七大夫以下，皆復其身及户，勿事。[應劭曰：不輸户賦也。如淳曰：事謂役使也。師古曰：復其身及一户之内皆不徭賦也。]
（《漢書·高帝紀下》）

　諸當行粟，獨與老父母居，老如睆老，若其父母罷癃（癃）者，皆勿行。金痍、有□病，皆以爲罷癃（癃）。可事如睆老。其非從軍戰痍也，作縣官四更，不可事，勿事。勿（？）以爲（？）睆（？）癃之令、尉前。
（二年律令408~409）

《前書音義》曰:更有三品:有卒更,有踐更,有過更。① 古正卒無常,人皆當迭爲之。一月一更,是爲卒更。貧者欲得雇更錢,次直者出錢雇之,月二千,是爲踐更。古者天下人皆當戍邊三日,亦名爲更。不可人人自行三日戍,當行者不可往即還,因住一歲,次直者出錢三百雇之,謂之過更。

(《後漢書·明帝紀》注,《史記·吳王濞列傳》正義作"直戍邊")

當戍,已受令而逋不行過七日,若戍盜去署及亡過一日到七日,贖耐;過七日,耐爲隸臣;過三月,完爲城旦。　　　　　（二年律令398）

"復"與"未當事戍"含義重合,連讀似顯矛盾。雖然那樣,這里據前引《史記·秦始皇本紀》與《漢書·高帝紀》,讀作"復未當事戍"。

⑱不能自給者:自身無力擔任典、老之職。也有觀點認爲是無力自備任典、老所需的辦公用品。

睆老各半其爵繇（徭）員,入獨給邑中事。·當繇（徭）戍而病盈卒歲及毄（繫）,勿聶（攝）。　　　　　　　（二年律令407）

不更年五十八,簪褭五十九,上造六十,公士六十一,公卒、士五（伍）六十二,皆爲睆老。　　　　　　　（二年律令357）

泰上皇時內史言:西工室司寇、隱官、踐更多貧不能自給穜（糧）。
　　　　　　　　　　　　　　　　　　　　（岳麓〔肆〕329）

課上金布副:……所不能自給而求輸。　　　（里耶秦簡⑧454）

⑲無復不復:無論復除與不復除。

·戍律曰:城塞陛障多阹（決）壞不脩,徒隸少不足治,以閒時歲一興大夫以下至弟子、復子無復不復,各旬以繕之。盡旬不足以索（索）繕之,言不足用積徒數屬所尉,毋敢令公士、公卒、士五（伍）爲它事,必與繕城塞。　　　　　　　　　　　　　　　（岳麓〔肆〕188~189）

入頃芻稾,以其受田之數,無墾（墾）不墾（墾）,頃入芻三石、稾二石。芻自黃穮及蘼束以上皆受之。入芻稾,相輸度,可殹（也）。
　　　　　　　　　　　　　　　　　（田律（秦律十八種8~9））

⑳更:交替。

然令遠方之卒守塞,一歲而更。〔師古曰:更謂易代也,音庚,又

---

① 譯者按:"有過更",原文脫漏,此處爲譯者所補。

讀如本字。]　　　　　　　　　　　　　　　　　　（《漢書·晁錯傳》）

【解説】

此條是關於設置里典、老的規定。三十户以上的里可以設置典、老各一名；不滿三十户的，或以相鄰里的典、老兼任，或祇設典。

以上是典、老的設置條件，本條文的後半段講的是任典、老者的條件，但中間插入了對公大夫以上有爵者擅自破壞里周圍的垣墻造門的處罰規定。雖然沒有見到對造門者本人的處罰，但如注⑥所引《二年律令》182所示，擅自造門是被禁止的，所以理當受到處罰。或許可推想，高位的有爵者若得到許可，可以依自身情況來造門，但若未被許可（＝擅），則要受到責罰。

接着的"置典、老"以下叙述的是典、老的任命條件。典、老要經里内互選，原則上要從無爵的年長者（＝非丁者）中挑選適任者。里内若無符合條件的人，則從居住在其他里的人中選拔。這些條件中，"非丁"特别重要，若選擇了丁，則縣尉以下擁有任命權的人都要受到處罰。典、老的職務屬於一種勞役，應是爲了避免讓徭役負擔者的"丁"再負擔典、老之任。

另外，"無爵"的條件在缺乏適任者時可以放寬。不過，即使不得已需在有爵者中選拔，也要從不更以下中挑選爵級更低者。進而規定，不更以下的年長者中，若有已免除勞役本不應當任典、老者，或雖未被免除（例如像睆老那樣徭役減半的年長有爵者。參照注⑱所引《二年律令》407、357）但無法任典、老者的情況，則不問免除、不免除，由不更以下的幾個人輪流擔任典、老的工作。

在本條文中，如果違反了任命典、老的規定，不僅是丞、令、令史、尉、尉史等也要成爲處罰對象。這或許是因爲如《二年律令》305~306所見：

　　自五大夫以下，比地爲伍，以辨□爲信，居處相察，出入相司。有
　爲盗賊及亡者，輒謁吏。典、田典更挾里門籥（鑰），以時開。伏閉門，
　止行及作田者。其獻酒及乘置、乘傳，以節使，救水火，追盗賊，皆得行，
　不從律，罰金二兩。

典擔負着里門管理等維持治安的責任。在注①所引里耶秦簡⑧ 157 中，典、郵人的任命也由縣尉參與。

到了晉代，變成每百户設里吏一名，由縣來任命：

　　縣率百户置里吏一人，其土廣人稀，聽隨宜置里吏，限不得減五十户。

　　　　　　　　　　　　　　　　　　　　　　　　（《晉書·職官志》）

唐代因循之：

百户爲里，五里爲鄉，四家爲鄰，五家爲保，在邑居者爲坊，在田野者爲村，村坊鄰里遞相督察。　　　　　　（《唐令拾遺·户令一甲》）

在規定一里百户的基礎上，不是以爵而是以勛官爲標準，選拔里正：

諸里正，縣司選勛官六品以下白丁，清平强幹者充，其次爲坊正，若當里無人，聽於比鄰里簡用，其村正取白丁充，無人處，里正等，并通取十八以上中男殘疾等充。　　　　　（《唐令拾遺·户令五》）

本簡由里推薦"毋害"者，唐令則變爲由縣選拔"清平强幹"者的形式。如果没有適任者，就從相鄰里的人中選任，這一點和本簡相同。

147~150

繇（徭）律①曰：興繇（徭）②及車牛③及興繇（徭）④而不當者⑤及擅傳（使）人屬弟子⑥、人復=子⑦、小敖童⑧、驽（奴）⑨，鄉嗇夫、吏主者，貲

147（1232）

各二甲。尉、=史、士吏、丞、令、=史見及或告而弗劾⑩，與同皋；弗見莫告⑪，貲各一甲。┗給邑中事⑫，傳送委輸⑬，先　　　　148（1257）

悉縣官車牛及徒⑭給之⑮，其急不可留，乃興繇（徭）如律⑯。不先悉縣官車牛徒而興黔首及其車牛以發　　　　　　　　　149（1269）

繇（徭）⑰，力足以均而弗均⑱，論之。　　　　150（1408①）

【譯】

徭律：動員從事徭役的人與……動員車牛……，以及不恰當地動員從事徭役的人，以及擅自役使人的弟子、復子、小童或敖童、奴等場合，鄉嗇夫、主管吏各貲罰二甲。尉、尉史、士吏、丞、令、令史，如果親眼見到，或者有人告發，但却没有劾的話，與之同罪。如果没有親眼見到，或無人告發，則各貲罰一甲。承擔邑中公務時，或遞送、輸送時，先用盡官府的車牛和徒。緊急事務不可留置時，方可按律征發徭役。如果不先用盡官府的車牛和徒，而去動員黔首及其車牛，作爲徭役勞動來征發，以及負擔均等就可使勞動力充足的情況下却不去均等，要受到制裁。

【注】

①繇（徭）律：有關徭役的律。徭律也見於睡虎地秦簡和《二年律令》。

---

① 譯者按："1408"，原文誤爲"1406"，今改。

■繇（徭）律　（二年律令 417）

②興徭："興"指動員人力與物資。"徭"指徭役勞動，但這里因與"車牛"相對，可能指從事徭役的人（"徭徒"）。

　　平頒其興積。〔鄭注：縣官征聚物曰興，今云軍興，是也。〕
　　　　　　　　　　　　　　　　　　　　　（《周禮・地官・旅師》）
　　興關中卒乘邊塞。　　　　　　　　　　　（《漢書・高帝紀》）
　　徼外人來入爲盜者，要（腰）斬。吏所興能捕若斬一人，擇（拜）爵一級。不欲擇（拜）爵及非吏所興，購如律。　　（二年律令 61）
　　・繇（徭）律曰：發繇（徭），興有爵以下到人弟子、復子，必先請屬所執法，郡各請其守，皆言所爲及用積徒數，勿敢擅興，及毋敢擅傳（使）敖童、私屬、奴及不從車牛，凡免老及敖童未傅者，縣勿敢傳（使），節載粟乃發敖童年十五歲以上，史子未傅先覺（學）覺（學）室，令與粟①事，敖童當行粟而寡子獨與老父老母居，老如免老，若獨與廢（癃）病母居者，皆勿行。　　　　　　　　　　（岳麓〔肆〕156—159）
　　發傳送，縣官車牛不足，令大夫以下有訾（貲）者，以訾（貲）共出車牛及益，令其毋訾（貲）者與共出牛食、約載具。吏及宦皇帝者不與給傳送事。委輸、傳送，重車重負日行五十里，空車七十里，徒行八十里。免老、小未傅者、女子及諸有除者，縣道勿敢繇（徭）使。節（即）載粟，乃發公大夫以下子未傅年十五以上者。補繕邑院，除道橋，穿波（陂）池，治溝渠，墊奴苑，自公大夫以下，囗勿以爲繇（徭）。市垣道橋，令市人不敬者爲之。縣弩春秋射各旬五日，以當繇（徭）。戍有餘及少者，賸後年。興傳（？）送（？）爲囗囗囗囗及發繇（徭）戍不以次，若擅興車牛，及繇（徭）不當繇（徭）使者，罰金各四兩。
　　　　　　　　　　　　　　　　　　　　　（二年律令 411~415）
　　繇（徭）律曰：歲興繇（徭）徒，人爲三尺券一，書其厚焉。
　　　　　　　　　　　　　　　　　　　　　（岳麓〔肆〕244）

③車牛：牛及所牽引的車。

　　是時民多無車牛。斐又課民以閒月取車材，使轉相教匠作車。又課民無牛者，令畜豬狗，賣以買牛。始者民以爲煩，一二年間，家家有丁車、

---

① 譯者按："粟"，原文誤爲"栗"，今改。

大牛。　　　　　　　　　（《三國志·魏書·倉慈傳》注引《魏略》）
　　都官有秩吏及離官嗇夫，養各一人，其佐、史與共養。十人，車牛
一兩（輛），見牛者一人。都官之佐、史冗者，十人，養一人；十五人，
車牛一兩（輛），見牛者一人；不盈十人者，各與其官長共養、車牛，
都官佐、史不盈十五人者，七人以上鼠（予）車牛、僕，不盈七人者，
三人以上鼠（予）養一人。小官毋（無）嗇夫者，以此鼠（予）僕、車
牛。䝄生者，食其母〈毋〉日粟一斗，旬五日而止之，別樹以叚（假）之。
金布律。　　　　　　　　　　　　　　　　　（秦律十八種72~75）

④興繇及車牛及興繇……：此句非常難懂。肯定是列舉與繇役征發有關的違法行爲，但不明白爲何祇有"興繇及車牛"會成爲處罰對象。暫且把"興繇及車牛"句看作是有文字脫漏來進行翻譯。例如，正如《岳麓〔肆〕》156~159所見"不從車牛"，似乎就脫落了修飾"車牛"的詞語。

另一方面，也存在"及興繇"三字是衍文的可能性。若是這樣的話，本條開頭的部分就變成了"興繇及車牛而不當者"，可以解釋爲"不恰當地動員從事繇役的人和車牛的場合"。

⑤興繇而不當者：這里的"不當"，可能是説動員了本不該服繇役的人，或者讓他們從事了非繇役範圍的工作。

　　興傳（？）送（？）爲□□□□及發繇（繇）戍不以次，若擅興車牛，
　　及繇（繇）不當繇（繇）使者，罰金各四兩。　　　（二年律令414~415）

⑥擅使人屬弟子："人屬弟子"，整理小組認爲可以簡稱爲"人弟子"，是私人招收的弟子。注②所引156~159簡的"人弟子、復子"可爲佐證。本譯注也傾向認爲"屬"爲衍文，"人屬弟子"即"人弟子"。但也有意見認爲"人屬"即"私屬"。關於"私屬"，參見77簡注①。

一般認爲"弟子"是吏之下的學習者，具體情況不詳，但可以窺見是勞役免除對象。"人弟子"或指私人門生。走馬樓吳簡中有"私學""私學弟子"。

　　當除弟子籍不得,置任不審,皆耐爲侯(候)。使其弟子贏律,及治(笞)
　　之,貲一甲；決革,二甲。除弟子律。　　　　　　（秦律雜抄6~7）
　　·故大夫斬首者,暑（遷）。·分甲以爲二甲蒐者,耐。·縣毋敢
　　包卒爲弟子,尉貲二甲,免；令,二甲。·輕車、趈張、引強、中卒所
　　載傳〈傳〉到軍,縣勿奪。奪中卒傳,令、尉貲各二甲。
　　　　　　　　　　　　　　　　　　　　　　（秦律雜抄7~9）

疇官各從其父疇，有學師者學之。　　　　　　　　（二年律令365）

　　私學長沙劉陽謝達，年卅一，居臨湘都鄉立沂丘。十一月十五日右郎中竇通舉。　　　　　　　　　　　　　　　　（走馬樓吳簡 J22-2617）

⑦人復復子："人復復子"，整理小組認爲可以簡稱爲"人復子"。下引岳麓簡210—211有"人復子"或可爲佐證。本譯注也傾向認爲重文符號爲衍文（不過210—211簡的"人屬弟"也可能是"人屬弟子"之誤，"人復子"是否正確還殘留若干疑問）。

　　整理小組還認爲"人復子"是"免除徭役者之子"。但是即便父親的徭役被免除，也不代表兒子的徭役會自動免除。可能指父母到了一定年齡，爲了照顧他們而免除徭役的人。不過冠在"復子"前面的"人"字，似乎不能像"人弟子"那樣解釋爲"民間的"，其意尚不清楚。

　　置吏律曰：縣除小佐毋（無）秩者，各除其縣中，皆擇除不更以下到士五（伍）史者爲佐，不足，益除君子子、大夫子、小爵及公卒、士五（伍）子年十八歲以上備員，其新黔首勿强，年過六十者勿以爲佐。人屬弟、人復子欲爲佐吏　　　　　　　　　　　　　　　（岳麓〔肆〕210~211）

　　今天下孝子順孫願自竭盡以承其親，外迫公事，内乏資財，是以孝心闕焉。朕甚哀之。民年九十以上，已有受鬻法，爲復子若孫，令得身帥妻妾遂其供養之事。〔師古曰：若者，予及之辭也。有子即復子，無子即復孫也。〕　　　　　　　　　　　　　　（《漢書·武帝紀》）

⑧小敖童：小童與敖童的并稱。參照78+65簡注③。

⑨弩：通"奴"。注②所引156~159簡亦作"……私屬、奴……"。

　　詰武：武雖不當受軍弩（奴），視以告捕武，武宜聽視而後與吏辯是不當狀，乃格鬭，以劍擊傷視，是賊傷人也。何解？
　　　　　　　　　　　　　　　　　　　　　（奏讞書41~42案例⑤）

⑩見及或告而弗劾：
　　典、老、伍人見及或告之而弗告，貲二甲。
　　　　　　　　　　　　　　　　　　　　　（岳麓〔肆〕125—126）

⑪弗見莫告：
　　舍室爲里人盗賣馬、牛、人，典、老見其盗及雖弗見或告盗，爲占質，黥爲城旦，弗見及莫告盗，贖耐，其伍、同居及一典，弗坐。
　　　　　　　　　　　　　　　　　　　　　（岳麓〔肆〕204—205）

⑫給邑中事：邑中的勞役事務。聚落附近征發的勞役，可能包括 151~153 簡中的"補繕邑院，除田道橋……"等。

　　睆老各半其爵繇（徭）員，入獨給邑中事。·當繇（徭）戍而病盈卒歲及轂（繫），勿聶（攝）。　　　　　　　　　　　（二年律令 407）

⑬傳送委輸：傳送指接力式移送。參照《二年律令譯注》225 簡注①。委輸爲輸送，參照《二年律令》411~415 簡注⑦。

　　發傳送，縣官車牛不足，令大夫以下有訾（貲）者，以訾（貲）共出車牛及益，令其毋訾（貲）者與共出牛食、約載具。吏及宦皇帝者不與給傳送事。委輸、傳送，重車重負日行五十里，空車七十里，徒行八十里。　　　　　　　　　　　　　　　　　（二年律令 411~415）

⑭徒：有時特指"刑徒"，但正如注②所引 244 簡的"繇徒"，有時也泛指在官府服役的勞動力。在注⑯所引里耶秦簡中，動員黔首之前，要先役使刑徒乃至"乘城卒"，這裏的"縣官之徒"中也應當包含此類士兵。

⑮先悉縣官車牛及徒給之：整理小組釋"悉"爲"盡"。《二年律令》中也可見到類似規定。下注所引里耶秦簡中作"悉行~"。

　　發傳送，縣官車牛不足，令大夫以下有訾（貲）者，以訾（貲）共出車牛及益，令其毋訾（貲）者與共出牛食、約載具。

　　　　　　　　　　　　　　　　　　　　　　　（二年律令 411）

⑯其急不可留，乃興繇如律：若據其他文例，其正式的説法可能是"其急事不可留"。指事務緊急不可延遲的情況。

　　·繇（徭）律曰：委輸傳送，重車負日行六十里，空車八十里，徒行百里。（中略）盡興隸臣妾、司寇、居貲贖責（債），縣官□之□傳輸之，其急事，不可留殹（也），乃爲興繇（徭）。

　　　　　　　　　　　　　　　　　　　　　　（嶽麓〔肆〕248~250）

　　廿七年二月丙子朔庚寅，洞庭守禮謂縣嗇夫、卒史嘉、假卒史穀、屬尉：令曰：傳送委輸必先悉行城旦舂、隸臣妾、居貲、贖責，急事不可留，乃興繇。今洞庭兵輸内史及巴、南郡、蒼梧，輸甲兵當傳者多。節傳之，必先悉行乘城卒、隸臣妾、城旦舂、鬼薪白粲、居貲贖責、司寇、隱官踐更縣者。田時殹，不欲興黔首。嘉、穀、尉各謹案所部縣卒、徒隸、居貲贖責、司寇、隱官踐更縣者簿，有可令傳甲兵，縣弗令傳之而興黔首。興黔首可省少，弗省少而多興者，輒劾移縣，縣亟以律令具論當坐者，言名夬泰守府。嘉、穀、尉在所縣上書。嘉、穀、尉令人日夜端行。
（里耶秦簡⑯5A）

⑰興黔首及其車牛以發繇："發"謂征發。"發繇"即征發作爲繇役的勞動力。還有意見認爲"發繇"指"發起繇役""開啓繇役"。

経帶無過三寸，毋布車及兵器，毋發民男女哭臨宮殿。
（《史記·孝文本紀》）

今大王以喪事征，宜日夜哭泣悲哀而已，慎毋有所發。[師古曰：發謂興舉衆事。]
（《漢書·王吉傳》）

關東群盜多，今上急益發縣治阿房宮，聚狗馬無用之物。
（《史記·李斯列傳》）

興傳（？）送（？）爲□□□□及發縣（繇）戍不以次，若擅興車牛，及縣（繇）不當縣（繇）使者，罰金各四兩。　（二年律令414~415）

⑱力足以均而弗均：整理小組將"均"解釋爲"調配"，并引了"均繇""平繇"的文例。可能指每個人的勞役負擔要均等。

·戍律曰：（中略）其力足以爲而弗爲及力不足而弗言者，貲縣丞、令、令史、尉、尉史、士吏各二甲。離城鄉嗇夫坐城不治，如城尉。
（岳麓〔肆〕188~191）

縣（繇）律曰：（中略）發吏力足以均縣（繇）日盡歲弗均，鄉嗇夫、吏及令史、尉史主者貲各二甲，左罷（遷）。令、尉、丞縣（繇）已盈員弗請而（擅）發者貲二甲，免。吏（？）□縣（繇）□均，僞爲其券書以均者貲二甲，廢。
（岳麓〔肆〕253~256）

【解説】
此條是關於繇役動員的規定。前半部分應當是對不恰當地征發繇役，或擅自役使不當役使的人的處罰規定，但其中可能存在脱字或衍字，因此有的部分文義不通，難以理解。後半部分規定了"給邑中事"和"傳送委輸"時，在非緊急情況下，應當如何動員縣官的車牛和人夫，以及違反規定的處罰。不過，在後面的繇律條文中，對本條文役使對象之外的人，似乎也會在得到上級許可的情況下，動員起來從事一些特殊的勞役。

注⑯引用的里耶秦簡⑯5A，是與本條文類似的令文。本條是繇律中的一條，雖然與此令的關係尚不明了，但應當可以認爲，它很可能是始皇二十七年二月時頒布的令，後來被編入到律中。

另外，關於唐代的徭役規定，請參見《二年律令譯注》411~415簡【解說】部分。

151~153

・繇（徭）律曰：補繕邑院①，除田道橋②，穿汲〈波〉（陂）池，漸（塹）奴（駑）苑③，皆縣黔首利殹④（也），自不更以下⑤及都官⑥，及諸除有爲　　151（1255）

殹（也）⑦，及八更⑧，其院老而皆不直更者⑨，皆爲之。冗宦及冗官者⑩，勿與。除郵道橋⑪、駝〈馳〉道行外者⑫，令從户　　　　　　152（1371）

□□徒爲之，勿以爲繇（徭）⑬。　　　　　　　　　　　　153（1381）

【譯】

徭律：修補邑院、整治田間道路和橋，疏浚池塘，挖掘駑苑溝渠，這些工作如果利於黔首的話，爵不更以下，以及隸屬都官的人，以及各種被任命的有職務的人，以及八更的人，包括其中未當班的院老，都要讓他們從事這類工作。冗宦及冗官不參與這項工作。整治郵的道路和橋、郊外的馳道時，從户……讓徒來從事這項工作，不算作徭役。

【注】

①補繕邑院：修補構成居住區邊界的墙垣。

　　免老，小未傅者，女子及諸有除者，縣道勿敢繇（徭）使。節（即）載粟，乃發公大夫以下子未傅年十五以上者。補繕邑院，除道橋，穿波（陂）池，治溝渠，塹奴苑。　　　　　　　　（二年律令412~413）

　　越邑里、官、市院垣，若故壞決道出入，及盗啓門户，皆贖黥。其垣壞高不盈五尺者，除。　　　　　　　　　　　　　（二年律令182）

　　越里中之與它里界者，垣爲完（院）不爲？巷相直爲院，宇相直者不爲院。　　　　　　　　　　　　　　　　　　　　　（法律答問186）

②除田道橋：整治居住區外面的田部（田嗇夫的管轄區域）中的道路和橋。下文有"除郵道橋"，這里的"道、橋"是在"郵"管轄之下，此外《二年律令》414簡的"市垣道橋"由"市人"整治，與本條的"田道橋"對比來看，"郵"與"市""田"應是指分屬不同的管轄區域。《二年律令》247～248中還規定鄉與田的道路要分開管理，可佐證上面的推測。具體來説，"田道"可能指的就是阡陌。

　　☐勿以爲繇（徭）。市垣道橋，令市人不敬者爲之。縣弩春秋射各旬五日，以當繇（徭）。戍有餘及少者，隤後年。　　　　（二年律令414）

十月爲橋，脩波（陂）堤，利津梁。雖非除道之時而有陷敗不可行，輒爲之。鄉部主邑中道，田主田道。道有陷敗不可行者，罰其嗇夫、吏主者黃金各二兩。　　　　　　　　　　　　（二年律令 247~248）

除害興利，慈愛萬姓……千（阡）百（陌）津橋，囷屋蘠（牆）垣，溝渠水道……　　　　　　　　　　　　　（爲吏之道 50-2~16-3）

田道衝術不除……田徑不除……

（岳麓〔壹〕《爲吏治官及黔首》78~79）

九月，大除道及阪險。十月爲橋，修波隄，利津□鮮草。雖非除道之時，而有陷敗不可行，輒爲之。　　（青川縣郝家坪秦墓16號木牘正面）

卅二年十月己酉朔乙亥司空守圂徒作薄：……五人除道沅陵……

（里耶秦簡⑨ 2289）

③墾駕苑："奴"通"駕"，"駕苑"指養育駄馬的民間牧場（參見【解説】）。應當是指維護、整治這種牧場的全部工作。

▨馬奴【苑】▨　　　　　　　　　　　　　　　（龍崗秦簡 62）

治奴苑如縣官苑。　　　　（岳麓〔壹〕《爲吏治官及黔首》62-2）

④皆縣黔首利也：這里譯爲"上述工作如果利於黔首的話"，但也有意見認爲應是"因爲成爲～利益"。無論如何，律文中含有這樣的條件不合乎邏輯，《二年律令》412～413中就刪除了這部分内容。推想或許此條中"因爲這些會變成人民的利益"等說明性文字，原本是王命令書中的話，在將命令書編集爲法律條文時本來應當刪除這些文字，但却未被刪削而殘留下來。

⑤自不更以下：

繇（徭）律曰：發繇（徭），自不更以下繇（徭）戍，自一日以上盡券書，及署于牒，將陽倍（背）事者亦署之。　　　　　　　（岳麓〔肆〕253）

⑥都官：直屬中央官的官署。參見57簡注⑯。這里被作爲征發對象的是都官屬下的哪類人，尚不清楚。首先推測是刑徒或卒，但其他在都官官署中服雜役的民，或者都官屬吏中的"更"（輪番執勤）者，是否也有可能成爲征發對象呢？

⑦諸除有爲也：被任命了某個職務、分配了某種任務的人。"除"不僅用於官吏的任命，也在給隸屬者分派某項工作或勞役之職時使用。

司寇勿以爲僕、養、守官府及除有爲殹（也）。有上令除之，必復請之。

司空（秦律十八種 150）

□，受錢毋過日八錢，過日八錢者，貲二甲，免。能入而弗令入，亦赀二甲，免。除居赀贖責（債）以爲僕、養，令出僕入。

（岳麓〔肆〕263）

根據和本條內容類似的《二年律令》412~413（注①所引）："免老、小未傅者、女子及諸有除者，縣道勿敢繇（徭）使"，似乎也可解釋爲"被免除作業者"。不過，《秦律十八種》的句式與此條基本相同，暫按其意去解釋。

⑧八更：采取八交替制的輪班役務。"一更"的時限爲一個月，八個月中祇服一個月的役務，是爲"八更"。關於"更"，參照17~18簡注④。《二年律令》規定，史、卜等取得資格的有特殊技能者，以及吏中滿足一定條件者，在56歲以後允許采取"八更"的執勤形式。

　　史、卜年五十六，佐爲吏盈廿歲，年五十六，皆爲八更，六十，爲十二【更】。五百石以下至有秩爲吏盈十歲，年當睆老者，爲十二更，踐更。

（二年律令484~485）

⑨其睆老而皆不直更者：興發作業時不擔任任何更次的睆老。睆老是對達到一定年齡後，免除一半徭役，允許以較低頻率輪番執勤者的稱呼。成爲睆老的年齡因爵位而異。另外，整理小組讀"直"爲"值"，從《漢書》的文例來看似無必要，今改。

　　不更年五十八，簪褭五十九，上造六十，公士六十一，公卒、士五（伍）六十二，皆爲睆老。　　　　　　　　　　（二年律令357）

　　五百石以下至有秩爲吏盈十歲，年當睆老者，爲十二更，踐更。

（二年律令485）

　　睆老各半其爵繇（徭）員，入獨給邑中事。　（二年律令407）

　　每至直更，數過，吏弗求。〔師古曰：直，当也，次当为更也。〕

（《漢書·游俠傳·郭解》）

⑩冗宦及冗官者：長期從事勤務工作的皇帝的近臣和吏。整理小組釋"宦"爲"宦皇帝者"、"冗官"爲"散吏"，但其實"冗"指的是非輪番的長期服役，以及這種就役形式。參照17~18簡注④。把"宦"看作是"宦皇帝（者）"的場合，與此相對的"官"應當指的是"吏"。"宦"字本身即含有"宦皇帝（者）"的意思，與依靠禄秩體現身份的吏不同，指皇帝的近臣。這表明，皇帝的近臣也有着"冗"與"更"等勤務形式的差异。

　　吏及宦皇帝者，不與給傳送事。　　　　（二年律令411~412）

　　任有辠刑辠以上，任者赀二甲而廢；耐辠、贖辠，任者赀一甲；赀辠，任者弗坐。任人爲吏及宦皇帝，其謁者有辠，盡去所任，勿令爲吏及宦。

(岳麓〔肆〕217~218)

・令曰：吏及宦者、群官官屬、冗募群戍卒及黔首繇（徭）使、有縣官事，未得歸。

(岳麓〔伍〕285)

⑪郵道橋：由郵管理的道路和橋。關於"郵"，參照109~110簡注③。

⑫馳道行外者：通過邑之郊外的馳道。馳道是爲了通行車馬而修建的道路。很多場合特指皇帝專用的道路。無論如何，很難想象馳道是修建在邑里的生活道路，在邑內就結束了，因此對其進行整治應是另行安排的工作。不過也有意見認爲，這里是說"爲整治郵的道路、橋、馳道而去到郊外的場合"。

衛（衝）道行禁苑中□☒　　　　　　　　　　　(龍崗秦簡46)

是歲，賜爵一級，治馳道。　　　　　　　　　(《史記·秦始皇本紀》)

又作阿房之宮，治直道、馳道，賦斂愈重，戍徭無已。

(《史記·李斯列傳》)

爲馳道於天下，东窮燕齊，南極吴楚，江湖之上，瀕海之觀畢至。道廣五十步，三丈而樹，厚筑其外，隱以金椎，樹以青松。

(《漢書·賈山傳》)

敢行馳道中者，皆罷（遷）之。　　　　　　　(龍崗秦簡54)

⑬勿以爲繇：不算作徭役。工作的天數不計算在服徭的天數里。

御中發征，乏弗行，貲二甲。失期三日到五日，誶，六日到旬，貲一盾，過旬，貲一甲。其得殴（也），及詣。水雨，除興。興徒以爲邑中之紅（功）者，令結（蟦）堵卒歲。未卒堵壞，司空將紅（功）及君子主堵者有辠（罪），令其徒復垣之，勿計爲繇（徭）。・縣葆禁苑、公馬牛苑，興徒以斬（塹）垣離（籬）散及補繕之，輒以效苑吏，苑吏循之。未卒歲或壞陕（決），令縣復興徒爲之，而勿計爲繇（徭）。卒歲而或陕（決）壞，過三堵以上，縣葆者補繕之，三堵以下，及雖未盈卒歲而或盜陕（決）道出入，令苑輒自補繕之。縣所葆禁苑之傅山、遠山，其土惡不能雨，夏有壞者，勿稍補繕，至秋毋（無）雨時而以繇（徭）爲之。其近田恐獸及馬牛出食稼者，縣嗇夫材興有田其旁者，無貴賤，以田少多出人，以垣繕之，不得爲繇（徭）。

(秦律十八種115~121)

【解説】

這是關於縣一級維持民生和再生産有關的各種整治工程和勞動中應征發的人

的規定。睡虎地秦簡徭律對征發對象基本没有提及，但本條文則將其作爲重點。另外，《二年律令》徭律的分類條文中，有對不應作爲征發對象的人（睆老等）以及何種情况應當征發何人的規定，與本條文内容有部分重合。

開頭列舉的"補繕邑院"等工作，這部分文字與注①所引《二年律令》412~413中基本相同。關於其中"奴苑"之"奴"，《二年律令譯注》根據《水經注》卷十一《滱水注》"不流曰奴"，以及《説文通訓定聲》"奴"是"淳"假借的説法，將"奴"解釋爲泥濘，將"塹奴苑"翻譯爲"整治泥沼或苑的排水"。但隨着其後文例的增多（參注③），把"奴苑"看作某個場所、設施的可能性上升。關於龍崗秦簡中的"奴"，王貴元認爲是"駑"的古字（《秦簡字詞考釋四則》，《中國語文》2001年第4期）。這里取其"奴＝駑"説，認爲"駑苑"是飼養專門從事畜力工作的農耕馬的牧場。《爲吏治官及黔首》62簡第2欄説"治奴苑如縣官苑"（整治奴苑要和縣官苑一樣），"駑苑"似乎指非官營的民間牧場。因爲這是縣民共同的飼養農耕馬的牧場，所以對其整治屬於"黔首之利"的情况。

無論如何，開頭列舉的工作都是在聚落附近實施的，在關涉"黔首之利"的場合，"冗宦及冗官（長期勞務的人）"以外的人會被廣泛地動員起來。"自不更以下"好像包含了一些在平常的徭役中不會被動員的人。不過在連續使用的"及"字中，出現了"及諸除有爲也"和"其睆老……"這類句子，"也"的意思和"其"所指範圍等都無法確定，較難理解。本譯注暫且列出四類人群：

（1）不更以下的普通人；
（2）都官屬下的人（通常不服縣内徭役）；
（3）派給某個任務的人（同上）；
（4）八更者（服役頻率較通常爲低）。

并將"其睆老……"以下理解爲"這四類人中，'睆老'的老人，在從事工作時即便没有輪番當值，也要服這些勞役"。但也有意見認爲，"其睆老……"僅是對其前面的"八更"作的補充説明。又，"八更"後面的動詞，也可能因誤寫而致遺脱。

在上面的劃分中，圍繞是否要服徭，在"不更"（第四級）與"大夫"（第五級）之間首先形成了界綫。把第五級爵以上的爵稱"大夫"，或反映出某種身份觀念。不過，在《二年律令》412~413中相關爵位變成了"公大夫"（第七級）。雖然可以推想這是由時代引起的變化，但因簡文不全，詳情未知。

其次，"更""冗"的不同勤務形式也是一條界綫。即便是吏，但若非"冗（常勤）"者，如果爵位不在第五級大夫以上，也會成爲征發的對象。可見下級官吏與民的地位相差無幾。

"除郵道橋"以下轉到對在聚落以外場所進行工作的規定。這些工作與"黔首之利"并無直接聯繫，征發對象或許也與前段有異，然而153簡開頭的文字未釋讀出來，有關詳情未知。

154~155

·繇（徭）律曰：毋敢傅（使）叚（假）典①居旬于官府②。毋令士五（伍）爲吏養③、=馬④。毋令典、老⑤行書，令居貲責（債）、司寇、隸臣妾

　　　　　　　　　　　　　　　　　　　　　　　　　　154（1374）

行書⑥。　　　　　　　　　　　　　　　　　　155（1406-1）

【譯】

徭律：不可讓假典在官府工作十天。不可讓士伍去做吏的炊事員、養馬人。不可讓里典、里老移送文書，要讓居貲債、司寇、隸臣妾移送文書。

【注】

①假典：或指臨時的里典。官職名冠以"假"字，常使用在本職之外臨時代行他職的場合。"屬"等級別很低的官吏也有"假"。不過里典也置"假"的情況仍然較難想象，懷疑這裏可能存在誤字。

　　謂令佐唐叚（假）爲畜官☐　　　　　　　（里耶秦簡⑧919）
　　倉吏見三人，其一叚（假）令佐。　　　　（里耶秦簡⑧1231）
　　以攻（功）勞次除以爲叚（假）廷史、叚（假）卒史、叚（假）屬者，
　　不用此令。　　　　　　　　　　　　　　（岳麓〔伍〕283）

②居旬于官府：在官府工作十天以上。這裏的"居"爲"居作"，指服勞役。可能勞役是以"旬（十天）"爲一個單位的。

　　免老、小未傅、女子未有夫而皆不居償日者，不用此律。
　　　　　　　　　　　　　　　　　　　　　（岳麓〔肆〕58）

　　·戍律曰：城塞陛障多陕（決）壞不脩，徒隸少不足治，以閑時歲
　　一興大夫以下至弟子、復子無復不復，各旬以繕之。盡旬不足以索（索）
　　繕之，言不足用積徒數屬所尉，毋敢令公士、公卒、士五（伍）爲它事，
　　必與繕城塞。　　　　　　　　　　　　　（岳麓〔肆〕188~189）

③吏養：給吏做飯的人。"養"爲炊事員。參照30~31簡注②。

隸臣有巧可以爲工者，勿以爲人僕、養。　均　（秦律十八種 113）

司寇勿以爲僕、養、守官府及除有爲殹（也）。有上令除之，必復請之。

司空（秦律十八種 150）

・倉律曰：毋以隸妾爲吏僕、養、官【守】府，隸臣少，不足以給僕、養，以居貲責（債）給之，及且令以隸妾爲吏僕、養、官守府，有隸臣，輒伐〈代〉之。倉、廚守府如故。　　（岳麓〔肆〕165~166）

卅一年四月癸未朔甲午，倉是□☑

大隸臣廿六人☑

其四人吏養：唯、冰、州、□☑　　（里耶秦簡⑧ 736 正）

卅四年十二月倉徒簿冣。

大隸臣積九百九十人，

小隸臣積五百一十人，

大隸妾積二千八百七十六。

・凡積四千三百七十六，

其男四百廿人吏養。　　（里耶秦簡⑩ 1170）

錢三百五十　卅五年八月丁巳朔癸亥，少内沈出以購吏養城父士五（伍）得。得告戍卒贖耐罪惡。令史華監。瘳手。

（里耶秦簡⑧ 811＋⑧ 1572）

④養馬：照料馬的人。

寄宿霍氏第舍，臥馬櫪間，夜聞養馬奴相與語，言諸霍氏子孫欲謀反狀。　　（《史記・建元以來侯者年表》褚少孫補《博城侯張章》）

⑤典、老：里典、里老。關於里典、里老的任命，參照《岳麓〔肆〕》142~146 簡。

・尉卒律曰：里自卅户以上置典、老各一人，不盈卅户以下，便利，令與其旁里共典、老，其不便者，予之典而勿予老。

（岳麓〔肆〕142~143）

⑥令居貲債、司寇、隸臣妾行書：關於"居貲債"，參 66~67 簡注②。一般的文書，由居貲債、司寇、隸臣妾承擔移送任務。但隸臣妾中的老人、孩子，或者人品難以信任的人，不能讓他們從事移送文書的工作。制書、"縣恒書"等特殊的文書，也規定了哪些人不能從事相關文書的移送工作。另外，在《秦律十八種》《二年律令》的徭律中，沒有看到服徭役的民去從事行書工作的例子。

獄東曹書一封。丞印。詣泰守府。廿八年九月己亥水下四刻，隸臣申以來。
　　　　　　　　　　　　　　　　　　　（里耶秦簡⑧1155）

廿九年十二月丙寅朔己卯，司空色敢言之：廷令隸臣□行書十六封，曰傳言。今已傳者。敢言之。（正）

己卯水下六刻，隸妾畜以來。／綽手鄀手（背）
　　　　　　　　　　　　　　　　　　　（里耶秦簡⑧1524）

卅四年正月丁卯朔辛未，遷陵守丞巸敢言之：遷陵黔首□佐均史佐日有泰（大）抵已備歸，居吏被繇（徭）使，及前後書，至今未得其代，居吏少，不足以給事□吏。謁報，署主吏發。敢言之。□二月丙申朔庚戌，遷陵守丞巸敢言之：寫上□旦令佐信行。（正）

報別臧。正月辛未旦，居貲柀壽陵左行鄀（背）
　　　　　　　　　　　　　　　　　　　（里耶秦簡⑧197）

隸臣妾老弱及不可誠仁者勿令。
　　　　　　　　　（中略）行書（秦律十八種184～185）

・行書律曰：有令女子、小童行制書者，貲二甲。
　　　　　　　　　　　　　　　　　　　（岳麓〔肆〕194）

・行書律曰：毋敢令年未盈十四歲者行縣官恒書，不從令者，貲一甲。
　　　　　　　　　　　　　　　　　　　（岳麓〔肆〕196）

【解說】

　　本條稍嫌散亂地列舉了不能從事特定工作的人群。首先禁止役使擔任里典任務的人留置在官府中超過一定期限，雖然還不太清楚"假典"的意思。這或許是因爲里典基本上需要常駐在里中。禁止讓典、老去移送文書，可能也是出於同樣的理由。里耶秦簡中迄今尚未見到讓典、老移送文書的實例。與此相對，隸臣妾、居貲等行書的事例却有不少。

　　禁止讓士伍擔任吏的炊事員。如注③所引，這項工作主要由隸臣承擔，隸妾、司寇也不可爲吏養。但注③所引里耶秦簡⑧811+⑧1572以士伍爲吏養，與本條文相矛盾。可能那些在規定上被禁止役使的人，在實際中有時也會被動員使用。不過，里耶秦簡所見很可能是從他郡調配來的更卒，或許是士兵可以從事特殊的吏養工作。

156~159

·繇（徭）律曰：發繇（徭）①，興②有爵以下到人弟子③、復子④，必先請屬所執灋（法）⑤，郡各請其守，皆言所爲及用積　　　　　156（1295）

徒數⑥，勿敢擅興⑦，及毋敢（擅）傳（使）敖童⑧、私屬⑨、奴及不從車牛⑩。凡免老⑪及敖童未傅者，縣勿敢傳（使）。節（即）　　　　　157（1294）

載粟⑫乃發敖童年十五歲以上，史子未傅先覺（學）＝室⑬，令與粟事。敖童當行粟而寡子⑭、獨與老　　　　　158（1236）

父老母居∟，老如免老⑮，若獨與㾜（癃）病母居者⑯，皆勿行。　159(1231)

【譯】

徭律：征發徭役勞動，或動員有爵者以下到人弟子、復子時，必須事先向所屬的執法申請，郡向各郡郡守申請，都要報告工作內容和役使徒的總人數，不可擅自動員，也不可擅自役使敖童、私屬、奴以及不應征用的車牛。凡是免老或尚未傅籍的敖童，縣都不可役使。如果是搬運穀物的話，可以征發十五歲以上的敖童，以及尚未傅籍而在學室學習的史子，讓他們參與穀物的搬運工作。敖童應征發搬運穀物，但是孤兒，或獨自與老父老母同居且父母爲免老者，或獨自與患癃病的母親同居者，都不可役使他們去搬運。

【注】

①發徭：征發作爲徭役的勞動力。參照 147~150 簡注⑰。

②興：動員。參照 147~150 簡注②。

③人弟子：可能指私人的門生。弟子在《秦律雜抄》7~9 簡中爲免除徭役的對象。參照 147~150 簡注④。

④復子：父母年老，爲了照顧他們而被免除徭役者。參照 147~150 簡注⑤。

今天下孝子順孫願自竭盡以承其親，外迫公事，內乏資財，是以孝心闕焉。朕甚哀之。民年九十以上，已有受鬻法，爲復子若孫，令得身帥妻妾遂其供養之事。[師古曰：若者，予及之辭也。有子即復子，無子即復孫也。]　　　　　（《漢書·武帝紀》）

⑤執法：設置於地方的監察官。參照 24~28 簡注⑤。後文説"郡向各郡太守申請"，可見這里向所轄的執法提出申請的是内史管轄區域的縣。

⑥所爲及用積徒數：作業和任務的內容以及勞動者的總人數。因爲是向執法或郡守提前申請，所以這里應當不是實際的用工總人數，而是事先預計的人數。同樣，工期所需要的天數應當也是在這時估算出來的。

戍者城及補城。令姑（嫭）堵一歲，所城有壞者，縣司空署君子將者，貲各一甲。縣司空佐主將者，貲一盾。令戍者勉補繕城，署勿令爲它事。已補，及令增塞埤塞。縣尉時循視其攻（功）及所爲，敢令爲它事，使者貲二甲。　　　　　　　　　　　　　　　　　（秦律雜抄 40~42）

有賢人，以閒時行貧者，皆月券書其行月及所爲日數，而署其都發及縣請（情）。　　　　　　　　　　　　　　　　（岳麓〔肆〕245）

·戍律曰：城塞陛障多陕（决）壞不脩，徒隸少不足治，以閒時歲一興大夫以下至弟子、復子無復不復，各旬以繕之。盡旬不足以索（索）繕之，言不足用積徒數屬所尉，毋敢令公士、公卒、士五（伍）爲它事，必與繕城塞。　　　　　　　　　　　　　　（岳麓〔肆〕188~189）

卅年八月貳春鄉作徒薄（簿）

城旦鬼薪積九十人。

仗城旦積卅人。

舂白粲積六十人。

隸妾積百一十二人。

·凡積二百九十二人。

卅人甄。

六人佐甄。

廿二人負土。

二人□瓦。　　　　　　　　　　　（里耶秦簡⑧1143+⑧1631）

廿八年九月丙寅貳春鄉守疇徒薄（簿）。

積卅九人。

十三人病。

廿六人徹城。　　　　　　　　　　　　　　（里耶秦簡⑧1280）

四百尺，人功百五十尺，用積徒千九百卅九人，人受袤三尺九寸。
　　　　　　　　　　　　　　　　　　　　　（E.P.T57：73）

用積卒二萬七千一百卌三人，率日百廿一人奇卅九人。（72EDAC：7）

縣爲恒事及獻（讞）有爲殹（也），吏程攻（功），贏員及減員自二日以上，爲不察。上之所興，其程攻（功）而不當者，如縣然。度攻（功）必令司空與匠度之，毋獨令匠。其不審，以律論度者，而以其實爲繇（徭）徒計。　　　　　　　　　繇（徭）律（秦律十八種 122~124）

⑦擅興：擅自動員。

《盜律》有劫掠強賊，《興律》有擅興徭役，《具律》有出賣呈，科有擅作修舍事，故分爲《興擅律》。　　　　　（《晉書·刑法志》）

⑧敖童：詳情不明。可能指未傅籍者中相對年齡較大的。參照78+65簡注③。

⑨私屬：被主人免除奴的身份的男子。參照77簡注①。

奴婢爲善而主欲免者，許之，奴命曰私屬，婢爲庶人，皆復使及筭（算），事之如奴婢。主死若有罪，以私屬爲庶人，刑者以爲隱官。所免不善，身免者得復入奴婢之。其亡，有它罪，以奴婢律論之。

（二年律令162～163）

⑩不從車牛：非征用對象的車牛。這里的"從"意爲從事役務，"不從車牛"即"不從事工作的車牛"，亦即在徭役時未被征用的車牛。《二年律令》規定，傳送的時候如果官有車牛不足的話，要讓大夫以下有一定財產的人提供車牛。參考這一規定，本條中的"不從車牛"可能不是指官有或爲具有一定財產的人所有的車牛，而是指通常未被作爲征用對象的車牛。

有興而用之，毋更置。其有死亡者，時補之，從興有缺，縣補之。

（岳麓〔肆〕181）

發傳送，縣官車牛不足，令大夫以下有貲（貲）者，以貲（貲）共出車牛及益，令其毋①訾（貲）者與共出牛食、約載具。

（二年律令411）

⑪免老：到達一定年齡而被免除兵役、徭役負擔者。參照54～59簡注㉓。

大夫以上年五十八，不更六十二，簪裊六十三，上造六十四，公士六十五，公卒以下六十六，皆爲免老。　　　　　（二年律令356）

民產子五人以上，男傅，女十二歲，以父爲免□者；其父大夫也，以爲免老。　　　　　　　　　　　　　　　（二年律令358）

委輸傳送，重車重負日行五十里，空車七十里，徒行八十里。免老、小未傅者、女子及諸有除者，縣道勿敢（徭）使。節（即）載粟，乃發公大夫以下子、未傅年十五以上者。　　　　　（二年律令412～413）

⑫載粟：搬運穀物。指從裝貨到搬運、卸貨的一系列工作。後文的"粟事""行粟"也是同樣的意思。

━━━━━━━━━━━

① 譯者按：原文脱"毋"字，今補。

卅四年七月甲子朔癸酉，啓陵鄉守意敢言之：廷下倉守慶書言：令佐贛載粟啓陵鄉。今已載粟六十二石，爲付券一上，謁令倉守。敢言之。
(里耶秦簡⑧ 1525)

　　此（訾）家纍山里焦賢。（中略）載粟大石廿五石。就人，文德清陽里楊賞，年卅。用牛二。　　　　　　　　(73EJT23：622)

　　節（即）載粟，乃發公大夫以下子，未傅年十五以上者。
(二年律令 413)

⑬史子未傅先學學室：具有"史"資格者的子中，未達到傅籍年齡而先入學室者。"學室"是一種學校，史之子以外的人不能入學。《二年律令》中未見"學室"，但有關於讓史之子從十七歲開始學習三年，然後接受基於識字課本等考試的規定。另外，由於士伍之子爲二十歲傅籍（二年律令 364），因此漢初史之子在傅籍之前就已經開始正式學習了。

　　令敫史毋從事官府。非史子殹（也），毋敢學學室，犯令者有辠（罪）。
内史雜　　　　　　　　　　　　　　　　　(秦律十八種 191)

　　史、卜子年十七歲學。史、卜、祝學童學三歲，學佴將詣大史、大卜、大祝，郡史學童詣其守，皆會八月朔日試之。試史學童以十五篇，能風（諷）書五千字以上，乃得爲史。　　　　　　　　(二年律令 474～475)

⑭寡子：或指孤兒。

　　寡夫、寡婦毋子及同居，若有子，子年未盈十四，及寡子年未盈十八，及夫妻皆廃（癃）病，及老年七十以上，毋異其子。
(二年律令 342～343)

⑮獨與老父老母居└老如免老：因"居"字下可以看到點一樣的墨迹，所以將其釋爲分隔符"└"。爲了具體説明"老父老母"添加了"老如免老"一句，爲了將其與正文區別開，故加上了分隔符。又，《二年律令》中有與本條類似的規定：

　　諸當行粟，獨與老父母居，老如睆老，若其父母罷癃（癃）者，皆勿行。
(二年律令 408)

《二年律令譯注》因"獨與"下的"老"字左半部分缺失，將其作爲未釋字處理。但通過與本條文的對比，并核驗圖版，該字可以改釋爲"老"。

⑯獨與癃病母居者：對比前注所舉《二年律令》408，這里或許脱落了"父"字。作爲免除征發的條件，父母均有"癃病"的情況纔合乎情理。關於"癃病（罷

癃）"，參照《二年律令譯注》342~343簡注④及363簡注③。

　　癃，罷病也。從疒隆聲。㾑，籀文癃省。　　（《説文解字》七篇下）

　　以保息六養萬民……五日寬疾。[鄭注：寬疾，若今癃不可事，不算卒，可事者半之也。]
　　　　　　　　　　　　　　　　　　　　　（《周禮·地官·大司徒》）

　　年老癃病，勿遣。[師古曰：癃，疲病也，音隆。]（《漢書·高帝紀》）

　　當傅，高不盈六尺二寸以下，及天烏者，以爲罷㾑（癃）。
　　　　　　　　　　　　　　　　　　　　　　　（二年律令363）

　　癃，罷病也。[段注：病當作癃。罷者，廢置之意。凡廢置不能事事曰罷癃。《平原君傳》，躄者自言不幸有罷癃之病。然則凡廢疾皆得謂之罷癃也。師古注《漢書》，改罷病作疲病，非許意。]
　　　　　　　　　　　　　　　　　　　　　（《説文解字》七篇下）

【解説】
　　本條首先規定了縣組織徭役勞動時應向哪里申請、申請内容。内史屬縣向執法、郡屬縣向郡守申請，必須事先報告具體的工作内容和役使徒的總人數。如果没有事前進行申報的話，就屬於"擅興"。

　　接着的"及毋敢……"以下是關於非征發對象，以及特殊情況下征發這類人群的規定。簡文在説了禁止使役敖童、私屬、奴以及"不從車牛"之後，在"凡"以下又説禁止使役免老、敖童未傅者，"敖童"被重複提及等等，羅列方法似顯蹊蹺。由於本條文將多條律文合爲一條，其處理方式給人不甚嚴謹的印象。

　　"敖童"原則上不能被使役，祇有"載粟"時可以對十五歲以上的敖童進行特殊動員。目前尚不清楚穀物搬運被作爲特例的理由，或許是因其較平常的物資搬運更爲緊急。將"載粟"與平常的"委輸、傳送"加以區別，可以動員本來不能役使的人，這在注⑪所引《二年律令》412~413簡中也能得到證實。不過《二年律令》里的特殊動員對象并非"敖童年十五歲以上"，而是"公大夫以下子，未傅年十五以上者"。

　　進而本條文還説，"載粟"工作也可以動員史之子的未成年者。這亦顯得突兀，不清楚爲何要言涉史之子。有意見認爲，這是因爲"載粟"的役務中也包含了與穀物搬運相關的文書事務，所以纔會提到史之子。

　　在有關敖童的特殊動員的規定之後，本條文最後又對特殊動員時也不能征召的敖童進行了説明：敖童爲孤兒，以及父母年長或有殘疾而無其他同居者的，這些情況也不可動員。可能是因爲一個家庭中必須要有一個健壯的男子，即便他是未成年人。注⑮所引《二年律令》408 中也有類似的條文。

160~162

·傅律①曰：隸臣以庶人爲妻，若群司寇、隸臣妻②，懷子③，其夫免④若冗以免⑤、已拜免⑥，子乃產，皆如其已　　　　　　　　　　　160（1256）

免吏（事）之子⑦ ∟。女子懷夫子而有臯耐隸妾以上，獄已斷⑧而產子，＝爲隸臣妾，其獄未斷而產子，＝各　　　　　　　　　　　　　161（1268①）

如其夫吏（事）子⑨。收人⑩懷夫子以收，已贖爲庶人，後產子，＝爲庶人。
　　　　　　　　　　　　　　　　　　　　　　　　　　　162（1275）

【譯】

傅律：隸臣以庶人爲妻，或者女子爲各種司寇、隸臣等之妻，如果妻懷孕了，無論是否是在其夫被免、或者因长期從事勤務被免、或者已拜爵被免之後出生的孩子，都要和已經被免除身份者的孩子同樣對待。如果女子懷了丈夫的孩子後犯了應判處耐隸妾以上的罪，審判結束後孩子纔出生的話，以其子爲隸臣妾；審判未結束孩子就出生了的話，其子和各個丈夫身份者的孩子同樣對待。收人在懷上丈夫孩子後被收，然後又贖爲庶人，其後若生子，子爲庶人。

【注】

①傅律：有關傅籍的律。《秦律雜抄》《二年律令》中曾出現這一律名。

　　匿敖童，及占癃（癃）不審，典、老贖耐。·百姓不當老，至老時不用請，敢爲酢（詐）僞者，貲二甲；典、老弗告，貲各一甲；伍人，户一盾，皆墨（遷）之。·傅律。　　　　　　　　　　　　　　（秦律雜抄32~33）

　　　■傅律　　　　　　　　　　　　　　　　　　　　（二年律令366）

②隸臣以庶人爲妻，若群司寇、隸臣妻：指兩類女性：應當是將（1）隸臣所娶之妻和（2）婚内其夫因罪被判爲司寇、隸臣的女性并列。然而"隸臣（男性刑徒）……爲司寇或隸臣之妻"并非規整的語句，可能存在省略或脱文，上面的譯文是在補充了若干詞語後進行的翻譯。

　　奴亡，以庶人以上爲妻，婢亡，爲司寇以上妻，黥奴婢顏（顔）頯，畀其主。以其子爲隸臣妾。　　　　　　　　　　　　　　　（岳麓〔肆〕89）

③懷子：懷孕。參照47~48简注③。

----

①譯者按："1268"，原文誤爲"1265"，今改。

④免：免除。這裏指將隸臣、司寇從其身份解放出來。後面説的"冗以免""拜免"以外的"免"，可能是通過例如恩赦等解放身份。

  隸臣妾滿二歲，爲司寇。司寇一歲，及作如司寇二歲，皆免爲庶人。
                  （《漢書·刑法志》）
  工隸臣斬首及人爲斬首以免者，皆令爲工。 （秦律十八種 156）

⑤冗以免："冗"與"更"不同，不輪番，而是長期服役。"冗以免"可能是指以長期服役爲交換來免除刑徒身份。例如長期從事邊境防備之任，就可以免除近親的隸妾身份。

  百姓有母及同牲（生）爲隸妾，非適（謫）皋（罪）殹而欲爲冗邊五歲，毋賞（償）興日，以免一人爲庶人，許之。 （秦律十八種 151）

⑥拜免：以因功拜受之爵爲交換，來免除刑徒身份。

  百姓内粟千石，拜爵一級。   （《史記·秦始皇本紀》）
  ·能捕以城邑反及智（知）而舍者一人，撐（拜）爵二級，賜錢五萬。
                    （岳麓〔伍〕173）
  欲歸爵二級以免親父母爲隸臣妾者一人，及隸臣斬首爲公士，謁歸公士而免故妻隸妾一人者，許之，免以爲庶人。
                 （秦律十八種 155～156）

⑦如其已免事之子：整理小組將"事"解釋爲"驅使"，陳偉則理解爲"身份"（《岳麓秦簡肆校商（貳）》，簡帛網 2016 年 3 月 28 日）。"事"指根據身份安排的任務和工作，進而有了"身份"本身的含義。這裏的"已免事之子"，指的是"已經被免除的非刑徒身份者的孩子"。

  事，職也。   （《説文解字》三篇下）
  有鞫 敢告某縣主：男子某有鞫，辭曰：士五（伍），居某里。可定名事里，所坐論云可（何），可（何）皋（罪）赦，或覆問毋（無）有，遣識者以律封守，當騰騰，皆爲報，敢告主。 （封診式 6～7）
  有不從律令者，都吏監者□舉劾，問其人，其人不巫以實占吏其名吏（事）官，吏三問之而不以請（情）實占吏者，行其所犯律令皋，有（又）駕（加）其皋一等。   （岳麓〔伍〕168～169）

另一種方案，有意見認爲"事"指刑徒的勞役，"已免事之子"可能指"已經免除了作爲刑徒勞役者的孩子"。這種情況下，後文"其夫事子"中的"事"就不得不視爲衍文了。

⑧獄已斷：指審判已經結束。

　　以乞鞫及爲人乞鞫者，獄已斷乃聽，且未斷猶聽殹（也）？獄斷乃聽之。　　　　　　　　　　　　　　　　　　　　（法律答問 115）

　　【·】五年十一月戊寅，令耐皋以下獄已斷而未過六包〈旬〉者，得以賞除。過六旬不得除。（中略）獄已斷過六旬不得以賞除者，或亡及有它皋耐爲隸臣以【下】而因以獄斷未過六旬以賞除免爲庶人者，皆當各復故吏（事），不得爲庶人，各以計楬籍逐之。

　　　　　　　　　　　　　　　　·廷甲　四（岳麓〔伍〕191~193）

⑨如其夫事子："夫事子"爲"與夫同等身份的人的孩子"。亦可參照注⑦。可能是説，與"爲隸臣妾"不同，不將其視爲刑徒，按照其夫的身份來確定孩子的身份。

⑩收人：因近親之罪連坐，被官府没收人身的人。可用爵或財物贖回人身。

　　罪人完城旦、鬼薪以上，及坐奸府（腐）者，皆收其妻、子、財、田宅。
　　　　　　　　　　　　　　　　　　　　　　　　（二年律令 174）

　　賊殺傷父母，牧殺父母，歐〈毆〉詈父母，父母告子不孝，其妻子爲收者，皆錮，令毋得以爵償，免除及贖。　　　（二年律令 38）

【解説】

此條是關於懷孕期間父母身份發生變化，所生子應當如何認定身份的規定。具體有以下三種情况：

（1）其父爲隸臣或司寇，但在其母懷胎期間被免除→按被免除者之子對待。（如果未被免除，則子亦爲刑徒。這是由其父的身份决定的。）

（2）其母在懷孕期間犯有應判耐隸妾以上的罪行→審結後出生的孩子爲隸臣妾，審結前出生的孩子身份隨其父。（審結前出生的孩子不被視爲刑徒之子，孩子出生後身份的認定，即使母親變成刑徒也不影響孩子的身份。但如果出生時母親的身份是刑徒，則子亦爲刑徒。）

（3）其母雖然在懷孕期間被没收人身，但後來又贖爲庶人→子爲庶人。（其母恢復庶人的話，所生子亦爲庶人。）

第（2）種情况中，即使其父爲普通人，如果出生時其母爲隸妾以上的刑徒的話，子亦爲刑徒。下面的《法律答問》也同樣表明，子的身份并非祗受其父身份的影響，很有意思：

　　·可（何）爲夏子？·臣邦父，秦母謂殹（也）。　　（法律答問 178）

另外本條文的内容，與傅籍并無直接聯繫。或許是因爲出生的孩子（尤其是男孩）的身份關係到他是否要傅籍、多大年歲傅籍的問題，所以本條纔被收入到傅律中吧。

163~164

·倉律①曰: 縣官縣料②出入必平③，稟禾美惡相雜④└，大輸令丞⑤視，令史、官嗇夫視平⑥└，稍稟⑦，令＝史視平，不　　　　　　　　　163（1251）

從令，貲一甲。　　　　　　　　　　　　　　　　　　　　164（1254）

【譯】

倉律：官府計量時出納必須正確，支出穀物要把良品和次品混雜在一起。大規模輸送時，讓丞監督，讓令史、官嗇夫監督點檢是否正確。少量支出時，讓令史監督點檢是否正確。不聽從令的話，貲一甲。

【注】

①倉律：倉律，在《岳麓〔肆〕》中可見到本條與下條，此外《秦律十八種》也可見到這一律名。

　　妾未使而衣食公，百姓有欲叚（假）者，叚（假）之，令就衣食焉，吏輒柀事之。　　　　　　　　　　　　　　　倉律（秦律十八種48）

②縣料：計量重量、容量。

　　有實官縣料者，各有衡石贏（纍）、斗甬（桶），期。

　　　　　　　　　　　　　　　　　　　　　　　　　　（秦律十八種194）

　　縣料而不備其見（現）數五分一以上，直（值）其賈（價），其貲、誶如數者然。　　　　　　　　　　　　　　　　　　　（效律12）

③出入必平："出入"指支出與收入。"平"，睡虎地秦簡中寫作"正"，指檢查度量衡器。

　　入禾稼、芻稾，輒爲廥籍，上内史。·芻稾各萬石一積，咸陽二萬一積，其出入、增積及效如禾。　　　　　　　　　　倉（秦律十八種28）

　　正七體以役心。平八索以成人。〔注：平，正也。〕（《國語·鄭語》）

　　·内史雜律曰：諸官縣料者各有衡石贏（纍）、斗甬（桶），期足，計其官，毋叚（假）黔首。不用者，平之如用者。　　（岳麓〔肆〕171）

　　有實官縣料者，各有衡石贏（纍）、斗甬（桶），期。計其官，毋叚（假）百姓。不用者，正之如用者。　　内史雜（秦律十八種194）

縣及工室聽官爲正衡石羸（纍）、斗用（桶）、升，毋過歲壹〈壺〉。有工者勿爲正。叚（假）試即正。　　　　　　　工律（秦律十八種 100）

衡石不正，十六兩以上，貲官嗇夫一甲，不盈十六兩到八兩，貲一盾。甬（桶）不正，二升以上，貲一甲，不盈二升到一升，貲一盾。

（效律 3~4）

爲田開阡陌封疆，而賦稅平。平斗桶權衡丈尺。（《史記·商君列傳》）

④美惡相雜：將良品與次品相混合，以使品質均等。

錢善不善，雜實之。（中略）百姓市用錢，美惡雜之，勿敢异。

金布（秦律十八種 64~65）

⑤令丞：後文"令令史……"意爲"讓令史……"，所以這里也讀作"讓丞……"的使役結構。不過，也有意見認爲無法確定重要的大輸是否衹由丞來監督，這里也可能讀作"令、丞"。

⑥視、視平："視"爲察看，到場監督。"視平"可能是在"視"的同時，也對度量衡器進行檢查。

賜物及當稟鬻米者，長吏閱視，丞若尉致。　　（《漢書·文帝紀》）

當監者，毋獨出，監視毋輸（偷），勿敢度，實官出入，積索求監。

（岳麓〔壹〕《爲吏治官及黔首》63-3~68-3）

粟米一石九斗少半斗。　卅三年十月甲辰朔壬戌，發弩繹、尉史過出責罰戍士五（伍）醴陽同□禄廿。

令史兼視平。　過手。　　　　　　　　　　　（里耶秦簡⑧ 761）

稻四斗八升少半半升。　卅一年八月壬寅，倉是、史感、稟人堂出稟隸臣嬰自〈兒〉槐庫。

令史悍平。　六月食。　感手。　　　　　　　（里耶秦簡⑧ 217）

⑦稍稟："稍"意爲少量、一點點。參照 121~123 簡注⑤。

【解説】

本條命令對穀物出納進行正確管理，支出要公平，并指定了負責監督出納的責任人。大規模出納時由丞負責監督，少量的日常支出則由令史監督。里耶秦簡中可以看到令史在穀物支出時"視平"的實例。

165~166

· 倉律曰：毋以隸妾爲吏僕、養①、官【守】府②┕。隸臣少，不足以給僕、養，

以居赀責（債）給之③，及且④令以隸妾爲吏僕、　　　　　165（1370）
　養、官守府，有隸臣，輒伐〈代〉之┕。倉、厨⑤守府如故⑥。　166（1382）
【譯】
　·倉律：不可讓隸妾作吏的僕人、炊事員或擔任看守官府的工作。隸臣少，不够補足僕人、炊事員的話，讓居赀債去充任，以及暫時讓隸妾作吏的僕人、炊事員或看守官府的，有隸臣的話，就將其替換下來。倉庫、厨房的看守工作，依舊執行。
【注】
①僕、養："僕"爲僕人，"養"爲炊事員。參照109~110簡注⑪。
②官【守】府：原簡無"守"字，此爲整理小組據後文補，今從。"守府"爲負責看守官府的人。里耶秦簡中也可見到，由戍卒和刑徒擔當其任，負責郵書的傳遞等。

　　司寇勿以爲僕、養、守官府及除有爲殹（也）。
　　　　　　　　　　　　　　　　　　　　（秦律十八種150）
　　司寇勿以爲僕、養、守官府及除有爲殹（也）。有上令除之，必復請之。徒隸毄（繫）城旦舂、居赀贖責（債）而敢爲人僕、養、守官府及視臣史事若居隱除者，坐日六錢爲盗。　（岳麓〔肆〕271~273）
　　一人廷守府。快。　　　　　　　　　（里耶秦簡⑧663）

③以居赀債給之：以居赀贖債充任僕、養，亦見於以下條文：

　　諸有赀贖責（債）者，誓之，能入者令入，貧弗能入，令居之。徒隸不足以給僕、養，以居赀責（債）者給之。　（岳麓〔肆〕262）

④且：暫時，暫定。與以居赀債代替隸臣爲僕、養不同，對隸妾的使用是臨時措施，一旦有隸臣就會將其替換下來。

　　孫爲户，與大父母居，養之不善，令孫且外居，令大父母居其室，食其田，使其奴婢，勿貿賣。　　　（二年律令337~338）

⑤厨：與"倉"相同，爲縣下諸官之一。置有嗇夫。

　　縣道司馬、候、厩有乘車者，秩各百六十石。毋乘車者，及倉、庫、少内、校長、髳長、發弩、衛〈衛〉將軍、衛〈衛〉尉士吏，都市亭、厨有秩者，及毋乘車之鄉部，秩各百廿石。　（二年律令471~472）

　　入雞一隻（雙），十月甲子，厨嗇夫時受毋窮亭卒□
　　　　　　　　　　　　　　　（懸泉置簡Ⅰ0112③：123 粹九五）

帝令縣厨賜食,衆積困餧,十餘萬人皆得飽飫。(《後漢書·劉盆子傳》)
⑥倉厨守府如故:"如故"可能意爲"像以前一樣",亦即"適用舊有規定"。

　　書却,上對而復與却書及事俱上者,縈編之,過廿牒,阶(界)其方,江(空)其上而署之曰:此以右若左若干牒,前對、請若前奏。·用疏者,如故。　　　　　　　　　　　　　　　　(岳麓〔伍〕117~118)

　　吏如故,更事。卿如故,更鄉。　　　　　(里耶秦簡⑧461)

　　·匈奴人入三十井誠勢北隧縣索關以内,舉薰燔薪如故。三十井縣索關誠勢隧以南,舉薰如故,毋燔薪。　　(居延漢簡 E.P.F16:7)

　　太尉,秦官,金印紫綬,掌武事……哀帝建平二年復去大司馬印綬、官屬,冠將軍如故。　　　　　　　(《漢書·百官公卿表》)

【解説】
　　此條是關於禁止讓隸妾從事僕人、炊事員、看守工作的規定。這些工作基本上由隸臣來擔任,衹有隸臣不足的時候纔能由居貲贖債擔任,但也可暫時使用隸妾。類似的規定在"内史倉曹令弟(第)乙六"中也可看到:

　　·令曰:毋以隸妾及女子居貲贖者爲吏僕、養、老、守府,及毋敢以女子爲葆(保)庸,令炊養官府、寺舍。不從令,貲二甲,廢。丞、令、令史、官嗇夫弗得,貲二甲。·内史倉曹令弟(第)乙六
　　　　　　　　　　　　　　　　　　　(岳麓〔伍〕255~256)

而且,士伍也不可爲僕、養(岳麓〔肆〕154~155)。另外,睡虎地秦簡中也可看到隸臣主要爲僕、養:

　　隸臣有巧可以爲工者,勿以爲人僕、養。均　(秦律十八種113)

里耶秦簡中也有許多以隸臣爲"吏養"的例子:

　　卅一年四月癸未朔甲午,【倉是】□☑
　　大隸臣廿六人☑
　　其四人吏養:唯、冰、州、□☑(正)
　　□午旦隸【妾】□☑(背)　　　　　　(里耶秦簡⑧736)

　　卅四年十二月倉徒簿最。
　　大隸臣積九百九十人。
　　……
　　其男四百廿人吏養。
　　……
　　　　　　　　　　　　　　　　　　　(里耶秦簡⑩1170)

另外，雖不見隸妾爲"吏養"的例子，但存在隸妾擔任"徒養"的例子（里耶秦簡⑨2294+⑨2305+⑧145）。

167~168

·司空律①曰：城旦舂衣赤衣②，冒赤氈③，枸櫝杕④之└。諸當衣赤衣者，其衣物⑤毋（無）小大及表里盡赤之，其衣　　　　　　　　　　167（1375）

　　裻⑥者，赤其里，□仗，衣之。仗城旦⑦勿將司⑧。舂城旦出繇⑨（徭）者，毋敢之市及留舍閹外⑩，當行市中者⑪，回⑬，【勿行】。　168（1412）

【譯】

·司空律：城旦舂穿紅色的衣服，戴紅色的氈，施以刑具。凡是應該穿紅色衣服的人，其衣服無論大小和里外都染成紅色，穿裻的話，里面染成紅色……仗……穿着它。仗城旦可以不去監督。舂、城旦外出勞役時，不可進入市場或在市場門外停留，即便是不得不通過市場時，也要繞行，不得穿過。

【注】

①司空律：司空律在岳麓簡中還有一條（257~261），此外，睡虎地秦簡中也有出現。

　　　　城旦舂衣赤衣，冒赤𣪠（氈），枸櫝欙杕之。仗城旦勿將司。其名
　　　將司者，將司之。舂城旦出繇（徭）者，毋敢之市及留舍閹外。當行市
　　　中者，回，勿行。城旦舂毀折瓦器、鐵器、木器，爲大車折輂（轅），
　　　輒治（笞）之。直（值）一錢，治（笞）十。直（值）廿錢以上，孰（熟）
　　　治（笞）之，出其器。弗輒治（笞），吏主者負其半。

　　　　　　　　　　　　　　　　　　　　　　　司空（秦律十八種147~149）

②赤衣：城旦舂刑徒或與其相當的刑徒要穿紅色的衣服，以與其他刑徒相區分。可參照前注所引《秦律十八種》147~149簡。

　　　·諸當衣赤衣冒𣪠（氈），枸櫝杕及當鉗及當盜戒（械）而擅解衣
　　　物以上弗服者，皆以自爵律論之，其𦽥鬼薪白粲以上，有（又）駕（加）
　　　𦽥一等。以作暑故初及臥、沐浴而解其赤衣𣪠（氈）者，不用此令，敢
　　　爲人解去此一物，及吏徒主將者擅弗令傅衣服，及智（知）其弗傅衣服
　　　而弗告劾論，皆以縱自爵𦽥論之，弗智（知），貲二甲。告劾，除。徒
　　　出將吏坐之，居吏弗坐。諸當鉗枸櫝杕者，皆以錢〈鐵〉當（鐺）盜戒
　　　（械），戒（械）者皆膠致桎梏。不從令，貲二甲。

·廷戍十七（岳麓〔伍〕220~223）

公士以下居贖刑辠（罪）、死辠（罪）者，居于城旦舂，毋赤其衣，勿枸櫝欙杕。鬼薪白粲，群下吏毋耐者，人奴妾居贖貲責（債）于城旦，皆赤其衣，枸櫝欙杕，將司之，其或亡之，有辠（罪）。

（秦律十八種134~135）

重以貪暴之吏，刑戮妄加，民愁亡聊，亡逃山林，轉爲盜賊，赭衣半道，斷獄歲以千萬數。　　　　　　　　　　　　　　　（《漢書·食貨志上》）

③冒赤氈："氈"爲毛氈，"赤氈"可能是紅色毛氈製的披戴物品。

共其毳毛爲氈，以待邦事。　　　　　　　　（《周禮·天官·掌皮》）

山東之卒，被甲冒胄以會戰。　　　　　　　　（《戰國策·韓策二》）

④枸櫝欙杕：皆爲刑具（枷鎖）。參照47~48簡注④。

所居以殺伐立威，豪猾吏及大姓犯法，輒論輸府，以律程作司空，爲地白木杵，舂不中程，或私解脫鉗釱，衣服不如法〔師古曰：鉗在頸，釱在足，皆以鐵爲之〕，輒加罪笞。　　（《漢書·陳萬年傳》）

⑤衣物：衣服。

莽求見太后，具言長驕佚，欲代曲陽侯，對莽母上車，私與長定貴人姊通，受取其衣物。　　　　　　　　　（《漢書·佞幸傳·淳于長》）

本始元年九月庚子，虜可九十騎入甲渠止北燧，略得卒一人，盜取官三石弩一，稾矢十二，牛一，衣物去。城司馬宜昌將騎百八十二人，從都尉追。　　　　　　　　　　　　　　　　（居延漢簡57.29）

⑥裘：皮毛。

冬若夏賤衣而聯寒者，冬袍裘絝履及它物可衣履者，盡四月收。

（岳麓〔肆〕383~384）

以裘、皮絝（袴）當袍、絝（袴），可。　　　　　（二年律令420）

⑦仗城旦：也作"丈城旦"。"仗（丈）"通"杖"，有說因年老而被授予王杖的城旦，有說是因斬趾而失去足的城旦，具體不詳。

卅二年十月己酉朔乙亥，司空守圂徒作簿

城旦司寇一人

鬼薪廿人

城旦八十七人

仗城旦九人

隸臣毄（繫）城旦三人
　　　隸臣居貲五人
　　　·凡百廿五人　　　　　　　　　　（里耶秦簡⑨2294第一欄）
　　大夫以上年七十，不更七十一，簪裹七十二，上造七十三，公士七十四，公卒、士五（伍）七十五，皆受仗（杖）。　　（二年律令355）

　⑧將司：監督。參照24~28簡注⑫、49簡注②。通常城旦舂每二十人就要置"將司"者一人。

　⑨出繇：外出勞役。刑徒的勞役亦稱"繇"。
　　　徒隸行繇（繇）課　　　　　　　　（里耶秦簡⑧495）

　⑩留舍闠外："闠"指市場的門。
　　　爾乃廓開九市，通闠帶闤。〔綜曰：廓，大也；闤，市營也；闠，中隔門也。崔豹《古今注》曰：市墻曰闤。〕
　　　　　　　　　　　　　　　　　　（《文選》卷二二張衡《西京賦》）
　　　融見其有窘色，謂曰："兄雖在外，吾獨不能爲君主邪？"因留舍之。〔李賢注：舍，止也。〕　　　　　　（《後漢書·孔融傳》）

　⑪當行市中：與"回"相對，"行"大概爲通過之意。即使是清掃道路的工作，通常需要通過市場的場合，刑徒可能也必須要繞開市場。

　⑫回：繞道，迂迴。
　　　見事風生，無所回避。〔師古注：風生，言其速疾不可當也。回，曲也。〕
　　　　　　　　　　　　　　　　　　（《漢書·趙廣漢傳》）

【解説】
　　本條對城旦舂的穿着做了規定，還規定仗城旦無需設置監督者、城旦舂不可靠近市場等。如注①所引，同樣的規定也收入作睡虎地秦簡《秦律十八種》司空律的一條。本條文除了167簡後半段以外，墨迹都較淺，存在缺損，難以釋讀。這裡的釋文很可能參考了其他類似條文。

　　附記：
　　本研究班成員如下（2017—2018年度）（其中帶星號＊者是此次譯注稿的執筆者）：伊藤瞳（關西大學博士生）、郭聰敏（立命館大學博士生）、魏永康（人文研外籍共同研究者、中國東北師範大學講師）、古勝隆一（人文研副教授）、佐藤達郎（關西學院大學教授）、齋藤賢＊（京都大學博士生）、朱騰（人文研聘請外籍學者、中國人民大學副教授）、蔣曉亮（京都大學博士生、中國武漢大學博士生）、角谷常子（奈良大學教授）、鷹取祐司（立命館大學教授）、陳捷（人文研非常勤研究員）、土口史記（岡山大學副教授）、畑野吉則*（關西大學博士生）、藤井律之*（人文研助教）、宮宅潔*（人文研副教授）、宗周太郎*（京都大學博士生）、目黑杏子*（人文研特定助教）、安永知晃（關西學院大學博士生）。

客座短期參加者有：

金秉駿（首爾大學，2017年11月）、陳偉（武漢大學，2017年11～12月）、路方鴿（浙江理工大學，2017年5~9月）。

譯文由楊振紅教授審校。

譯者簡介：尚宇昌，男，1995年生，河北保定人，南開大學歷史學院講師，研究方向爲秦漢史、簡帛學。

簡牘本《蒼頡篇》的發現及研究綜述

白軍鵬

(東北師範大學文學院,長春,130024)

在傳世文獻中,《蒼頡篇》或作《倉頡篇》,最初是由秦代李斯所作。《漢書·藝文志》載:

《蒼頡》七章者,秦丞相李斯所作也;《爰歷》六章者,車府令趙高所作也;《博學》七章者,太史令胡母敬所作也。文字多取《史籀篇》,而篆體復頗異,所謂秦篆者也……漢興,閭里書師合《蒼頡》《爰歷》《博學》三篇,斷六十字以爲一章,凡五十五章,并爲《蒼頡篇》。①

《説文解字·叙》對此亦有過類似的表述。在20世紀初斯坦因於甘肅發現敦煌漢簡之前,《蒼頡篇》祇是在古書中殘存一些記述及隻言片語。能夠成句者僅《説文解字·叙》所述之"幼子承詔"、《爾雅》郭璞注所引之"考妣延年",以及《顔氏家訓·書證篇》所載之"漢兼天下,海内并廁。豨黥韓覆,畔討滅殘"等。從這些内容分析《蒼頡篇》的文本情況,大概僅能知道其四字爲句。因此,對《蒼頡篇》研究的真正開展還是有賴於簡牘本的陸續發現及公布。

一、漢簡《蒼頡篇》的發現及初步研究

簡牘本《蒼頡篇》的最早發現是在20世紀初。英籍匈牙利考古學家斯坦因在第二次中亞考古發掘中於我國新疆、甘肅等地發現了大量漢文及以西域古代其他民族文字書寫的各類文獻,其中1907年在敦煌西北的數十個漢代烽燧中掘得很多漢文簡牘。斯坦因將這批漢文簡牘交由當時法國著名漢學大師沙畹整理和研

---

① 《漢書》卷三〇《藝文志》,中華書局,1962年,第1721頁。

究，沙氏選錄了其中清晰完整者整理出版。①這批漢文簡牘最初收藏於英國大英博物館，後大英博物館中的圖書館分離出來，成立了大英圖書館（或稱英國國家圖書館），這批材料也就隨之收藏於大英圖書館。在沙畹整理這批材料之時，東渡日本的羅振玉便得知此事。羅氏寫信給沙氏索要簡影資料，後者將其手校本寄付羅氏。此後，羅振玉與王國維研究數月，於1914年出版了《流沙墜簡》一書。該書按照簡牘的內容將其分成三個部分：第一部分爲小學數術方技書，第二部分爲屯戍叢殘，第三部分爲簡牘遺文。第一、三部分由羅振玉完成，第二部分由王國維完成。正是在此書中，羅振玉最早對簡牘中所含《蒼頡篇》進行了研究。

羅氏將其中四枚推定爲《蒼頡篇》殘簡，分別對應今敦煌漢簡通常編號之1836、2098、2129以及1850。其中前三簡已經爲後來其他文本證實確屬《蒼頡篇》。最後一枚目前尚無法與已知《蒼頡篇》文本相合。通過對此數枚殘簡的分析，羅氏得出了較之以往更新的認識。如根據簡1836的情況，他認爲："第一簡凡五句廿字，合三簡則得十五句六十字，正爲一章。若以三棱之觚寫之，則一觚正得一章，與班史所記適合，則此簡之爲《蒼頡》殆無疑矣。"②羅氏之外，王國維也發現了一枚新材料。此簡敦煌漢簡編號爲1975B，文字書寫於簡背。王氏在《蒼頡篇殘簡跋》中提到："他簡（原注：《流沙墜簡》卷二第八簡）有'蒼頡作'三字，乃漢人隨筆塗抹者，余以爲即《蒼頡篇》首句。其全句當作'蒼頡作書'。實用《世本》語。故此書名《蒼頡篇》，并前四簡共得全句凡十，昔人於此書，惟知'幼子承詔，考妣延年'二句，今兹所得，乃五倍於古人矣"③。後來，王國維在《重輯蒼頡篇》中即將此五簡收入。王氏又提到"蒼頡作書"語出《世本》及《吕氏春秋》。前者作"沮誦倉頡作書"，後者出自《君守篇》，相關文字作"奚仲作車，蒼頡作書，后稷作稼，皋陶作刑，昆吾作陶，夏鯀作城，此六人者，所作當矣。"④就後來的發現來看，顯然王氏的判斷是正確的。這也是《蒼頡篇》首句的第一次發現。

到了20世紀30年代，居延漢簡被發現後，在其中又發現了十餘枚《蒼頡篇》整、殘簡牘。尤爲重要的是發現了一枚寫滿一章內容的三棱觚，此觚今天普遍采用的

---

① 最後成書出版於1913年，名爲《Les documents chiois decouverts par Aurel Stein dans les sable du Turkestan Oriental》，通常譯爲《斯坦因在東土耳其斯坦考察所獲漢文文書》。
② 羅振玉、王國維：《流沙墜簡》，中華書局，1993年，第77—78頁。
③ 王國維：《蒼頡篇殘簡跋》，《觀堂集林》，中華書局，1984年，第258頁。
④ 許維遹撰，梁運華整理：《吕氏春秋集釋》，中華書局，2009年，第443頁。

編號爲9.1。勞榦先生曾對其做過簡單描述："木觚共寫三面，每面一行五句二十字，三面共爲六十字。與《漢藝文志》言'漢興閭里書師合《倉頡》《爰歷》《博學》三篇，雖（引者按，應爲"斷"字之誤）六十字爲一章，凡五十五章，并爲《蒼頡篇》'者相合。"① 此觚上書有"第五"兩字，因此一般認爲此即所謂"閭里書師"斷章後之第五章全章內容。陳直先生謂"《蒼頡篇》首四句，當爲李斯《蒼頡篇》原文。漢兼天下四句（引者按，陳意當指《顏氏家訓》所引四句："漢兼天下，海內并廁。豨黥韓覆，畔討滅殘"），今以居延簡證之，知在第五章，與上文并不連繫，當爲漢初閭里書師所附益。"② 這大概是最早關於"閭里書師"附益文字的討論。此外，陳氏還對"蒼頡"與"倉頡"的問題有過關注。其據漢簡所見"皆作蒼頡，無作倉頡者"指出姚振宗"倉蒼古今字，漢碑及六朝人皆書作倉，作蒼者後人爲之也"之不確。不過他所謂的"知蒼倉二字，在兩漢人隨寫，并無嚴格之區別"則似可商，目前所見漢簡中均作"蒼頡"，從無作"倉頡"者。目前所見，僅東漢的《倉頡廟碑》以及1973年西安市未央區發現的一面西漢晚期銅鏡作"倉頡"，似乎可知"蒼""倉"的使用確有時代差異，祇不過似當以作"蒼"爲古。③

由於當時所見材料有限，以及對一些文字的釋讀有誤，學者們也曾得出一些錯誤結論。如勞榦先生據簡167.4"幼子承詔，謹慎敬戒"兩句謂"幼子承詔"章第二句當爲"謹慎敬戒"。顯然由今天所見可知"幼子承詔"緊接"蒼頡作書，以教後嗣"而來，并非一章之首。事實上，簡167.4首字存"嗣"字，但是由於勞氏誤釋了簡185.20中"蒼頡作書，以教後嗣"爲"蒼頡作書，以教後詣"，因此未將此四句連綴起來。後來陳直先生始將《蒼頡篇》首四句綴合爲"蒼頡作書，以教後嗣。幼子承詔，謹慎敬戒。"④ 陳氏謂"勞氏此簡（引者按，指居延漢簡9.1）釋文，錯誤甚多，不能通其句讀。以戎翟給賨但致貢一句而論，似《倉頡篇》不純四言，有時亦雜以七言，亦爲前人所未詳。"⑤ 這顯然也是受錯誤的釋文誤導而得出的錯誤結論，以今天所得材料來看，《蒼頡篇》均爲四字一句（水泉子七

---

① 勞榦：《蒼頡篇與急就篇文》，《居延漢簡考釋之部·居延漢簡考證》，臺灣"中研院"歷史語言研究所專刊之四十，1960年，第76頁。
② 陳直：《〈蒼頡〉〈急就篇〉的殘簡》，《居延漢簡研究·居延漢簡綜論》，中華書局，2009年，第156頁。
③ 關於此問題，孫新梅有《〈蒼頡篇〉之流傳與"蒼頡""倉頡"孰是考》，《圖書館理論與實踐》2018年第8期；祝永新、楊懷源：《〈蒼頡篇〉定名研究》，《漢語史研究集刊》第30輯，四川大學出版社，2021年，第158—181頁；可參看。
④ 同②。
⑤ 陳直：《居延漢簡研究·居延漢簡解要》，中華書局，2009年，第482頁。

言本情況特殊，詳下文），無作七言者。"戎翟給竇但致貢"實爲"戎翟給竇，佰越貢□"，"貢"後一字北大簡本作"織"。

二、20世紀後期《蒼頡篇》的發現及研究的勃興

新中國成立後，隨着考古事業的發展，從 20 世紀 70 年代起，又有很多漢代簡牘被發現、發掘及整理公布。1972—1974 年在額濟納旗漢代甲渠候官遺址和第四燧遺址出土簡牘 8000 餘枚，1973 年在甘肅金塔縣漢代肩水金關遺址出土簡牘 11000 餘枚。1979 年在敦煌市西北 95 公里馬圈灣漢代烽燧遺址出土簡牘 1200 餘枚。此外，1977 年在玉門花海農場漢代烽燧遺址亦發現了 90 餘枚簡牘。這些簡牘中均含有《蒼頡篇》殘簡。不過由於圖版及釋文的正式公布均在 90 年代以後，因此相關研究的展開自然也在這之後了。①

相較而言，1977 年發掘出土的阜陽漢簡《蒼頡篇》則是更早推動相關研究發展的重要材料。阜陽漢簡是 1977 年在阜陽雙古堆一號漢墓發掘出土的。經確認，這是第二代汝陰侯夏侯竈之墓。與《蒼頡篇》同出的還有其他古書，如《詩經》《周易》等。《文物》1983 年第 2 期發表了署名阜陽漢簡整理組的《阜陽漢簡〈蒼頡篇〉》以及胡平生、韓自強的《〈蒼頡篇〉的初步研究》兩篇文章。前者公布了較完整簡的摹本及五枚照片，而且將全部簡文整理出來并作了簡單注釋。阜陽漢簡《蒼頡篇》保存的簡文內容及作爲古書的物質形態信息都十分豐富。據當時統計，此本完整字數達到了 541 個，雖然保存情況相對較差，但仍有許多可成句者，對《蒼頡篇》的研究具有極大的價值，因此材料一經公布即引起了學者們極大的研究興趣。前引胡、韓文章對阜陽漢簡《蒼頡篇》及《蒼頡篇》的相關問題進行了深入的發掘與研究。該文根據已有材料推斷阜陽漢簡《蒼頡篇》是以秦代《蒼頡篇》爲底本的漢初抄本。雖然理由在今天看來似乎并不十分充分，但是這個判斷却無疑是正確的。此外，文章還結合已有材料從語言學的角度對《蒼頡篇》進行了考察。如押韻方面提出了《蒼頡》《爰歷》《博學》三篇一篇一韻的猜想：李斯所作《蒼頡篇》押之部韻，趙高所作《爰歷》押魚部韻，胡母敬所作《博學》押陽部韻。雖然今天看來并不完全準確，不過這個猜測却仍然具有相當的啓發意義。篇章、

---

① 20 世紀 90 年代初發掘的懸泉漢簡中亦有一部分《蒼頡篇》殘簡，不過由於內容均未出此前所見，加之這批材料目前還在陸續出版，且出版時間已經到了 21 世紀了。因此僅在這里提及一下。

句式方面,文章最早提出了《蒼頡篇》的主要兩種語句的編排形式:陳述式與羅列式。

該文之外,林素清先生《蒼頡篇研究》一文亦較值得重視。[①] 雖然文章整體是對《蒼頡篇》進行的研究,但是其中有較大篇幅關注了阜陽漢簡《蒼頡篇》,所得出的相關結論也多據阜陽漢簡本《蒼頡篇》。文章在前述胡、韓兩位先生研究的基礎上進一步明確了阜陽漢簡《蒼頡篇》是以秦本爲底本的漢初改本。根據抄寫形式、各簡書寫字數以及异文現象首次提到此本非五十五章本。今天來看,這三點證據及結論都是很正確的判斷。此外,林文還首次關注到複字的問題,認爲《漢志》所述揚雄更改重複文字的記載是可靠的。

可以這樣説。阜陽漢簡《蒼頡篇》的發現及公布是《蒼頡篇》研究中的一個里程碑,從此,我們不僅能够見到"閭里書師"改編後的本子,也見到了時代更早且未經"斷章"的本子。對這部字書的認識可謂有了質的飛躍。到目前爲止,阜陽漢簡本仍然是我們能够見到的《蒼頡篇》最早版本。

20世纪80年代,玉門花海農場發現的簡牘被公布。[②] 其中有三枚寫有《蒼頡篇》首章的內容。此三簡敦煌漢簡編號分别爲1459、1460及1461,均兩面書寫。不過其内容并不完整,且書法拙劣,幾不成字。

玉門花海漢簡還有三枚寫有人姓名的簡,敦煌漢簡編號爲1451、1462及1463,其中後兩簡書寫内容相同,袛是後者不及前者字多。因首五字爲"曰書人名姓",在相關研究中便經常以此五字作爲此二簡名稱。《玉門花海漢代烽燧遺址出土簡牘》一文公布相關材料時將此三簡列爲"疑爲《蒼頡篇》等字書者"。[③]

到了90年代,隨著此前在西北地區發現的相關材料的公布,對《蒼頡篇》的研究也有相當的推動。其中比較重要的内容有居延新簡EPT50:1所載寫有《蒼頡篇》第一章内容的漢簡,此簡正、反面幾乎完整的記録了首章,價值很大。後來,學者們根據居延漢簡24.8A等内容將《蒼頡篇》首章補齊。[④] 與玉門花海漢簡類似、

---

① 林素清:《蒼頡篇研究》,《漢學研究》第5卷第1期。
② 相關内容最早發表在嘉峪關市文物保管所《玉門花海漢代烽燧遺址出土簡牘》一文中,收入《漢簡研究文集》,甘肅人民出版社,1984年。
③ 嘉峪關市文物保管所:《玉門花海漢代烽燧遺址出土簡牘》,《漢簡研究文集》,甘肅人民出版社,1984年,第22頁。
④ 參拙文《習字簡中的〈蒼頡篇〉首章及相關問題》,《古文字研究》第32輯,中華書局,2018年,第513—516頁。本文曾在中國古文字研究會四十周年上宣讀,張傳官先生在會上亦宣讀了大作,對《蒼頡篇》首章的復原意見與我們相同。張文後發表在《中國語文》2019年第5期,對相關問題的討論更爲詳盡。

同樣書有姓名但內容更爲豐富的一枚木觚發現於馬圈灣烽燧遺址。這是一枚四棱木觚，觚上寫有60字，均爲"單姓、單名"的形式，共30個名字。因首四字爲"焦黨陶聖"，因此學者們一般稱其爲"焦黨陶聖"章，敦煌漢簡編號爲639。由於60字恰好與"閭里書師"斷章後的一章文字相合，加上形式上亦與《蒼頡篇》極爲近似，因此在公布之初便被當做《蒼頡篇》的疑似材料來研究，後來又被學者們進一步認定爲屬於《蒼頡篇》。不過這些"姓名簡"是否確屬《蒼頡篇》仍待論證。①

對以上所列簡牘，胡平生先生均做過相關研究，尤其對文字的釋讀提出了很多新的見解。此外，他對居延、敦煌等地所發現簡牘中的一些疑似《蒼頡篇》的資料進行了研究。有些後來被新出資料所證實。值得注意的是他聯繫《急就篇》與《蒼頡篇》的密切關係，提出"《蒼頡篇》會不會以四字句爲主，也兼有其他句式"這樣的猜想。并進一步推斷"具體到每一種書，似乎不能説'四字句'系統的書，就没有四字之外的其他句式。"②前面已經提到，陳直先生曾根據居延漢簡的錯誤釋文提出過類似的猜測。在今天看來這種觀點應該是不正確的。

三、斯坦因所獲習字削衣中的《蒼頡篇》及相關研究

在斯坦因第二、三次考察中所發掘出的漢文簡牘中除前述交由沙畹等整理者外，③還有2000餘枚削衣簡。斯氏在考古報告中謂"在烽燧（T6b）西北約16碼處有一個奇怪的發現。這里發現了一大堆木刨花，上面寫有漢字，而且總數很可能超過1000個。"④通過斯坦因相關的叙述，當時蔣師爺（蔣孝琬）已經正確地指出這些碎簡爲習字之簡。不過經過後來的研究可知，這批削衣簡的發現地不僅限T6b一處。由於這部分習字簡沙畹在整理時没有關注及公布，此後便一直未正式發表，學界亦罕有人進行研究。就目前所見，最早將這批材料介紹給國内學術

---

① 相關的討論參拙文《〈蒼頡篇〉文本研究三題》，《歷史文獻研究》第49輯，廣陵書社，2022年，第99—110頁。

② 參胡平生《漢簡〈蒼頡篇〉新資料研究》，原刊《簡帛研究》第2輯，法律出版社，1996年，後收入《胡平生簡牘文物論稿》，中西書局，2012年，第24頁。

③ 第三次所獲漢文簡牘開始亦由沙畹整理，不過沙氏1918年因病去世，未完的工作便由其弟子馬伯樂接手整理。不過這部分已經整理的簡牘中并無《蒼頡篇》。

④〔英〕奧雷爾·斯坦因著，中國社會科學院考古研究所主持翻譯：《西域考古圖記》，廣西師範大學出版社，1998年，第370頁。

界的是郭鋒先生,他在《斯坦因第三次中亞探險所獲甘肅新疆出土漢文文書——未經馬斯伯樂刊布的部分》一書中於附錄二對此進行了簡要介紹:

  筆者1989年調查三探文書時,順便調查了二探未刊木簡,現將所見簡介紹如下:據調查,二探所獲漢文木簡均編於Or8211號下1-3326號內。其中1-992號即已經沙畹刊布之木簡及少量紙文書。993-1351號,皆敦煌烽燧出土(TⅥ、TⅩ-ⅩⅧ等遺址),爲未刊布者。簡皆寸餘或不滿尺之碎片,或二、三字或十餘字,隸書,漫漶難論識者居多。1352-1682爲尼雅佉盧文簡。1683-1731爲一探所獲漢文簡47枚,已經沙畹刊出(見正文及《概介》文說明)。1732號爲佉盧文簡。1733-3326號,計一千五百餘號,亦皆未經整理刊布之二探所獲敦煌木簡。由此可知,二探所獲木簡,其未經刊布之敦煌木簡尚有近二千號(1733-3326號一千五百餘號與993-1351號三百五十餘號合計)。①

郭氏之後,張德芳、郝樹聲兩位先生對此又進行了更爲詳細的調查,經過調查,發現有些編號下不祇有一枚簡,比如1786號下有160枚,而3326號下更有359枚之多。又知郭書中所謂的1733-3326號中亦含有非漢文的簡牘,實際的數量要大於郭氏所統計。最終,二氏的統計結果是未發表漢文簡牘的數量爲2398枚。②這些簡牘後來經汪濤、胡平生及吳芳思等先生整理,在2007年由上海辭書出版社出版發行,即《英國國家圖書館藏斯坦因所獲未刊漢文簡牘》。③書中還附有胡平生、籾山明等先生的相關研究文章。④針對這些殘簡所述,胡文認爲"書人名姓"章與"焦黨陶聖"章均應爲《蒼頡篇》內容。此外,文章還推斷《蒼頡篇》可能有干支表。其理由首先自然是這批削衣簡中存在大量的寫有干支的殘簡,此外干支表六十甲子與《蒼頡篇》五十五章本一章字數正好相合。邢義田先生對此表示懷疑,他認爲這些干支殘簡很可能是練習《六甲》的結果。⑤

———————

①郭鋒:《斯坦因第三次中亞探險所獲甘肅新疆出土漢文文書——未經馬斯伯樂刊布的部分》,甘肅人民出版社,1993年,第124—125頁。

②張德芳、郝樹聲:《斯坦因第二次中亞探險所獲敦煌漢簡未刊部分及其相關問題》,載《英國國家圖書館藏斯坦因所獲未刊漢文簡牘》,上海辭書出版社,2007年,第76—80頁。

③關於這批簡的數量,日本學者藤田高夫先生亦有統計,與張、郝二氏又不相同。參氏著《大英図書館藏スタイン將來漢簡の研究現狀報告》,日本秦漢史學會會報第2號,第49—65頁。

④胡平生:《英國國家圖書館藏斯坦因所獲簡牘中的〈蒼頡篇〉殘片研究》,籾山明《削衣、觚、史書》。此外,書中還收有裘錫圭、李均明、邢義田等先生文章,不過與《蒼頡篇》研究無關。

⑤參邢義田《漢代〈蒼頡〉〈急就〉八體和〈史書〉問題》,《古文字與古代史》第2輯,臺灣"中央研究院"歷史語言研究所會議論文集之九,2009年,第463頁。

這批材料中確有相當多的文字屬《蒼頡篇》，隨著新材料的公布，有更多的文字被證實了這種歸屬。而這部分材料的一個十分明顯的特點就是重複書寫的内容十分多，這當然是由於其習字的目的所致，而重複内容中文字多少往往參差不齊。這提示我們可以將相關的文字進行内容上的綴合。應該提到的是整理者已經注意到了這種情況。因此在一些注釋下會作相關提示。胡平生先生在文中亦提到了這個問題："此次公布的材料中還有許多《蒼頡篇》完整的句子，有些簡文可以通過'接龍'的形式互相連綴，或與雙古堆漢簡《蒼頡篇》的簡文連綴，這樣就形成了更長的片段，很值得重視。"①不過《英國國家圖書館藏斯坦因所獲未刊漢文簡牘》公布後的一段時間内似乎并未引起其他學者的關注。我們在《〈英國國家圖書館藏斯坦因所獲未刊漢文簡牘〉的初步整理與研究》一文中對一部分殘簡進行了連綴的工作，共繫聯了相關簡文二十組，其中大部分是《蒼頡篇》的文字。文末，亦討論了《蒼頡篇》中是否有六十甲子的問題。晉夏侯湛《抵疑》載："鄉曲之徒，一介之士，曾諷《急就》習《甲子》者，皆奮筆揚文，議制論道。出草苗，起林藪，御青瑣，入金埔者，無日不有。"②其以《急就篇》與《甲子》并稱，可見在當時《甲子》是獨立成篇的，且可判斷其與《急就篇》的地位相當。《漢書·食貨志》："八歲入小學，學《六甲》五方書計之事，始知室家長幼之節。"③《六甲》應即《甲子》，益可見漢代其可單獨成篇。且作爲字書若將六十甲子收入必然會造成很多重複文字。因此，不可能是《蒼頡篇》的内容。④

需要注意的是《英國國家圖書館藏斯坦因所獲未刊漢文簡牘》一書所公布的材料并非全部内容。因此後來汪濤等先生與張存良先生分别著文公布了書内未刊布的相關内容。⑤其中胡文所公布的圖版是英國國家圖書館提供的高清照片，文章還對簡牘的相關情況有較詳細的叙述，明確了此前遺漏的殘簡數量爲1795及1798-1925間的125枚，并公布了全部的簡文照片。張文所據材料出自"國際敦煌學"網站，對於此前所遺漏的數量謂"100多枚"，文中公布了部分紅外圖版。

---

① 胡平生：《英國國家圖書館藏斯坦因所獲簡牘中的〈蒼頡篇〉殘片研究》，收入《胡平生簡牘文物論稿》，中西書局，2012年，第35頁。
② 《晋書》卷五五《夏侯湛傳》，中華書局，1974年，第1493頁。
③ 《漢書》卷二四《食貨志》，中華書局，1962年，第1122頁。
④ 參拙文《〈英國國家圖書館藏斯坦因所獲未刊漢文簡牘〉的初步整理與研究》，《中國文字》新39期，藝文印書館，2013年，第187—216頁。
⑤ 胡平生：《〈英國國家圖書館藏斯坦因所獲未刊漢文簡牘〉補遺釋文》，《出土文獻研究》第15輯，中西書局，2016年；張存良：《〈英國國家圖書館藏斯坦因所獲漢文簡牘〉未刊部分》，《文物》2016年第6期。

兩家所作釋文亦互有參差。

《英國國家圖書館藏斯坦因所獲未刊漢文簡牘》的出版已經進入到新世紀，在這之後，新的、更重要的材料又陸續被發現及公布。

四、水泉子七言本的發現與認識

2008 年 8-10 月，甘肅省文物考古研究所對永昌縣紅山窯鄉水泉子村漢墓群進行搶救性發掘，共清理墓葬 15 座，其中 M5 出土一批木簡，一部分爲《日書》，另外一部分則爲《蒼頡篇》。參與發掘者張存良先生撰文披露了一部分釋文，并進行了初步的研究。[①] 此外，較早關注到這批材料的胡平生先生很快發表了《讀水泉子漢簡七言本〈蒼頡篇〉》一文，對其中一些關鍵問題展開討論。[②] 這批《蒼頡篇》殘簡保存較差，幾乎全部殘斷。不過內容十分重要，不僅在於簡文中含有以前未見的文字，更重要的是以七言寫成，這與以往所見大不相同。七言本的句式結構，很明顯是以《蒼頡篇》正文爲前四字，而后三字則是"對前四字文意的一個順勢延伸，有簡單訓釋的意思，使前四字的意義更加完整或確有所指。"[③] 不過由於簡文殘斷屬害，加上很多內容此前未見，因此對於哪些文字屬於《蒼頡篇》正文、哪些屬於解釋性的文字，張、胡二文的判斷有時并不一致。當然，隨著新資料的陸續公布，一部分問題很容易便可以厘清，尚無重見內容的部分則仍待研究。

對於水泉子漢簡七言本《蒼頡篇》的作者問題，由於張存良先生認爲它們應即《蒼頡訓纂》，因此判斷作者可能是揚雄或者杜林。不過胡文不同意此觀點：首先，張文對《漢志》相關叙述的理解有誤，《漢志》謂"揚雄取其有用者以作《訓纂篇》，順續《蒼頡》。"張文認爲"順續"就是對"訓纂"的淺顯說明。這顯然是有問題的。其次，依《漢志》對章數、字數的記載可知，揚雄《訓纂篇》亦應爲四言而非七言。最後胡文還指出七言本文字過於俚俗，不可能出自揚、杜手筆。我們認爲胡文的判斷是有道理的，七言本《蒼頡篇》不可能是《蒼頡訓纂》，應是當地的塾師們

[①] 張存良：《水泉子漢簡七言〈蒼頡篇〉蠡測》，《出土文獻研究》第 9 輯，中華書局，2010 年，第 60—75 頁。

[②] 據該文後記可知曾在 2009 年於復旦大學出土文獻與古文字研究中心座談會上宣講，後收入《胡平生簡牘文物論稿》，中西書局，2012 年。

[③] 胡平生：《讀水泉子漢簡七言本〈蒼頡篇〉》，《胡平生簡牘文物論稿》，中西書局，2012 年，第 49 頁。

爲了方便學習者記誦而進行的簡單加工，目前未見此本在其他地區通行。當然，此本的發現也不能成爲《蒼頡篇》有七言的證據。

水泉子漢簡《蒼頡篇》保存下來的全部文字材料在張存良先生《水泉子漢簡〈蒼頡篇〉整理與研究》一文中發表出來。① 該文分上、中、下三編。上編前三章分別對《蒼頡篇》及其輯本以及出土本進行概述，第四章則集中介紹水泉子《蒼頡篇》的情況。值得一提的是張氏在這一部分仍然堅持了水泉子《蒼頡篇》是《蒼頡訓纂》的看法。中編爲釋文及圖版，釋文共編號 138 個，圖版則僅有 50 枚。下編是全文的重點——釋文校注。其注釋十分詳盡，有些具有一定的參考價值。

如上所述，水泉子漢簡本釋文全部公布於張存良《水泉子漢簡〈蒼頡篇〉整理與研究》。但是由於圖版信息不完整，導致一部分釋文的準確性無法驗斷，目前對這批材料可進行前四字正文與後三字解釋文字間關係的研究，這對漢代的文字與詞彙的認識應該是有幫助的。

五、北大漢簡《蒼頡篇》對相關研究的推動

在水泉子漢簡發掘整理及初步研究的同時，2009 年北京大學入藏了一批漢簡，內容以古書爲主。其中有一部分爲《蒼頡篇》。經過最後綴合整理，共得整簡 63 枚，殘簡 18 枚（整理者注：其中有兩枚簡僅末字殘或缺），共 81 枚。② 保存了整字 1317 個，殘字 20 個，合計 1337 個。這在當時是自羅、王從敦煌漢簡中發現《蒼頡篇》殘簡以來所能見到的保存最完整的文本，對《蒼頡篇》研究的推動也是空前的。而且北大簡書寫精良，在書法藝術上也具有很高的研究價值。

最早對北大簡《蒼頡篇》進行介紹的是朱鳳瀚先生，他在《北京大學藏西漢竹書分述》之《蒼頡篇》概述中對相關情況進行了説明。③ 從竹簡的物質形態上看，北大簡《蒼頡篇》每簡整簡寫滿爲 20 字，均爲隸書書寫。從文本上看，北大簡《蒼頡篇》每章均有章題，且以章首兩字爲題，這與先秦兩漢古書的情況相吻合，現存章題共 11 個。分別爲"顓頊""雲雨""室宇""□輪""鵙鴿""漢兼""□禄""闊錯""幣帛""□悷""賣構"。通過該文，我們了解到北大簡《蒼頡篇》的分章與"閭里書師"斷章後的五十五章本完全不同。據介紹，北大簡《蒼頡篇》

---

① 張存良：《水泉子漢簡〈蒼頡篇〉整理與研究》，蘭州大學博士學位論文，2015 年。
② 朱鳳瀚先生最初在《北大漢簡〈蒼頡篇〉概述》一文中稱有整簡 69 枚，殘簡 13 枚，共 82 枚。
③ 朱鳳瀚：《北大漢簡〈蒼頡篇〉概述》，《文物》2011 年第 6 期。

各章末均標明該章字數，朱文中披露的有"百四""百一十二""百廿八""百卅六""百卌"以及"百五十二"。這説明北大簡《蒼頡篇》每章的字數不同。而五十五章本我們已經知道是被所謂的"閭里書師"強行按照字數斷開的。此外，文章還介紹了押韻與分章的問題。即多數章一韻到底（含合韻），而同一韻部不僅含有一章，往往包含若干章。

　　文章還提到了兩個問題，引起了後來的一部分討論方向。首先是"胡無噍類，菹醢離异。戎翟給賓，百越貢織"這四句話的歸屬問題，朱文認爲此四句爲秦本所有，阜陽漢簡《蒼頡篇》未見是因爲西漢人整理時删去。梁静先生則不同意此説，我們也認爲此四句非秦本所有，而是漢人所增，不過理由與梁氏不同。[①]其次，關於北大簡"丹勝誤亂"一句中"丹"與阜陽漢簡"政勝誤亂"中"政"字的關係問題。此字最初朱文認爲是"月"字，而該句亦見於水泉子漢簡《蒼頡篇》，張存良未釋，胡平生先生懷疑是"丹"或"丼"字。[②]朱先生的意見是"丹"爲"端"之同音借字，而"端"則爲"政"的避諱字。這個意見被胡平生先生接受。認爲"此説應當是迄今爲止最好的解釋"。不過避免與"端"重複而改"丹"之説似乎并不完滿。[③]吴毅强先生則認爲"丹""勝"分别指燕國的"太子丹"與齊國的"后勝"。此説顯然是受此前林素清先生將阜陽漢簡"政勝誤亂"中"政""勝"分别解釋爲"嬴政"與"陳勝"的啓發。[④]有一定參考價值。不過他認爲"阜陽本的'政'，可能是'端'的同義詞，而'端'與'丹'音近，故而抄寫者先是寫作了'端勝'，後用同義詞'政'代替。"[⑤]與前説則僅僅是反推"丹""政"的關係，仍然較爲迂曲。陳世慶先生認爲北大簡及水泉子漢簡《蒼頡篇》中"丹"均爲"用"之誤釋，而讀爲"勇"。同時懷疑阜陽漢簡本"政"爲"敢"字。[⑥]目前來看僅爲一家之言。應該説此問題尚無完美的解讀。

　　2015年，《北京大學藏西漢竹書（壹）》出版。[⑦]北大簡《蒼頡篇》的全部資料及整理成果公布出來。書後所附朱鳳瀚先生《北大藏漢簡〈蒼頡篇〉的新啓示》一文又從文本、語言等方面對《蒼頡篇》進行了探索。引起了學者們廣泛的討論。

---

① 詳細論證可參拙文《〈蒼頡篇〉文本研究三題》，《歷史文獻研究》第49輯，第100—101頁。
② 參朱鳳瀚《北大漢簡〈蒼頡篇〉概述》，《文物》2011年第6期，注釋19。
③ 胡平生：《讀北大漢簡〈蒼頡篇〉札記》，《出土文獻研究》第15輯，中西書局，2016年，第283頁。
④ 林説參《蒼頡篇研究》，《漢學研究》第5卷第1期，第62—63頁。
⑤ 吴毅强：《北大簡〈蒼頡篇〉"丹勝誤亂"解》，《出土文獻》第13輯，中西書局，2018年，第288頁。
⑥ 陳世慶：《〈蒼頡篇〉"丹勝誤亂"獻疑》，《阜陽師範大學學報》2021年第4期。
⑦ 北京大學出土文獻研究所：《北京大學藏西漢竹書（壹）》，上海古籍出版社，2015年。

我們認爲以下兩個問題是討論較爲集中且重要的：

時代問題：由於《蒼頡篇》是北京大學藏西漢竹書的一部分，因此其時代與北大竹書的整體時代密切相關，對於北大簡的時代，整理者有過闡釋：

> 關於這批竹簡的抄寫年代，似可從以下幾點情況作一推測。此批竹書中未發現漢武帝以後的年號，僅在一枚數術簡上發現有"孝景元年"紀年。各篇竹書文字的書法與書體特徵不盡相同，抄寫年代可能略有早晚，但大體上可以認爲已近於成熟的漢隸，與張家山漢簡、馬王堆帛書中近於秦隸的西漢早期隸書有較明顯的區別，與銀雀山漢簡書體相比亦顯稍晚。但若取其中最接近成熟漢隸的書體與定州八角廊漢墓出土的宣帝時期竹簡書體相比，仍略顯古樸。再結合對竹書内容的分析，我們推測這批竹簡的抄寫年代多數當在漢武帝時期，可能主要在武帝後期，下限亦應不晚於宣帝。①

這一判斷是基本可信的。朱鳳瀚先生在《北大漢簡〈蒼頡篇〉概述》一文中亦認爲北大簡《蒼頡篇》應略晚於阜陽漢簡《蒼頡篇》，但是不應晚於武帝後期。其中一個理由是，"雙古堆簡從摹本看，其書體似更近秦隸，而北大簡漢隸筆意則似已稍強，表明其抄寫年代可能稍晚。"②周飛先生通過對比北大簡《蒼頡篇》中"甄""麻""擾"等字與小篆及漢簡文字的形體關係，認爲北大簡《蒼頡篇》應是由秦小篆本《蒼頡篇》隸定而來。并在對比北大簡本與阜陽漢簡本之後認爲，"兩者文句方面的差別是很小的""北大簡與阜陽簡在文字方面的區別也不大"以及"分章方面，北大簡與阜陽簡也是相當一致的"，從而得出結論："北大簡、阜陽簡都是轉抄自秦本，時間不晚於漢武帝。"③顯然，周文將北大簡《蒼頡篇》的時代向前提了幾十年。陳文波先生則從書法風格演變序列的角度入手分析。他認爲北大簡《蒼頡篇》的的結體穩定且方折意味濃厚，應已經屬於八分體。從而得出"從書法風格來看，北《蒼》抄寫時代的上限應該是漢隸成熟、八分體初具規模的昭帝、宣帝之際"這樣的結論。④

顯然，對出土文獻時代的判斷最好是有如阜陽漢簡《蒼頡篇》那樣明確的紀

---

① 北京大學出土文獻研究所：《北京大學藏西漢竹書概說》，《文物》2011 年第 6 期，第 53 頁。
② 朱鳳瀚：《北大漢簡〈蒼頡篇〉概述》，《文物》2011 年第 6 期，第 59 頁。
③ 周飛：《出土〈蒼頡篇〉版本探討》，《出土文獻》第 8 輯，中西書局，2016 年，第 190—200 頁。
④ 陳文波：《北大漢簡〈蒼頡篇〉抄寫時代新探——兼論隸變中書風的變遷》，《中國書畫》2018 年第 5 期，第 7 頁。

年信息，這是能够進行精確時代定位的基本條件。除此以外進行時代判斷則需要從多角度進行考慮。書法風格、文字形體以及構件的組合等確實均能提供一定的信息。此外還值得注意的是書寫習慣也能够透露出時代特征。我們認爲北大簡《蒼頡篇》的書寫時間應介於阜陽簡與西漢後期在西北地區所發現的各批《蒼頡篇》殘簡之間。因此我們既不能同意將其時代大幅度提前，亦不認同北大簡的時代可以晚至以昭、宣之際爲上限的西漢後期。

　　章旨問題：以往對《蒼頡篇》的認識是按字義編排。如果將視角擴大的到"章"的層面，則與韻相關。無論是"斷章"前的二十章本還是"斷章"後的五十五章本都與韻密不可分。首先提出"斷章"前《蒼頡篇》的分章與全章内容相關的是楊振紅先生，她以章爲單位進行了相關的研究。如在《北大藏漢簡〈蒼頡篇·顓頊〉校釋與解讀》一文中，楊先生首先提到了"《蒼頡篇》各章均有章旨即主題思想，雖然囿於體裁，内容稍顯鬆散，跳躍性較大，但仍可以看出整章内容圍繞章旨展開,句子之間文義有承啓關係"①。在經過逐句分詞的解讀後，認爲《顓頊》一章的内容圍繞"顓頊""祝融"展開，并以之爲中心，集中反映了當時關於天地、民神、時令、人類發展歷史等思想觀念。楊文還指出了本章與《月令》一類文獻的緊密關係。而在對《闊錯》章進行研究之後，楊文提出："我們可以推測本章的内容是叙述諸侯母親的葬禮儀式。"同時還提到："《闊錯》章講述的喪葬禮儀與《儀禮》等經典文獻可以互相參證。"②需要指出的是《闊錯》章目前僅存兩簡，即北大簡 12 及簡 13。對不完整的内容的解讀能否得出完整一章的章旨尚待考論。

　　周飛先生則認爲《蒼頡篇》每章無一定的主題。以楊文所論之《顓頊》章爲例，周氏分析後認爲

　　　　本章爲北大簡 46-52。本章頭兩句講顓頊與祝融招搖奮光，但是隔了兩句就開始講地名，且在兩組地名之間插入"閲勞竈趣，滕先登麖"這兩組似乎與攻城有關的語句。本章從第三行開始，先後出現經商、顏色、疾病、占卜、獄訟等相關的語句。可以説顓頊章的選字涵蓋了很大

---

①楊振紅：《北大藏漢簡〈蒼頡篇·顓頊〉校釋與解讀》，《簡帛研究二〇一六·春夏卷》，廣西師範大學出版社，2016 年，第 222 頁。

②楊振紅、單印飛：《北大漢簡〈蒼頡篇·闊錯〉的釋讀與章旨》，《歷史研究》2017 年第 6 期，第 176—177 頁。

的範圍。①

此外，周文還提到了主題與《蒼頡篇》章題命名的關係：

> 也正因爲每章没有一定的主題，所以用概括性的文字作每章的章題顯然是不可能的，不如直接用每章頭兩字作章題方便。這應當是除了沿襲傳統命名規則之外，《蒼頡篇》以每章的頭兩字作爲章題的另一個原因。②

由於《蒼頡篇》經常按同義、反義、類義字進行編排，因此會造成某一兩枚簡文所述內容均相關。而這樣的情況比較集中出現於一章便會造成這一章集中記述幾個主題的印象。雖然對這一問題尚可討論，不過我們認爲對主題的研究可以把目光放到句子層面，因爲一般來說，每句四字間從字義上看都是有密切關聯的，而上下句之間也是可以討論主題的。周飛先生亦認爲："《蒼頡篇》中圍繞每個主題的語句普遍不長，以兩句到四五句爲主。"③雖然没有明確這一看法，但是其意與我們所說相近。

北大簡《蒼頡篇》公布以後，簡牘本《蒼頡篇》的研究達到了一個高潮，對相關問題的認識比之從前也大大前進了。比如以往學者們對《漢書·藝文志》所載閭里書師"斷六十字爲一章"之前的情況以及前後的差異了解甚少，而藉由北大簡本的陸續披露及公布，使得這一問題逐漸清晰。④北大簡《蒼頡篇》研究的方向不僅限於以上所論，比如初版釋文中存在一些誤釋，已經有不少學者參與討論，提出了很多好的釋文修訂意見。⑤此外，北大簡最初整理時對一些簡牘的編

---

① 周飛：《〈蒼頡篇〉綜合研究》，清華大學博士學位論文，2017年，第73頁。
② 周飛：《〈蒼頡篇〉綜合研究》，清華大學博士學位論文，2017年，第74頁。
③ 同①。
④ 可參白軍鵬《〈蒼頡篇〉的兩種漢代版本及相關問題研究》，《文獻》2015年第3期。
⑤ 這方面的研究比較集中的可參劉婉玲《出土〈蒼頡篇〉文本整理及字表》，吉林大學碩士學位論文，2018年。此外還有一些文章：如白軍鵬《讀北大簡〈蒼頡篇〉札記》，《簡帛研究2016（春夏卷）》，廣西師範大學出版社，2016年；胡平生《讀北大漢簡〈蒼頡篇〉札記》，《出土文獻研究》第15輯，中西書局，2016年；李家浩《北大漢簡〈蒼頡篇〉中的"秭"字》，《出土文獻研究》第16輯，中西書局，2017年；許文獻《北大漢簡〈蒼頡篇〉殘字考》，《古文字研究》第32輯，中華書局，2018年；蘇建州《北大簡〈蒼頡篇〉釋文及注釋補正》，《出土文獻與傳世典籍的詮釋》，中西書局，2019年；崔慶會《北大漢簡〈蒼頡篇〉簡23補釋》，《出土文獻》第15輯，中西書局，2019年；孫濤《說"旱殤"》，《出土文獻研究》第18輯，中西書局，2019年；王先虎《北大藏西漢竹書〈蒼頡篇〉七七號殘簡試補》，《書法研究》2021年第1期。

排也存在一些問題，對此，秦樺林、福田哲之等先生亦曾進行過專門研究。①不過限於篇幅本文就不擬展開討論了。②

六、漢牘本的公布與研究前景

就在北大簡公布四年後，2019年由劉桓先生整理的《新見漢牘〈蒼頡篇〉〈史篇〉校釋》面世。③內容如書題所示爲書寫於木牘上的《蒼頡篇》和《史篇》，體量較大，資料性很強。據整理者所述，漢牘本《蒼頡篇》共存字2160個。單純從保存文字數量上看已經超過了北大簡。與以往所見均不同的是，這批材料寫於木牘之上。保存完整的木牘長度約爲47厘米，寬爲5.4~6.1厘米，厚度則在0.6~0.7厘米之間。其中《蒼頡篇》部分爲每牘寫三行，每行20字，一牘共60字，恰合"閭里書師"改編後的一章字數，亦與當年羅振玉所述三棱觚上書寫一章的情況相類。且由於每枚木牘上方均寫有編號，因此，每一方木牘恰好書有五十五章本之一章內容及章序。而相關木牘上的文字記載與以往已經確定的一些章節內容可以吻合，如第一章、第五章等。

漢牘本《蒼頡篇》的面世無疑將爲《蒼頡篇》研究提供一片更廣闊的天地。不過由於這批木牘形製較爲獨特，與以往所見皆不同。加之此批材料并非科學發掘品，亦未經過相關的科學檢測及學術鑒定，因此，學界對其真僞仍存在一定的爭議。一部分學者認爲這批木牘應爲贋品。也正因此，目前學者們對漢牘本《蒼頡篇》的研究并未像北大簡《蒼頡篇》發表後那樣熱烈。我們認爲漢牘本《蒼頡篇》造假的可能性較低，應是具有重要研究價值的漢代木牘寫本。

對於這批漢牘的年代，整理者稱："這批漢牘上的文字正是西漢中期以後向八分書（隸楷）過渡的隸書字體。"④又稱："漢牘《蒼頡篇》隸書寬扁有波勢，明顯屬於漢武帝晚期或以後的鈔本。從時代上說，可能稍晚於北京大學藏的有古篆

---

① 秦樺林：《北大藏漢簡〈蒼頡篇〉札記（一）》，"簡帛"網2015年11月14日，http://www.bsm.org.cn/?hanjian/6516.html；〔日〕福田哲之：《北京大學藏漢簡〈蒼頡篇〉的綴連復原》，《出土文獻與古文字研究》第8輯，上海古籍出版社，2019年。

② 最近，《北京大學藏西漢竹書》系列出版了修訂版，《蒼頡篇》所在的第一册也在其中。修訂版對初版中存在問題的釋文校訂、編排等進行了修改、增訂。

③ 劉桓編著：《新見漢牘〈蒼頡篇〉〈史篇〉校釋》，中華書局，2019年。

④ 劉桓編著：《新見漢牘〈蒼頡篇〉〈史篇〉校釋》，中華書局，2019年，"前言"第1頁。

成分的西漢竹書《蒼頡篇》。"①又謂："在上述本子中，以阜陽漢簡《蒼頡篇》的年代最早，北大漢簡本次之，水泉子漢簡七言本又次之。後者的形成年代應該在漢牘本之後。"②

不過，通過對木牘上文字的考察，我們認爲，其書寫時代當不早於西漢末，甚至極有可能抄寫於東漢初年。從書寫風格上看，其文字已經完成了從古隸向八分的過渡，屬於成熟的八分。也幾乎看不出過渡時期的痕迹，說明距離過渡期已經有一段距離。裘錫圭先生在討論隸書的發展時提到"可以把昭帝時代也包括在過渡時期里"。③那麼這批漢牘的書寫時代上距昭帝時已有相當長的時間。并非整理者所謂的稍晚於北大本《蒼頡篇》的書寫年代。牘上一些字的寫法也有較明顯的晚期傾向，如"第六"章"殖"作■，"第十三"章的"兆"作■，"第十四"章的"顙"作■，"第十九"章的"崩"作■等，亦可作爲參考。不過鑒於木牘上數字的寫法與新莽時期有别，如"廿"不作"二十"，"卅"不作"三十"，"七"不作"桼"等。大概是可以排除其抄寫於新莽時期的。④因此，整理者對漢牘本時代的判斷尤其是對此本與水泉子本早晚的判斷應該是有問題的。

目前所見已經有一些學者對這批材料進行了專門的研究或在相關研究中引述其中的内容。而學界對漢牘本《蒼頡篇》的研究目前主要集中在釋文的校訂、章序的調整等。⑤相信隨著科學研究的推進，有關漢牘本《蒼頡篇》的相關研究也將逐漸深入。

附記：本文是國家社科基金一般項目"西北邊塞漢簡詞語校釋與整理研究"（18BYY152）、古文字與中華文明傳承發展工程"實施計劃（2021-2025）研究項目"秦漢簡帛古書異文整理與研究"（G3912）的階段性成果。

---

① 劉桓：《漢牘〈蒼頡篇〉的初步研究》，收入《新見漢牘〈蒼頡篇〉〈史篇〉校釋》，第220頁。
② 同④。
③ 裘錫圭：《文字學概要（修訂本）》，商務印書館，2013年，第87頁。
④ 關於這批材料的時代，張傳官先生亦認爲"木牘本《蒼頡篇》的年代當可大致定在西漢中晚期至東漢前期，從字體風格來看，似以東漢前期更爲可能"。參氏著《談談新見木牘〈蒼頡篇〉的學術價值》，《出土文獻與古文字研究》第9輯，復旦大學出版社，2020年，第351頁。
⑤ 張傳官：《談談新見木牘〈蒼頡篇〉的學術價值》，"復旦大學出土文獻與古文字研究中心"網站2019年12月26日，http://www.fdgwz.org.cn/Web/Show/4510，後收入《出土文獻與古文字研究》第9輯，上海古籍出版社，2020年；白軍鵬：《漢牘本〈蒼頡篇〉讀後》，"復旦大學出土文獻與古文字研究中心"網站2019年12月26日，http://www.fdgwz.org.cn/Web/Show/4511；〔日〕福田哲之：《〈蒼頡篇〉的押韻與章序》，《簡牘學研究》第11輯，甘肅人民出版社，2021年。

作者簡介：白軍鵬，男，1984年1月生，東北師範大學文學院、"古文字與中華文明傳承發展工程"協同攻關創新平臺副教授，博士生導師。主要從事《蒼頡篇》研究、漢簡校勘等。

20 世紀以來西北漢代官文書簡牘形制研究述論

李迎春

（西北師範大學歷史文化學院，蘭州 730070）

文書行政是秦漢國家治理和日常管理的基本形式。以簡牘爲主要載體的官文書是維繫國家行政運作，保證政令暢通的紐帶。由於行政功能差異，不同性質官文書簡牘的形制和使用方式各具特點。20 世紀以來，西北漢簡大量出土，官文書簡牘形制多樣，不僅存在長、寬、厚度差異，更有許多特殊形制。探索西北地區不同形制官文書簡牘的性質、功能、製作、使用情況，有助於漢代國家治理、行政運作，尤其是邊疆治理研究，具有重要價值。

簡牘形制即簡牘的視覺形態和製作規範。不同形制的簡牘各有不同的功用，在古代也各有特定名稱。史游《急就篇》稱："簡札檢署椠牘家"，[①] 就是從形制角度對簡、札、檢署、椠、牘等不同形態、規格簡牘的分類。《周禮》《説文解字》《論衡》和《史記》《漢書》等也都有關於不同簡牘形制內涵和使用方式的內容。進入 20 世紀後，隨着簡牘的出土，王國維、勞榦、陳夢家等學者開始對不同形制的簡牘實物予以專門研究，[②] 簡牘形制問題逐漸成爲簡牘學的重

---

① 〔漢〕史游撰、〔唐〕顏師古注、管振邦譯注：《顏注急就篇譯釋》，南京大學出版社，2009 年，第 147 頁。
② 主要成果有：王國維：《簡牘檢署考》，〔日〕鈴木虎雄譯本始刊於《藝文》1912 年 3、4、5、6 號，中文本刊於上虞羅振玉《雲窗叢刻》本，1914 年；羅振玉、王國維：《流沙墜簡》，東山學社（京都），1914 年，同年有上虞羅氏宸翰樓影印本；傅振倫：《簡策説》，《考古》社刊，1937 年第 6 期；黄盛璋：《簡牘以長短別尊卑考》，《東南日報》1948 年 4 月 7 日；陳夢家：《由實物所見漢代簡册制度》，收入甘肅省博物館、中國科學院考古研究所編著《武威漢簡》，文物出版社，1964 年；高大倫：《簡册制度中幾個問題的考辨》，《文獻》1984 年第 4 期；馬先醒：《簡牘通考》，載簡牘社編《簡牘學報》第 4 期，簡牘社出版發行，1976 年；馬先醒：《簡牘形制》，載簡牘學會編輯部編《簡牘學報》第 7 期，簡牘學會出版發行，1980 年；馬先醒：《簡牘學要義》，簡牘學會出版發行，1980 年；馬先醒：《簡牘制度之有無及其時代問題》，載《國際簡牘學會會刊》第 1 號，蘭臺出版社，1993 年；何雙全：《居延漢簡研究》，載《國際簡牘學會會刊》第 2 號，蘭臺出版社，1996 年；胡平生：《簡牘制度新探》，《文物》2000 年第 3 期；王國維原著，胡平生、馬月華：《簡牘檢署考校注》，上海古籍出版社，2004 年，第 52—53 頁。

要課題。

一、官文書簡牘的主要形制

近代以來對簡牘形制的考察，始於 1912 年王國維的《簡牘檢署考》一文。該文主要依據傳世文獻對簡、牘、檢署等簡牘形制及簡牘封緘、用印的方式予以探討。至居延漢簡出土，勞榦作《居延漢簡考證》首先也考"簡牘之制"，根據長度、寬度、是否有刻文、是否編聯、是否開槽或穿孔、是否木皮、是否有字等要素將居延漢簡分爲 10 類，分別命名爲簡、册、符、牘（或板）、函（信函，上部題字部分稱爲"檢"）、簽、觚、杙（或橛）、柿、樸，[①] 奠定了此後簡牘形制分類的基礎。再後，薛英群《居延漢簡通論·簡牘制度》將居延漢簡分爲牒、檢、板、檄、札、槧、簡、兩行、觚、册、符、傳、過所、柿十四類。[②] 駢宇騫、段書安《二十世紀出土簡帛綜述》"簡牘、帛書的形制"將簡牘分爲簡、牘、牒、方、柧（觚）、檄、札、槧、箋、版（板）、檢、楬、册（策）、兩行、棨、符、傳、過所等 18 類。[③] 這些都是對分類的進一步細化。當然，這些分類，有的是根據形制，有的是根據功能，有的内涵重複，有的未必具有普遍性。李解民就曾對目前簡牘分類中將形制、内容、功能隨意放在同一平面上的做法予以批評，其認爲祇有簡、牘、觚才屬於基本形制，而書檄、符券、檢楬雖具有某些形制特點，但總體上仍屬於文書學意義或功能意義概念，并非簡牘的基本形制，與簡、牘、觚不能放在一個平面上討論。[④] 筆者認爲，李解民注意到簡牘形制與簡牘内容在内涵上的差異性，發現目前的形制分類有與内容、功能混淆的地方，并試圖糾正這一做法，是非常敏鋭的。但需注意的是，形制、功能、内容，都是我們今天以研究者角度觀察得出的結論，秦漢人在使用簡牘的過程中未必會有如此認識。且檄、符、券、檢等稱謂的内涵及外延本身也存在動態發展的過程，其究竟是文書學意義、功能意義，還是形制意義，似乎也不好一概而論。僅把簡、牘、觚作爲基本形制當然可以，但具體研究過程中不可能不注意穿孔、挖槽、契口等特殊形

[①] 勞榦：《居延漢簡·圖版之部·序》，見《居延漢簡·圖版之部》，中研院歷史語言研究所專刊之二一，1957 年 3 月，1992 年 3 月景印 1 版，第 7—8 頁。
[②] 薛英群：《居延漢簡通論》，甘肅教育出版社，1991 年，第 128—142 頁。
[③] 駢宇騫、段書安：《二十世紀出土簡帛綜述》，文物出版社，2006 年，第 50—64 頁。
[④] 李解民：《中國日用類簡牘形制的幾個有關問題》，載卜憲群、楊振紅主編《簡帛研究二〇〇七》，廣西師範大學出版社，2010 年，第 181—193 頁。

制信息。因此，將檄、符、券、檢作爲特殊形制予以考察，并分析其内涵、外延的變遷過程，顯然仍應是簡牘形制研究的基本問題。總之，經過百餘年的學術積累，關於形制分類的標準，以及每種形制簡牘文書的特點、内涵和製作、使用、傳遞方式，學界成果汗牛充棟。故本文不擬全面梳理西北漢簡官文書形制研究百年學術成就，僅擬對 20 世紀以來學界討論較多的檢、楬、檄、符、傳、券等形制，尤其是其中爭論較多的問題予以簡要分析。并在此基礎上就 20 世紀以來有關西北漢代官文書簡牘形制研究的主要成就及下一步可能取得突破的領域略陳管見，以就教方家。

（一）檢和檢署

《釋名·釋書契》："檢，禁也。禁閉諸物使不得開露也。"[①] 由此可知，檢的主要功能是通過容納封泥的方式實現"封緘"的目的。檢是用來封禁物品的封泥槽，除了可以指那種狹小的、僅可容納一塊封泥、其上基本不書寫文字、[②] 被學界稱爲封泥匣或短檢的小槽外，更多時候是作爲檄或帶封泥槽的符等其它形制簡牘的組成部分。

至於帶有封泥槽可以封禁文書，同時也可以題署文字、指明收信人和傳遞方式等信息的木板，嚴格意義上説應稱"檢署"。《釋名·釋書契》稱："書文書檢曰署。署，予也，題所予者官號也。"[③] 顔師古注《急就篇》也稱："檢之言禁也，削木施於物上，所以禁閉之，使不得輒開露也。署，謂題書其檢上也。"[④] 當然，在一些場合下，檢署因其最主要的形制特徵是"檢"，故也可稱"檢"，如《説文解字》即稱："檢，書署也。"[⑤]《漢書·武帝紀》載："夏四月癸卯，上還，登封泰山。" 顔師古注引孟康曰："王者功成治定，告成功於天。封，崇也，助天之高也。刻石紀號，有金策石函金泥玉檢之封焉。"[⑥]《漢書·王莽傳》載："梓潼人哀章，學問長安，素無行，好爲大言。見莽居攝，即作銅匱，爲兩檢，署其一曰'天帝行璽金匱圖'，其一署曰'赤帝行璽某傳予黄帝金策書'。某者，高皇帝名也。"[⑦]《後

---

① 〔漢〕劉熙：《釋名》卷六《釋書契》，中華書局，1985 年，第 96 頁。
② 個別封泥匣的邊框上也有題署文字，如里耶秦簡中就有一些題署信息比較完備的不附着於檢板的單獨封泥槽。
③ 〔漢〕劉熙：《釋名》卷六《釋書契》，中華書局，1985 年，第 98 頁。
④ 〔漢〕史游撰、〔唐〕顔師古注、管振邦譯注：《顔注急就篇譯釋》，南京大學出版社，2009 年，第 147 頁。
⑤ 〔漢〕許慎撰，〔宋〕徐鉉校訂：《説文解字》卷六上，中華書局，1963 年，第 124 頁。
⑥《漢書》卷六《武帝紀》，中華書局，1962 年，第 191 頁。
⑦《漢書》卷九九上《王莽傳上》，中華書局，1962 年，第 4095 頁。

漢書·公孫瓚傳》記載："逼迫韓馥，竊奪其州，矯刻金玉，以爲印璽，每有所下，輒皂囊施檢，文稱詔書。"①這三條史料中分別提到了漢代封禪所用玉檢、哀章爲王莽即位所做的銅匱之檢以及正常用於公文下發的詔書檢，實質上應該都是"檢署"。

"檢署"的形制主要是在一平板木牘（較寬，一般在3釐米左右）上做出封泥槽，在槽外板上題署各種信息。如果是文書封檢，往往題署收信機構、傳遞方式、起送時間。實物封檢則主要題署封緘物品的名字、數量等。關於檢署如何覆蓋簡册、封印和題署文字，宋人徐鍇《説文解字繫傳》、王國維《簡牘檢署考》都有描述，尤其是王獻唐《臨淄封泥文字叙目》詳盡闡述了文書封緘方式，稱："牘面復加一板如蓋，以繩約之。板謂之檢，大小與牘同度，用護字文。檢刻繩道三行，藉通組内，於中復鑿方槽，内貫繩道，方槽謂之印齒，又名印窠，用時以檢覆牘，繩從道内周匝束結於槽中，繩上加丸泥，鈐以印文，泥與繩檢遂封結一體。再於檢上題識事由或收受之人，謂之曰署。而全功已畢，他人欲窺牘文，必先啟繩檢，啟印則泥變動，所以明信守防奸宄也。"②

從出土實物看，有的檢署製作精美，"三刻其上"，如長沙五一廣場東漢簡郎中隋宣致"臨湘令殷君門下"檢（2010CWJ1③:133）。也有製作較爲粗糙，衹是在木板上削出一個封泥槽者。封泥槽有凸出木板者，也有在較厚的木板中挖出凹槽者。不管怎麼製作，有封泥槽的封檢都需要以較厚的木板爲原材料，故檢材往往大於普通簡牘甚至檄材，居延新簡EPF22:456號簡載"檢材五，當檄十"，③兩件製作檄的原材才能製作一個檢署。關於檢署的具體形狀，謝雅妍《從長沙出土東漢簡牘看"封檢"類文書的形制與轉變》根據木板與封泥槽的形態對檢進行了分類，認爲有斗形檢（側面呈斗狀的檢，封泥匣突出於牘身，行書資料寫在長牘上）、楔形檢（衹有一個坡面，剖面如楔形的檢，側面來看明顯一端較厚，一端較薄。另一特徵是其正面上下寬度同，呈方正狀）、扇形檢（剖面與楔形檢相似，衹有一邊坡面，唯其正面則上窄下寬）、火山形檢（兩端呈坡狀，正中間爲封泥匣）和"一字形""三字形""工字形""王字形"槽等。④

---

①《後漢書》卷七三《公孫瓚傳》，中華書局，1965年，第2360頁。
②王獻唐：《臨淄封泥文字叙目》，山東省立圖書館，1936年，第15—16頁。
③張德芳：《居延新簡集釋（七）》，甘肅文化出版社，2016年，第529頁。
④謝雅妍：《從長沙出土東漢簡牘看"封檢"類文書的形制與轉變》，載黎明釗、馬增榮、唐俊峰編《東漢的法律、行政與社會：長沙五一廣場東漢簡牘探索》，三聯書店（香港）有限公司，2019年。

近世簡牘中，有大量與檢相關的資料。王獻唐、原田淑人、勞榦、侯燦、永田英正、李均明、大庭脩、孫慰祖、汪桂海等學者就檢的使用方式展開過深入討論，主要關注的問題有檢的分類、形態發展演變、題署、封緘和使用方式等。① 爭論的焦點主要是如何認識那種與文書檢形制、題署内容相似，但没有封泥槽的木板。尤其是圍繞着這種木板是單獨使用還是配合封泥匣或封檢使用，是普通使用還是專門針對書囊使用，曾展開激烈爭論。李均明稱之爲"函封"，② 孫慰祖稱之爲"平檢"，③ 冨谷至稱之爲無封泥匣的檢。④ 筆者認爲，封緘是"檢"最核心的功能特徵，這種没有封泥槽的木板，由於單獨不具備封緘功能，是不應該被稱作"檢"或"封"的。關於這些木板的使用方式，大家的看法也不一致。有認爲其是封檢的早期形態者，認爲當時封泥可直接附着於木板上，不用以封泥匣再加固定。⑤ 有認爲其與封檢搭配使用者，稱雖然兩者都書寫有收信機構，但封緘祇借助封檢。⑥ 有認爲其與封泥匣搭配使用者，以封泥匣封緘，以其題署。⑦ 也有學者提出了另一種可能性，今天見到的函封本身是帶有封泥槽的，祇是因爲某種原因，封泥槽被鋸掉而成爲了目前的樣子。⑧ 在諸多討論中，筆者認爲，程帆娟所持觀點——這種木板與封泥匣配合使用，以木板題署，指示文書傳遞的方向、方式，以封泥匣封禁。兩者配合使用的目的可能是爲了便於難以製作、耗費板材的封泥槽的循環利用⑨——可能更爲準確。此外，里耶秦簡中也有一些没有封泥槽、但底部削尖的題署文字的木板。這種題署木板進一步豐富了學界關於封檢和封緘

---

① 王獻唐：《臨淄封泥文字叙目》，山東省立圖書館，1936年；〔日〕原田淑人：《論中國古代簡札的編綴法》，《東方學報》第6册（東京），1936年；勞榦：《居延漢簡考證》，載氏著《居延漢簡·考釋之部》，中研院歷史語言研究所專刊之四〇，1960年4月；侯燦：《勞榦〈居延漢簡考釋·簡牘之制〉平議》，載甘肅省文物考古研究所編《秦漢簡牘論文集》，甘肅人民出版社，1989年，第256—284頁；〔日〕永田英正：《書契》，載〔日〕林巳奈夫《漢代の文物》，朋友書店（京都），1996年；李均明：《封檢題署考略》，《文物》1990年第10期；〔日〕大庭脩著、徐世虹譯：《漢簡研究·再檢檢》，廣西師範大學出版社，2001年，第176—204頁；孫慰祖：《封泥：發現與研究》，上海書店出版社，2002年；汪桂海：《漢代官文書制度》，廣西教育出版社，1999年。
② 李均明：《封檢題署考略》，《文物》1990年第10期，第77—78頁。
③ 孫慰祖：《封泥：發現與研究》，上海書店出版社，2002年，第57、113頁。
④〔日〕冨谷至著，劉恒武、孔李波譯：《文書行政的漢帝國》，江蘇人民出版社，2013年，第160—165頁。
⑤ 孫慰祖：《封泥：發現與研究》，上海書店出版社，2002年，第57頁。
⑥ 汪桂海：《漢代官文書制度》，廣西教育出版社，1999年，第159頁。
⑦ 陳偉等著：《秦簡牘整理與研究》，經濟科學出版社，2017年，第12、15頁。
⑧ 李均明：《封檢題署考略》，《文物》1990年第10期，第77—78頁。
⑨ 程帆娟：《秦漢文書檢研究》，西北師範大學碩士學位論文，2020年，第37頁。

方式的討論。①

檢除了可以封禁文書外，還可以封禁其它物資，如果我們稱封禁文書的檢（署）爲"文書檢（署）"的話，封禁其它物資的檢（署）則可稱"實物檢（署）"。"實物檢（署）"主要用於收藏、存儲，避免物資被盜竊、掉包。其上往往題署所封禁物資的名字、數量，有的還會題寫所有人姓名。②居延漢簡實物檢（署）以封衣橐的"衣橐檢（署）"最多。有的衣橐檢（署）上會詳細記錄封緘的衣橐中收藏的各種衣物的數量，并書以不同筆迹的鉤校符號，反映了不同時段衣橐所有人對所封緘衣物鉤校核查的情況。除了衣橐檢（署）外，實物檢（署）還有封緘兵器、錢、牛肉等各種物品者。甚至敦煌馬圈灣等遺址出土有封緘"驢"的實物檢（署），其使用方法應該是以長度恰到好處的繩索不松不緊地套在驢的頸部，然後打結、封印於檢中，以避免驢被掉包。③

綜之，檢是簡牘時代起封緘作用的封泥槽，其用途多樣，形制豐富，使用方式也各具特色。而檢署則是可以題署各種信息的刻有封泥槽的木板。圍繞檢和檢署，至今仍有一些未完全解決的課題，如居延漢簡所載"牛頭檢""偃檢"的具體形制、使用方式等。肖從禮等學者曾對"牛頭檢""偃檢"有過一些討論，④認爲偃檢形制基本同於傳，祇是適用范圍較傳狹窄，但這些論斷尚需進一步驗證，至少在今天尚不能作爲定論。

---

① 參張春龍《里耶一號井的封檢和束》，《湖南考古專輯》第 8 輯，嶽麓書社，2009 年；陳偉《關於秦文書制度的幾個問題》，原刊《中國新出資料學的展開：第四回日中學者中國古代史論壇論文集》，汲古書院（東京），2013 年，後修訂後收入陳偉等著《秦簡牘整理與研究》，經濟科學出版社，2017 年，第 12—18 頁。〔日〕冨谷至著，劉恒武、孔李波譯《文書行政的漢帝國》，江蘇人民出版社，2013 年；〔日〕青木俊介《封檢的形態發展—「平板檢」的使用方法的考察から—》，《文獻と遺物の境界 II》，東京外國語大學，2014 年；姚磊《〈里耶秦簡〔壹〕〉所見"檢"初探》，"簡帛"網 2015 年 12 月 28 日，http://www.bsm.org.cn/show_article.php?id=2407；李超《秦封泥與封檢制度》，《考古與文物》2019 年第 4 期；吳方基《里耶秦簡"檢"與"署"》，《考古學集刊》第 22 輯，社會科學文獻出版社，2019 年；程帆娟《秦漢文書檢研究》，西北師範大學碩士學位論文，2020 年。

② 李均明：《封檢題署考略》，《文物》1990 年第 10 期，第 72—78 頁。

③ 馮玉：《西北漢簡所見西域獻畜的管理》，《西域研究》2021 年第 3 期。此外，《流沙墜簡·屯戍叢殘考釋》"雜事類"45 條"降歸義烏孫女子復鞏獻驢一匹"簡，根據王國維的考釋，也是以"封頸"的形式封驢之例。當然王國維稱這枚書寫有不少文字的簡爲"木楬"。這應該是早期學界關於簡牘形制的探討不發達時，王國維根據其文字内容作出的簡易判斷。以今天的標準來看，該簡"上有繩道"、可以封緘，將其歸入"檢署"可能更爲科學。參羅振玉、王國維編著《流沙墜簡》，中華書局，1993 年，第 200 頁。

④ 肖從禮：《漢簡所見"偃檢"蠡測》，載張德芳主編《甘肅省第二屆簡牘學國際學術研討會論文集》，上海古籍出版社，2012 年；肖從禮：《居延出土"牛頭檢"蠡測——河西漢塞出土封檢形制考》，《絲綢之路》2020 年第 1 期。

(二) 楬

楬是起標識作用的簡牘，相當於我們今天用的標籤。《周禮·地官·泉府》："物，楬而書之。"鄭司農注："楬，著其物也。"① 段玉裁《説文解字注》："楬，書其數量以著其物也。今時之書，有所表識，謂之楬櫫。"② 可見，作爲簡牘的楬主要指書寫有物品名稱、數量，并繫於物品上的標籤。

文書學意義上的"楬"這個稱謂，似乎尚不見於出土文獻。今天簡牘學界將標籤牌類簡牘稱作"楬"，大體與日韓學界所説的荷札木簡、附札木簡相似。③《周禮·秋官·職金》："辨其物之媺惡，與其數量，楬而璽之"，鄭玄注："今時之書有所表識，謂之楬櫫"，④ 應該是今天以"楬"命名標籤類簡牘的原因。而將出土實物與鄭玄注結合起來，命名標籤類簡牘爲"楬"，則是王國維的發明。王國維《流沙墜簡·屯戍叢殘·器物類》收録漢簡81枚，以今天的標準看，屬楬者有13枚。按《流沙墜簡》所編序號，分別是3、5、6、13、15、16、17、18、19、22、23、33、43號。王國維疑3、5二簡爲"簿之本制"，功用同於《左傳》杜預注所説之珽或玉笏，認爲其穿孔的作用是編連同類簿簡。⑤ 這個判斷是不準確的。但對於第6號簡，他雖認爲"簡之形與第5簡相似而小，又其上有穿"，卻説：

> 疑即繫於弩上者。《周禮·典絲》："以其賈楬之。"《職金》："楬而璽之"，鄭注："楬書其數量以箸其物也。今時之書有所表識，謂之楬櫫。"《廣雅》："楬櫫杙也。"此種簡則用以繫而不以杙。然無論或繫或杙，所以表識其物則一也。下第十三、十五、十六、十七、十八、二十二、三十三，七簡皆同。⑥

這個判斷立足於包括穿在内的簡牘特殊形制和文字内容，可謂卓識。此外，第19、23、43簡，雖未列入上述清單，但在介紹時，王國維徑稱其爲"木楬"。⑦ 可知總計13枚中，王國維視爲"楬"的有11枚，僅3、5兩枚由於簡文有"簿"，

---

① 〔漢〕鄭玄注、〔唐〕賈公彦等疏：《周禮注疏》卷一五，阮校《十三經注疏》本，中華書局，1980年，第738頁。
② 〔漢〕許慎撰、〔清〕段玉裁注：《説文解字注》卷一一，上海古籍出版社，1981年，第270—271頁。
③ 賈麗英：《韓國附札木簡與中國簡牘的變遷》，《中國社會科學報》2022年1月28日。
④ 〔漢〕鄭玄注、〔唐〕賈公彦等疏：《周禮注疏》卷三六，阮校《十三經注疏》本，中華書局，1980年，第881頁。
⑤ 羅振玉、王國維編著：《流沙墜簡》，中華書局，1993年，第171—172頁。所涉圖版，見第44—49頁。
⑥ 羅振玉、王國維編著：《流沙墜簡》，中華書局，1993年，第172頁。
⑦ 羅振玉、王國維編著：《流沙墜簡》，中華書局，1993年，第175、177、183頁。

致王氏在承認其形制同於"楬"的同時，誤以爲是"簿之本制"而漏計。究其原因，應是早期人們容易理解楬繫於兵器等實物，而不太瞭解文書簿籍可以容於篋笥再以楬繫之的"表識"方式。但即使祗根據11枚被認爲"楬"的簡，我們也足以知道，王國維對楬的功用、形制是清楚的。這一點爲以後關於楬的研究奠定了基礎。此後，陳直據《廣雅·釋室》"楬，杙也"的記載，認爲楬爲木之直而短者，未將"楬"與標籤牌對應。① 范祥雍則踵繼王國維之説，稱："出土簡册往往有木版別繫之，題識其上，即爲楬或楬櫫，所以表識器物。"② 林劍鳴稱"楬"："相當於今日稱之爲標籤之類的東西"，認爲其"用來書寫某種物品的種類、名稱，放置於該種物品之上"，并認爲馬王堆一號墓中用以標識隨葬品名稱的竹簡和西北簡中"由兩塊合在一起的簡組成，其頭部畫以網狀紋""記燧名和帳簿封面"的簡都是楬，③ 明確把形制同於楬、但內容是記"帳簿封面"者也視爲"楬"，實際上已開後來將楬區分爲文書楬和實物楬的先河。

實物楬，書寫具體物品的名稱、數量，并繫於或擱放於該物品上。墓葬出土實物楬主要用於標識隨葬品，長沙馬王堆1號漢墓、漁陽墓中都出土有大量繫於所記物品或裝物品的匣笥之上、書寫隨葬品名稱和數量的楬，如楬書"衣笥""繒笥""牛脯笥""金二千一笥"等，漁陽墓中還有寫有9行文字，記錄了具體隨葬品名稱、數量的楬。遺址出土實物楬則多用來標識某些儲備物資，如居延、敦煌漢簡中就常見有標識弩矢、蘭冠、繩的楬。

文書楬，用於標識已歸類的文書檔案，其上書寫該類文書檔案的名稱，以備查檢，往往繫於所標識的文書檔案或收納該檔案的笥、匣之上。居延、敦煌出土的楬大部分屬於此類，如居延新簡EPF22:36號簡"建武三年十二月候粟君所責寇恩事"，就是一枚楬，是對EPF22:1–35號簡有關候粟君責寇恩一案的爰書和相關官府往來文書檔案的標識。很多實用文書楬爲了查找方便，往往兩面書寫相同的文字。或者一面書寫文書檔案的全稱，一面書寫簡稱。

除了一般的文書和實物楬外，樂游還發現西北漢簡中有一種以指示烽火觀測

---

① 陳直：《居延漢簡解要》，載氏著《居延漢簡研究》，天津古籍出版社，1986年，第306頁。
② 范祥雍：《略論古竹木簡書的書法》，《書法》編輯部編《書法研究》第3輯，1980年，第27頁。按：范祥雍以《流沙墜簡》圖錄卷二頁十二下《稾矢》簡爲楬之實例。其實該頁諸圖版，大部分都是今天認爲的"楬"，唯釋文中有"稿（稾）矢"的那枚簡（王國維編號"器物類"20），帶有封泥槽，并非王國維所説的"楬"。參羅振玉、王國維編著《流沙墜簡》，中華書局，1993年，第46頁。
③ 林劍鳴：《簡牘概述》，陝西人民出版社，1984年，第45—46頁。按：林劍鳴認爲楬是由兩塊合在一起的簡組成，應該是由於這種簡兩面書寫、早期簡影往往又不標明是兩面拍攝而導致的誤會。

位置爲主要用途的候望簽牌，拓展了我們對簽牌用途和使用方式的認識，值得重視。①

迄今發現的楬，從製作方式看，主要有契口型和鑽孔型，鑽孔型有一孔和兩孔之分。也有極個別的楬兩側契口與鑽孔同時出現（如敦煌漢簡1393）。從簡首形狀看，目前所見的楬多爲頂部削爲半圓形的木牌，也有頂部削成三角形或梯形者。至於簡首紋飾，則有網格紋、塗黑以及簡首留空白的區别。楬的大小并没有統一尺寸，有長10釐米左右，甚至7釐米者，也有像馬鞍山東吴朱然墓出土的長至24.8釐米者。李均明、劉軍、駢宇騫、段書安等對各種楬的形制特點、使用方式及在邊塞物資管理中的作用予以分析，推進了相關研究。②進入21世紀，里耶秦簡、五一廣場東漢簡以及海昏侯墓簡牘出土後，關於楬的研究進一步深入。恩子健《海昏侯墓"第廿"木楬釋文補正——兼談簽牌的性質》對比長沙國漁陽墓帳單式木楬，認爲海昏侯墓整理者歸類爲"遣册"的簽牌在一定程度上超出了標籤名牌功能，具有帳簿用途，對楬的功用提出了新思路。③董飛《里耶秦簡"笥牌"讀札》將里耶秦簡中繫於裝納文書的笥上的楬稱作"笥牌"，分别討論了"具此中"和"已事"笥牌的收納和存檔用途，推進了文書楬研究。④韓藝娜《〈周禮〉中的楬文書》討論了楬在財産統計文書形成以及此後核驗中的作用，并探討了楬與檢、題的關係。⑤熊正《秦漢出土楬研究》全面搜集西北和長沙地區出土的楬，以對楬概念的辨析入手，對楬的形制特點、使用方式變遷予以分析，并將文書楬與基層行政運作、實物楬與喪葬製度結合起來，以楬的形態、書寫的變化爲切入點探討秦漢400年間行政管理方式和喪葬文化的發展，⑥成果值得關注。

（三）檄

《漢書·高帝紀》顔師古注稱："檄者，以木簡爲書，長尺二寸，用征召也。

---

① 樂游：《河西漢簡所見候望簽牌探研》，載楊振紅、鄔文玲主編《簡帛研究二〇一四》，廣西師範大學出版社，2014年，第214—224頁。
② 李均明、劉軍：《簡牘文書學》，廣西教育出版社，1999年；駢宇騫、段書安：《二十世紀出土簡帛綜述》，文物出版社，2006年；李均明：《漢簡所見木楬與封檢在物資管理中的作用》，中國文化研究院編《出土文獻研究》第19輯，中西書局，2020年。
③ 恩子健：《海昏侯墓"第廿"木楬釋文補正——兼談簽牌的性質》，載徐衛民、王永飛主編《秦漢研究》第15輯，西北大學出版社，2021年，第1—7頁。
④ 董飛：《里耶秦簡"笥牌"讀札》，《寶鷄文理學院學報（社會科學版）》2020年第6期，第22—27頁。
⑤ 韓藝娜：《〈周禮〉中的楬文書》，《通化師範學院學報（人文社會科學）》2017年第5期，第133—138頁。
⑥ 熊正：《秦漢出土楬研究》，西北師範大學碩士學位論文，2023年。

其有急事，則加以鳥羽插之，示速疾也。"① 據此，學界一般認爲檄是在戰爭或局勢緊迫之際使用的具有征召、曉諭功能的加急公文。但隨著簡牘的出土，我們可以發現在秦漢時期，檄經常與札、兩行并稱，也是一種文書形制，且名目衆多，有"板檄""合檄""楊檄"等多種稱謂。關於檄這種文書的具體形制以及"板檄""合檄"的具體所指，學界有較大爭議。

沙畹在《紙未發明前的中國書》中討論過檄的形制，他根據《說文》段玉裁注稱檄爲"尺二書"。② 王國維《簡牘檢署考》也討論了檄的形制，但他認爲《說文》段注有誤，檄應爲"二尺書"，③ 并指出檄具有"露布不封之書"的特點。④ 勞榦注意到檄"不封緘""用觚爲之""有封泥"之特點，稱之爲"露布"。⑤ 傅振倫認爲檄是用以彙報或通報的公文。⑥ 樓祖詒《漢簡郵驛資料釋例》稱合檄可能是因爲篇幅較長或爲保密而"合攏來"。⑦ 魯惟一《漢代的一些軍事文書》認爲板檄或許是祇有一片木牘的檄。合檄則是配合在一起的文書，包括兩片木簡，每一片上都寫有字，其形制是能用楔形榫或其它類似設計結合在一起，以使傳遞過程中不會散落。長檄是長形杆狀體的一部分，被作爲證書使用。⑧ 連劭名認爲板檄、合檄都加蓋封章，而有些檄書也要加封。部分檄是書寫在木牘上的。檄用於徵召、司法和軍事。⑨ 于豪亮認爲板檄就是一般的檄，是寫在木板上的文書，上面不用木板封蓋，便於廣泛傳閱。合檄是秘密文書，用兩板相合，纏上繩子，印上封泥，上面的木簡寫上收件人的姓名和地址，起到封檢作用。檄可以用於對敵人的宣告，用來征集軍隊，表示軍情緊急，用於傳達上級對下級的指示，用於官吏任命，也可以是證明文書。⑩ 汪桂海《漢代官文書制度》認爲檄可分爲：（一）討伐敵人的檄；（二）發兵詔書，及向天下宣告胡虜投降的詔書；（三）大將向

---

① 《漢書》卷一下《高帝紀下》，中華書局，1962年，第68頁。
② 〔法〕沙畹：《紙未發明前的中國書》，《圖書館學季刊》第5卷第1期，1923年，第47頁。
③ 王國維原著，胡平生、馬月華校注：《簡牘檢署考校注》，上海古籍出版社，2004年，第52—53頁。
④ 羅振玉、王國維編著：《流沙墜簡》，中華書局，1993年，第111頁。
⑤ 勞榦：《居延漢簡考證》，載氏著《居延漢簡·考釋之部》，中研院歷史語言研究所專刊之四〇，1960年4月，第3頁。
⑥ 傅振倫：《東漢建武塞上烽火品約考釋》，《考古與文物》1982年第2期。
⑦ 樓祖詒：《漢簡郵驛資料釋例》，《文史》第3輯，1963年，第138頁。
⑧ 〔英〕M·魯惟一著、張書生譯：《漢代的一些軍事文書》，收入中國社會科學院歷史研究所戰國秦漢史研究室編《簡牘研究譯叢》第1輯，中國社會科學出版社，1983年，第255—256頁。
⑨ 連劭名：《西域木簡中的記與檄》，《文物春秋》1989年第1期，第24—29頁。
⑩ 于豪亮：《居延漢簡釋叢》，載中國社會科學院歷史研究所戰國秦漢史研究室編《于豪亮學術文存》，中華書局，1985年，第180—181頁。

皇帝報告軍情的章奏文書；（四）用作符傳的檄；（五）郡縣等告急發兵的檄；（六）用於征召官員、敕責、下達命令等方面的檄。①李均明《秦漢簡牘文書分類輯解》認爲檄是一種行事急切，具有較强的勸説、訓誡與警示作用的比較誇張的文書形式，可以分爲觚檄、合檄、板檄、羽檄。②角谷常子《中國古代下達文書的書式》認爲檄具有軍事情報傳遞緊迫感和簡便兩種特性，并指出了檄的某些特殊形制。如其認爲，除觚形外，檄還存在合成的形制，這種檄可由兩行與某些較長的、上部凸出、下部爲平面、下部無字的札相合而成，具體做法是將兩行綁在這種札的平面部分的上面，寫上地址，就成了檄。③鄔文玲《"合檄"試探》認爲合檄的形制與長沙東牌樓出土的契合式封檢（B型封檢和C型封檢）類似。④何佳、黄樸華《東漢簡"合檄"封緘方式試探》基本同意鄔文玲的觀點，認爲"合檄"應爲當時一種保密文書，即用"一"型木牘和楔型封檢相互契合，再用繩子纏繞固定後，壓上封泥，形成一套完整的"合檄"，防止發送或郵遞過程中被拆閲。⑤鷹取祐司在《漢簡所見文書考》中認爲檄不是文書名稱，而是一種書寫材料，檄書是在檄上面書寫文書的意思。⑥冨谷至《檄書考》認爲檄具有書寫材料和文書兩方面的意思，檄在很多場合下都具有觚的形狀并附有封泥匣。其是公開的、能使人看到的木簡，功能有三：一是表示行政文書的確定性，將權威者的意圖周告各地官署，公開傳達命令，具有行政效果的實感；二是有些文書的傳遞含有隱秘的部分，送達形式多變，可以讓各個官署操縱和控制；三是這種官方公開的檄，對於民衆具有威懾作用，能産生監督的效果，强調"視覺簡牘"的作用。⑦藤田勝久《漢代檄的傳遞方法及其功能》認爲檄通常是觚形，不僅用於軍事事務，也不限於緊急的情報傳遞和軍書的傳遞，包含有下行、平行和上行文書。⑧

　　筆者認爲，對"檄"的認知應從出土簡牘出發，應關注其中自稱爲"檄"的

---

① 汪桂海：《漢代官文書制度》，廣西教育出版社，1999年，第61頁。
② 李均明：《秦漢簡牘文書分類輯解》，文物出版社，2009年，第103—109頁。
③〔日〕角谷常子：《中國古代下達文書的書式》，載卜憲群、楊振紅主編《簡帛研究二〇〇七》，廣西師範大學出版社，2010年，第179頁。
④ 鄔文玲：《"合檄"試探》，《簡帛研究二〇〇八》，廣西師範大學出版社，2010年，第152—173頁。
⑤ 何佳、黄樸華：《東漢簡"合檄"封緘方式試探》，《齊魯學刊》2013年第4期，第47頁。
⑥〔日〕鷹取祐司：《漢簡所見文書考》，載〔日〕冨谷至編《辺境出土木簡の研究》，朋友書店（京都），2003年。
⑦〔日〕冨谷至：《檄書考》，見氏著，劉恒武、孔李波譯《文書行政的漢帝國》第三章，江蘇人民出版社，2013年，第43—90頁。
⑧〔日〕藤田勝久：《漢代檄的傳遞方法及其功能》，載张德芳主編《甘肅省第二届簡牘學國際學術研討會論文集》，上海古籍出版社，2012年，第45—65頁。

文書。西北漢簡中，檄經常作爲上級機構分發給基層烽燧組織的書寫材料，和札、兩行并稱。由此可知，檄首先是一種與"札""兩行"形制不同的書寫材料。聯繫到簡文中自稱爲"檄"的簡牘多呈棱柱體（即所謂觚形）。我們可以認爲，觚形多面體應爲"檄"的基本形制特點。其往往較長（有符合"二尺"者），呈棱柱體，多面書寫。由於檄主要作爲通行公文使用，故檄體上一般需要挖出封泥槽，以填充封泥、拓蓋印章。作爲一種簡牘形制，檄與札、兩行的本質區別應在於單枚可以書寫更多的文字。可容納較多文字的形制還有可書寫多行文字的平面的板、牘，如《儀禮·既夕禮》所説的"書賵於方，若九，若七，若五"[①]的"方"和《論衡·效力》所説的"書五行之牘"的"牘"[②]。這些板、牘、方與檄又有什麼區別？筆者認爲，牘、板、方雖在西北簡的實物中較爲常見，但在候官給下級機構發放書寫材料的記錄中卻較爲少見。其與檄的區別除了形制外，可能還有使用領域的差別，檄主要用於流通領域，牘板在早期可能并不普遍應用於流通領域，而主要是在機構内部使用。

至於富谷至等學者强調的"檄"的公開性，筆者認爲尚不易肯定。據目前所見，傳遞軍情的驚檄和具有公開批評意味的行罰檄在傳遞中確具有一定公開性。其封泥槽中拓印的印章文字確實主要起標識文書權威的作用。這種檄多用於沿途傳閱、廣而告之，與所謂"露布"相仿。但除了這種檄外，在郵書記錄中出現的、需要由專門郵遞機構傳遞的檄，似乎也有需要密封傳遞的，不可想象那種收信機構具有唯一性的檄上的文字都會如露布般供沿途所有郵遞機構隨意觀覽。

關於板檄和合檄的具體形制，以及其與檄的關係，筆者認爲今天還不能確知，這主要是因爲西北漢簡中的合檄、板檄多見於郵書記錄，而基本未發現自稱爲"合檄""板檄"的簡牘實物。角谷常子曾以居延新簡 EPT51:213 號簡：

官告吞遠候長黨不侵部　　卒宋萬等自言治壞亭當得
虜食記到虞萬等毋令　　　自言有
教　　　　　　　　　　　　　　　　　　　　EPT51:213A
□記吞遠候長黨　　　　　　　　　　　　　EPT51:213B

爲例，認爲這種在中部留有空白以裝封泥，正面書寫内容，背面書寫地址的牘，

---

①〔漢〕鄭玄注、〔唐〕賈公彦等疏：《儀禮注疏》卷三九，阮校《十三經注疏》本，中華書局，1980年，第1153頁。

②〔漢〕王充：《論衡》，國學整理社輯《諸子集成》本，中華書局，1954年，第7册《論衡》第128頁。

就是板狀的檄。①這種簡與李均明所説的缺口簡形狀一致。②由於該簡自稱爲"記"，而郵書記録中"記"和"檄"的區分又比較清楚，故這種類型的簡是否能被稱爲"板檄"或"板狀的檄"，尚需繼續思考。漢簡郵書記録中的"合檄"，當然也是需保密的文書，但其形制是不是一定如鄔文玲、何佳所認爲的那樣是"'一'型木牘和楔型封檢相互契合"？則尚不易斷定，畢竟居延、敦煌漢簡郵書記録中常見"合檄"稱謂，但實物中却極少見鄔文玲、何佳所指出的那種形制。

合檄、板檄在居延和敦煌出土的漢簡郵書記録中都有出現，相對來説敦煌地區所見較多。此外，敦煌地區還多見"楊檄""陽檄"。"楊檄""陽檄"基本不見於居延，却多見於敦煌，説明其可能是敦煌地區特有的檄書形式或稱謂。關於"楊檄"和"陽檄"，筆者認爲兩者應該没有本質區别，祇是書寫不同。再結合懸泉漢簡和肩水金關漢簡中各出現一次的"柳檄"，則"楊檄（陽檄）"中的"楊"似乎爲正字，可能是對材質的説明。

郵書記録中多有"板檄""合檄""楊檄"，也個别出現過"柳檄"，而所謂"驚檄""起居檄""行罰檄"，却較少出現於郵書記録中。故筆者認爲，作爲文書的檄，使用方式很靈活，其既包括公開的、類似於公告的"驚檄""行罰檄"，也包括需要封緘、保密的"合檄"。作爲露布的檄，在傳遞中以讓所有相關機構、人員都能看到爲目的，爲了實現此目的，其傳遞不會限於專門的郵驛機構間，故這種檄少見於郵驛機構留下的郵書傳遞記録中。此外，具體行政機構内部的特定公文，或需要在小范圍、短距離内傳遞的公文，也往往稱檄，這些檄的傳遞可能有專人或特定指派的人負責，可能也不出現在郵驛機構。例如居延新簡 EPF22:193 號簡的"府卿蔡君起居檄"就是由隧長等傳遞而并未由郵卒傳遞，其傳遞越過居延收降亭而直達遮虜鄣（簡中稱"庶虜"），顯然并未通過普通郵驛機構。而跨地區、跨部門、較遠距離的需要通過正常郵驛機構傳遞的檄，在簡牘中則往往稱爲"合檄""板檄"，這種檄爲適應長途傳遞以及相關保密需要，可能在形制上與前述一般的檄有一定差别。但既然它們都稱爲"檄"，則説明共同點也是有的。這個共同點既然不會是"公開"，則祇能從基本形制和使用領域來考慮。綜合考慮，筆

---

① 〔日〕角谷常子：《中國古代下達文書的書式》，載卜憲群、楊振紅主編《簡帛研究二〇〇七》，廣西師範大學出版社，2010年，第179頁。對於EPT51:213號簡的釋文，角谷常子據《居延漢簡釋文合校》，本文則以《居延新簡集釋》爲准，差别主要在於"囗記"二字，角谷常子文作"置馳"。參李迎春《居延新簡集釋（三）》，甘肅文化出版社，2016年，第246頁。

② 李均明：《簡牘缺口與印信》，《中國文物報》1996年6月23日第3版。

者認爲，單枚能容納較多字、主要用於傳遞流通的公文可稱爲檄，其以多棱體爲基本特徵。但"板檄"稱謂的存在，似乎說明，從不嚴格的角度來說，以板、牘的形式容納多字的用於流通領域的簡牘也可被稱爲"檄"，但此時往往需注明爲"板檄"，與一般所說的"檄"仍有差別。

（四）符

符，作爲信用憑證，在戰國已較常見。《墨子·號令》講到城守時，多次提到"符"，既有吏卒之間的"信符"，也有"階門吏""諸城門若亭"用來查驗出入的"符傳"。[①]至於信陵君竊符救趙之"符"，則已明確是能夠"分而相合"的兵符，與傳世秦之"杜虎符""新郪虎符"性質一致。

結合形制與內容，筆者認爲早期的"符"的特點主要有二：第一、官方機構間使用的表示信用關係的憑證，其中官方機構可以是平級，也可以是上下級。第二、"符"的形制特點主要是分置兩處、可以相合。《説文解字》："符，信也。漢制以竹，長六寸，分而相合。"[②]文獻中與"符"有關的内容大都是"剖符""合符""符會""符合"等，"合""會"是"符"實現憑信功能的特定方式，是其與璽印傳致的最大區別。但需注意的是，秦漢人對於"符"的看法也是發展變化的。徐樂堯所持"合以爲信，乃符的基本特徵，也是符的必備條件"的觀點，[③]未必符合西漢晚期以後的情況。甲渠候官遺址出土漢簡載：

十一月己未府告甲渠鄣候遣新除第四隧長刑鳳之官符到令鳳乘第三
遣

　　甲渠鄣候　回　己未下舖遣

　　騎士召戎詣殄北乘鳳隧遣鳳日時在檢中到課言　　　　EPF22:475AB[④]

該簡出土於F22遺址。F22的簡牘以東漢初年建武簡爲主，[⑤]而召戎又見於EPT65:293號簡，"第三十桼隧長召戎詣官封符載吏卒食十月戊申下舖入"。[⑥]由於該簡"七"寫作"桼"，是新莽和東漢初年簡牘的特徵，故可證明EPF22:475

---

①〔清〕王先謙：《墨子閒詁》卷一五《號令》，國學整理社輯《諸子集成》本，中華書局，1954年，第4冊第347、348、353、355頁。

②〔漢〕許慎撰，〔宋〕徐鉉校訂：《説文解字》卷五上，中華書局，1963年，第96頁。

③徐樂堯：《漢簡所見信符辨析》，《敦煌學輯刊》1984年第2期。

④張德芳：《居延新簡集釋（七）》，甘肅文化出版社，2016年，第535頁。

⑤關於甲渠候官F22遺址簡牘的年代，可參拙文《居延新簡〈建武三年四月居延都尉吏奉例〉與〈建武三年十二月候粟君所責寇恩事〉對讀解要：兼論漢代的"從史"》，載鄔文玲、戴衛紅主編《簡帛研究二〇二三 春夏卷》，廣西師範大學出版社，2023年，第280–281頁。

⑥張德芳、韓華：《居延新簡集釋（六）》，甘肅文化出版社，2016年，第295頁。

和 EPT65:293 號簡一樣，都是東漢初年或新莽簡。EPF22:475 號簡有封泥槽（即簡文中的"檢"），無刻齒，祇能"封"，不能"合"，但簡中自名爲"符"，可見至遲在東漢初年，作爲信用憑證的"符"，在時人眼中，已超出了刻齒而合的形式，可以用印章、封泥來標識信用。EPT65:293 號簡稱"封符"，也是當時"符"可封的證明。①

符的種類繁多，具體功能各異。勞榦、陳槃、陳直、薛英群、大庭脩等學者對漢簡中的符都曾予以討論。② 孫寧《再論西北漢簡中的"符"》曾對漢代西北屯戍機構中出入符、驚候符、迹符、吏遣符、取茭符、直符、伍符的使用情况予以分析。③ 楊振紅《秦漢時期"符"的尺寸及其演變》則利用出土實物辨析了傳世文獻中關於"符"的長度的各種記載，認爲秦統一前符一般爲五寸，秦統一後，爲了配合水德政治，"數用六"，進行了"符制改革"，符變爲六寸，并被漢繼承。④

西北漢簡中最常見的符是出入關符。李均明曾根據該類型符使用群體的不同，

---

① 樂游、譚若麗曾據敦煌一棵樹出土西晋元康三年（293）晋簡，指出"封符"是封印帶有凹槽的封檢，郭偉濤進一步討論"封符"現象，指出西漢晚期以來，"某些符亦采封泥匣形制"。參樂游、譚若麗《敦煌一棵樹烽燧西晋符信補釋——兼説漢簡中"符"的形態演變》，《中國國家博物館館刊》2016 年第 5 期；郭偉濤《漢代的出入關符與肩水金關》，載西北師範大學歷史文化學院等編《簡牘學研究》第 7 輯，甘肅人民出版社，2018 年，第 113—118 頁。

② 勞榦：《居延漢簡考證》"符券"條，收入氏著《居延漢簡·考釋之部》，中研院歷史語言研究所專刊之四〇，1960 年 4 月，第 3—5 頁；陳槃：《漢晋遺簡偶述》"符傳"條，《漢晋遺簡偶述之續》"漢符傳六寸本古制"條，《漢晋遺簡識小七種》，上海古籍出版社，2009 年，第 42—43、81 頁；陳直：《居延漢簡綜論》"符傳通考"條，《居延漢簡研究》，中華書局，2009 年，第 45—47 頁；傅振倫：《西漢始元七年出入六寸符》，《文史》第 10 輯，中華書局，1980 年，第 174 頁；何智霖：《符傳述略——簡牘制度舉隅》，載簡牘學會編輯部編《簡牘學報》第 7 期，簡牘學會出版發行，1980 年，第 283—292 頁；薛英群：《漢代符信考述（上）》，《西北史地》1983 年第 3 期；薛英群：《漢代符信考述（下）》，《西北史地》1983 年第 4 期；薛英群：《漢代的符與傳》，《中國史研究》1983 年第 4 期；李均明：《漢簡所見出入符、傳與出入名籍》，《文史》第 19 輯，中華書局，1983 年，第 27—35 頁；徐樂堯：《漢簡所見信符辨析》，《敦煌學輯刊》1984 年第 2 期；汪桂海：《漢符餘論》，載西北師範大學歷史系等編《簡牘學研究》第 3 輯，甘肅人民出版社，2002 年，第 295—300 頁；黄艷萍：《漢代邊境的家屬出入符研究——以西北漢簡爲例》，《理論月刊》2015 年第 1 期，第 74—78 頁；袁延勝：《肩水金關漢簡家屬符探析》，載張德芳主編《甘肅省第三届簡牘學國際學術研討會論文集》，上海辭書出版社，2017 年，201—214 頁；〔日〕大庭脩著，徐建新譯：《漢代的符和致》，《中國史研究》1989 年第 3 期，第 133—141 頁；〔日〕藤田勝久：《肩水金關漢簡與漢代交通——傳與符之用途》，收入中共金塔縣委、金塔縣人民政府、酒泉市文物管理局、甘肅簡牘博物館、甘肅敦煌學學會編《金塔居延遺址與絲綢之路歷史文化研究會會議論文集》，甘肅教育出版社，2014 年，第 606—614 頁。

③ 孫寧：《再論西北漢簡中的"符"》，載鄔文玲、戴衛紅主編《簡帛研究二〇一八 秋冬卷》，廣西師範大學出版社，2019 年。

④ 楊振紅：《秦漢時期"符"的尺寸及其演變》，載鄔文玲、戴衛紅主編《簡帛研究二〇一八 秋冬卷》，廣西師範大學出版社，2019 年。

將其進一步分爲"出入符"和"吏及家屬符",認爲:"出入符祇署文號不署人名,表明它不僅供一人長期使用,而是需要時發放給某人,用完歸還,可反復使用","吏及家屬符乃邊吏家屬出入關門時使用的出入憑證"。① 郭偉濤則將這兩種内容、形制有一定差異的符分别稱爲"序號符"和"家屬符"。② 這兩種符雖都與出入關有關,但使用方式、使用群體都不同。"序號符"主要存在於時代較早的昭帝時期,完整者皆有刻齒、穿孔,長度基本符合漢代六寸,内容都是"居延與金關爲出入六寸符(券)""左居官右移金關",記有券齒和編號,無使用者信息,是不固定於某個人、可循環使用之符。關於其使用範圍,大多數學者認爲,以這種符出入關者,皆具有官方甚至屯戍機構軍方身份。薛英群稱:"符與傳的實質性區别還在於:符的使用對象和範圍祇限於與軍事有關的人和事;而傳則用於無軍籍的吏和民","凡軍事係統人員外出,不論因公因私,都要領取作爲身份憑證的'符',然後才能成行",甚至對於一些吏家屬用符出行的情況,也解釋爲是"隷軍籍"的關係。③ 李均明稱:"漢簡所示之出入符多專供某一機構所轄範圍的内部人員及其在外之家屬使用;而傳之使用者則來自全國各郡縣,範圍極廣。從這些現象看,當時的出入符與傳似乎是分别使用的。"④ 汪桂海稱:"居延都尉府與金關製作的符,是爲了居延都尉府下的各候官人員出入金關時有所憑證,便於通行。"⑤ 然而筆者卻認爲,出入六寸符的使用對象,并非僅限於官方或軍事係統人員,居延出土的出入六寸符也適用於普通居延百姓。居延地區早期居民出入關不僅要使用内地居民所用的私傳,還要多一道申請和使用出入關符的程序。這是在居延移民社會建構的早期階段,國家爲防止早期移民返流内地而在出行上加强管控、限制的表現。⑥《漢書·終軍傳》載:"初,軍從濟南當詣博士,步入關,關吏予軍繻。軍問:'以此何爲?'吏曰:'爲復傳,還當以合符。'軍曰:'大丈夫西游,終不復傳還。'弃繻而去。"顔師古注引張晏曰:"繻,符也。書帛裂而分之。若券契矣。"引蘇林曰:"繻,

---

① 李均明:《秦漢簡牘文書分類輯解》,文物出版社,2009年,第434頁。
② 郭偉濤:《漢代的出入關符與肩水金關》,載西北師範大學歷史文化學院等編《簡牘學研究》第7輯,甘肅人民出版社,2018年,第96—125頁。
③ 薛英群:《居延漢簡通論》,甘肅教育出版社,1991年,第416—18頁。
④ 李均明:《漢簡所見出入符、傳與出入名籍》,《文史》第19輯,中華書局,1983年,第31頁。
⑤ 汪桂海:《漢符餘論》,載西北師範大學歷史系等編《簡牘學研究》第3輯,甘肅人民出版社,2002年,第298頁。
⑥ 李迎春:《論肩水金關出入關符的類型和使用》,載鄔文玲、戴衛紅主編《簡帛研究二○一九 春夏卷》,廣西師範大學出版社,2019年,第253—258頁。

帛邊也。舊關出入皆以傳。傳煩，因裂繻頭合以爲符信也。"① 蘇林認爲終軍所接受的繻是取代傳的類似於符的東西，這一説法雖得到了顔師古"苏说是也"的認可，但事實上是不準確的。根據肩水金關漢簡可知，西漢中後期，普通百姓出入關主要使用的是由户籍所在地行政機構開具的可以證明出行者身份以及無"官獄徵事"（即無訴訟和拖欠賦税、徭役事）的私傳。不具有官方身份的終軍從濟南入關中，應持濟南開具的私傳，這是其能進入函谷關的前提。《終軍傳》所載的"繻"并非濟南官吏簽發，而是函谷關吏給與終軍的返回時"當以合符"之物，與濟南簽發的私傳有本質差别。蘇林由於"傳煩"而"裂繻头合以为符信"之説，混淆了私傳與符信的區别，認爲傳與符信是一種先後相繼的關係，顯然不確。其實，終軍在函谷關接受的繻，既具有"若券契"的相合特徵，又由關吏頒發，目的是返回出關時與函谷關所留另一半之裂繻相合驗證，性質與居延漢簡所見之出入六寸符頗爲相似。終軍出入函谷關除私傳外，尚需加持官方所頒發的作爲符的"繻"，這説明普通百姓同時持傳、符兩種信物出入關卡的現象在漢代確實存在。當然從肩水金關漢簡來看，這種現象并不普遍。終軍此例，可能與函谷關作爲京畿的東大門，對普通民衆出入限制較嚴格，故需在關上補發"繻"以供返回時核查有關。昭帝時期，居延地區早期移民社會處於草創階段，移民生活艱辛、安全無保障，逃返中原的意願强烈，在這種情況下，政府加强對居延居民出入金關的限制和管控，就可以理解了。因此，當時普通民衆在出入金關時，除了要持有證明身份的私傳外，尚需持官方頒發的出入六寸符。至宣帝以後，邊疆穩定，居延移民社會也建構成功，當地居民安居樂業，故出入關不再需要符，與中原居民一樣，僅申請私傳即可通行。

關於吏家屬符的形制和使用，李均明、大庭脩、黄艷萍、姚磊等學者都有所討論。② 尤其是郭偉濤根據書式將金關出土吏家屬符分爲五個類型，并在此基礎上對其使用情況進行了分析，所獲尤大。③ 但郭偉濤的分類、分析，更多是對家

---

① 《漢書》卷六四下《終軍傳》，中華書局，1962年，第2819—2820頁。
② 李均明：《漢簡所見出入符、傳與出入名籍》，《文史》第19輯，中華書局，1983年，第27—31頁；〔日〕大庭脩著、徐世虹譯：《漢簡研究》，廣西師範大學出版社，2001年，第134—149頁；黄艷萍：《漢代邊境的家屬出入符研究——以西北漢簡爲例》，《理論月刊》2015年第1期，第74—78頁；姚磊《肩水金關漢簡所見家屬符研究》，載王捷主編《出土文獻與法律史研究》第9輯，法律出版社，2020年，第322—254頁。
③ 郭偉濤：《漢代的出入關符與肩水金關》，載西北師範大學歷史文化學院等編《簡牘學研究》第7輯，甘肅人民出版社，2018年，第96—125頁。

屬符的橫向對比。而筆者曾撰《論肩水金關出入關符的類型和使用》一文，認爲肩水金關出土的吏家屬符大部分具有較明確年代信息，其形制方面的差別，除了有不同製作機構間習慣的差異外，主要應與時代有關。在此基礎上，筆者關注吏家屬符的縱向演變，以形制和内容爲觀察點，將肩水金關出土的吏家屬符分爲了A、B、C1、C2、C3、C4、D、E 等類型，勾勒了從昭帝至西漢末年吏家屬符形制、内容的演變過程，認爲西漢中後期"吏家屬符"的最主要演變是由使用者不固定、可以循環使用的不載使用者信息的符，變爲使用者逐漸固定、記載了使用者信息的專有之符。①

（五）傳（過所）

除了符外，漢人出行主要需攜帶兼具身份證明和通行證作用的傳（又稱過所）。關於出行時所用的傳，王國維曾就傳世文獻所載内容展開過論述：

> 又其次則爲五寸，門關之傳是也。《漢書·孝文帝紀》："除關無用傳。"案傳信有二種。一爲乘驛者之傳，上所云"尺五寸"者是也。一爲出入關門之傳，鄭氏《周禮注》所謂"若今過所文書"是也，其制則崔豹《古今注》云："凡傳皆以木爲之，長五寸，書符信於上。又以一板封之，皆封以御史印章。"此最短之牘也。此二者一爲乘傳之信，一爲通行之信；一長尺五寸，一長五寸；一封以御史大夫印章，一封以御史印章。②

王國維所謂"乘驛者之傳"，應即主要供公務人員使用可以享受食宿出行待遇的公傳，而"關門之傳"則主要指供一般民衆出行的身份憑證，即私傳。公傳和私傳持有者享有的權利不同，但都以傳作爲憑證，故公傳、私傳都要封以頒發單位的印章。由於出行往往是長距離的，出行者途經的關塞、驛置非一，故相關驛置和關塞一般不能保存政府開具的傳的原件，故今天我們在懸泉置和肩水金關遺址，見到的主要是公傳和私傳的抄件。這些抄件基本如實記錄了傳的内容，但很難反映原件的形制。故傳的實際形態，目前還難以確知。但破城子 A8 遺址出土的個別簡似乎能爲我們提供一些思路。

---

① 李迎春：《論肩水金關出入關符的類型和使用》，載鄔文玲、戴衛紅主編《簡帛研究二〇一九春夏卷》，廣西師範大學出版社，2019 年，第 252—271 頁；

② 王國維原著，胡平生、馬月華校注《簡牘檢署考校注》，上海古籍出版社，2004 年，第 57—58 頁。

過所

新始建國地皇上戊二年十二月壬戌甲溝
守候長移過所……奈□□
部卒……

掾尋　（檢）

EPT59:677

元始元年九月丙辰朔乙丑甲渠守候政移過
所遣萬歲隧長王遷爲隧載塢
塢辟市里毋苛留止如律令
　　／掾

EPT50:171

簡1　　　　　　　　　　簡2

簡 3　　　　　　簡 4　　　　　　簡 5①

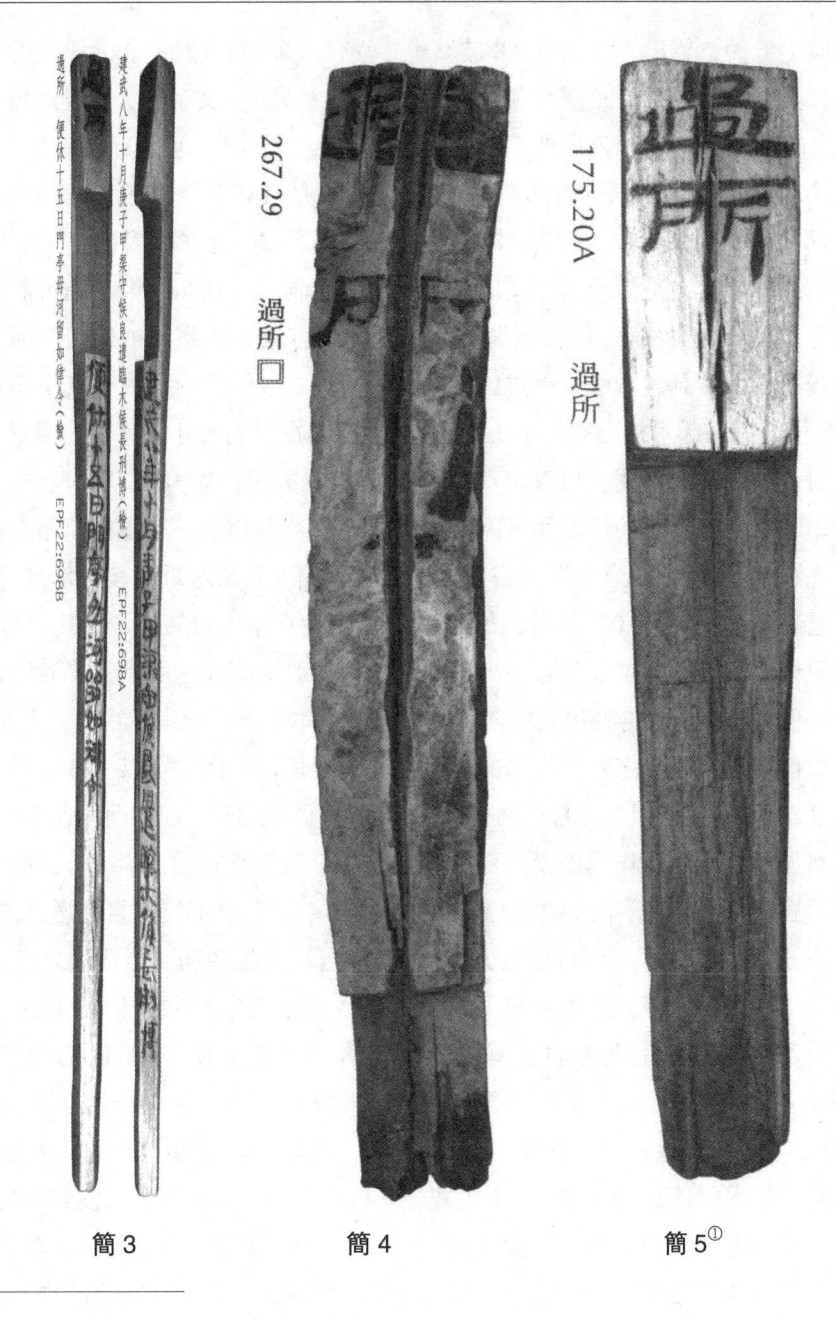

① 簡 1 的圖版和釋文見楊眉著《居延新簡集釋（二）》，甘肅文化出版社，2016 年，第 263 頁；簡 2 的圖版和釋文見肖從禮著《居延新簡集釋（五）》，甘肅文化出版社，2016 年，第 200 頁；簡 3 的圖版和釋文見張德芳、韓華著《居延新簡集釋（七）》，甘肅文化出版社，2016 年，第 329 頁；簡 4 的圖版和釋文見簡牘整理小組編：《居延漢簡（貳）》，中研院歷史語言研究所專刊之一〇九，2015 年，第 185 頁；簡 5 的圖版和釋文見簡牘整理小組編：《居延漢簡（叁）》，中研院歷史語言研究所專刊之一〇九，2016 年，第 173 頁。

以上五簡，皆出土於居延 A8 破城子（漢代甲渠候官遺址）。除簡 1 的簡頭無字外，其餘四簡均在簡頭書寫有"過所"二字。《漢書·文帝紀》張晏注曰："傳，信也，若今過所也"，①過所即傳。簡 1 簡頭未見"过所"，但從簡上文字看，其内容與"移過所"、要求通行有關。整簡文字似乎是書寫在一個較大的凹槽内（凹槽下部凸起木板已折斷），其形制會不會是崔豹《古今注》所説的"凡傳皆以木爲之，長五寸，書符信於上，又以一版封之"之制？②如是，則該簡可能尚需在凹槽上用"一板封之"。但作爲通行文書，其内容顯然不應該被封閉，因此"又以一板封之"的具體做法，尚難以準確知曉。簡 2–5 都有封泥槽（其中簡 4 和簡 5 封泥槽下方凸起木板已被削平），由於其文字都在封泥槽外，可直接顯露，故祇需在封泥槽内放入封泥、加蓋印章，起到證明文書法律效力的作用，就可直接投入使用了。這四枚簡的形制與傳需要封以印章的特點相合，又皆在簡頭自稱"過所"，故其應是一種"過所"文書。其中簡 4 和簡 5 殘缺嚴重，其它信息已缺失。簡 2 是新莽地皇二年（21）的，簡 3 是東漢建武八年（32）的，從其内容來看，都是甲渠候官簽發的供候官官吏出行所用的信物。這兩枚過所雖非普通民衆過關所用，但應該能反映普通民衆所使用的私傳的基本形態，值得重視。

如前所述，兩漢之際，符制開始發生較大變化，不僅"合以從事"者可稱爲"符"，以封印作爲信用憑證者也稱作"符"，"封符"開始出現。前述簡頭書有"過所"、帶有封泥槽的四簡，作爲兩漢之際的簡牘，很可能就是類似前引 EPT65:293 號簡的甲渠候官"封符"簡中所封之"符"的實物。這些形制同於傳、自稱過所的簡牘，雖本質是傳，但在當時的行政公文中可稱爲"符"。這説明，至兩漢之際，作爲通關和出行憑證的符，與私傳在用途、形制、使用方式上開始出現混同現象。這種混同會導致符、傳的區別日益模糊。《後漢書·郭丹傳》載，新莽時期，郭丹"從師長安，買符入函谷關，乃慨然歎曰：'丹不乘使者車，終不出關。'"章懷注："符即繻也。《前書音義》曰：'舊出入關皆用傳。傳煩，因裂繻帛分持，後復出，合之以爲符信。'買符，非真符也。《東觀記》曰：'丹從宛人陳洮買入關符，既入關，封符乞人'也。"③郭丹作爲南陽郡普通居民，并不能預見會有出入函谷關的行爲，故函谷關不會預先存放有關郭丹的信用憑證，因此其通過函谷關的信物不會是用來合符的真正的符，而應是肩水金關漢簡中常見的私傳。因此，章懷注才會專門

---

① 《漢書》卷四《文帝紀》，中華書局，1962 年，第 124 頁。
② 〔晋〕崔豹撰、牟華林校箋：《古今注》，綫裝書局，2015 年，第 217 頁。
③ 《后漢書》卷二七《郭丹傳》，中華書局，1965 年，第 940 頁。

解釋"买符,非真符也"。然需注意的是,郭丹所持雖實際是私傳、非真符,但《東觀記》却稱"買入關符",可見在《東觀紀》創作的東漢初年,時人已不大區分出入關符與私傳,這個現象應與"封符"現象的出現有關。

(六)券、莂

《説文解字》："券,契也。……券別之書,以刀判契其旁,故曰契券。"①由此可知,券本義指契刻的行爲,由此可引申爲契刻的痕迹。居延漢簡出入關符的簡文往往作:

  始元七年閏月甲辰,居延與金關爲出入六寸符,券齒百,從第一至千。

  左居官,右移金關。符合以從事 ●第八   65.9②

該簡中的"券齒"即"券"。在這裡,券并不是文書,而祇是契刻的痕迹。敦煌漢簡:

  十二月戊戌朔博望隧卒旦徼西與青堆隧卒會界上刻券   1392A

  十二月戊戌朔青堆隧卒旦徼東與博望隧卒會界上刻券 顯明 1392B③

文中所刻之券,指的也是刻痕。作爲刻痕的券,是簡牘視覺形態上的顯著特征,故往往也被用來借指以刻券作爲主要特征的文書類型,因此簡牘中經常可以見到被稱作券的信用文書。李均明、劉軍將券與符一起作爲文書大類,主要指的就是作爲信用憑證的文書。④這種作爲文書類型的券,在簡牘中也常被稱作"券書",根據使用領域的不同,又有"校券""奉券""出入券"等各種類型。

除符、券外,(傅)莂也是通過合驗以證明信用的簡牘形制,多作爲債務或繳税證明使用。《周禮·天官·小宰》:"職稱責以傅別。"鄭注:"傅別,謂大手書於一札,中字別之。"⑤《釋名·釋書契》:"莂,別也,大書中央,中破莂之也。"⑥《文心雕龍·書記》稱:"書記廣大,衣被事體;筆札雜名,古今多品。是以總領黎庶,則有譜、籍、簿、錄;醫曆星筮,則有方、術、占、式;申憲述兵,則有律、令、法、制;朝市征信,則有符、契、券、疏;百官詢事,則有關、刺、解、牒;萬民達志,則有狀、列、辭、諺。并述理於心,著言於翰,

---

① 〔漢〕許慎撰,〔宋〕徐鉉校訂:《説文解字》卷四下,中華書局,1963年,第92頁。
② 簡牘整理小組編:《居延漢簡(壹)》,中研院歷史語言研究所專刊之一〇九,2014年,第204頁。
③ 甘肅省文物考古研究所編:《敦煌漢簡》,中華書局,1991年,下册第272頁。
④ 李均明、劉軍:《簡牘文書學》,廣西教育出版社,1999年,第422—426頁。
⑤ 〔漢〕鄭玄注、〔唐〕賈公彦等疏:《周禮注疏》卷三,阮校《十三經注疏》本,中華書局,1980年,第654頁。
⑥ 〔漢〕劉熙:《釋名》卷六《釋書契》,中華書局,1985年,第97頁。

雖藝文之末品，而政事之先務也。"①也明確指出以"明白約束，以備情僞"爲功用、以"字形半分"②爲特點的"符券"是公文的重要組成部分。

關於券、莂的形制，李均明《簡牘文書學》稱："簡牘所見單稱'券'者，旁有刻齒這一點同符，但長度不限於六寸，應用範圍較符廣，買賣借貸、取予授受皆用之"，"符券類屬契約合同文書，通常爲多聯，即一式多份（至少兩份），同式各份之間或以契刻，或以筆劃綫條爲相合標誌，示其信用。以契刻爲合符方式者，通常稱之爲'契券'。以筆劃綫條爲合符方式者，通常稱爲'傅別'（或稱'莂'）。"③從漢簡來看，券的製作方式與符相似，在簡牘兩面書寫內容相同或相似的文字，側面刻齒（所刻之齒的形狀可代表具體數字），然後縱剖爲二，分別被稱爲"左券""右券"，由債務、債權人分別持有。債權人收取債務時，雙方合券驗齒。這種帶有刻齒的券，在西北漢簡尤其是居延、敦煌漢簡中較爲常見。據胡平生研究，傅別（莂）是在一片較寬的木牘上，左、右各書寫內容相對應的出入物品、借貸物資或繳納賦稅情況，木牘中間書寫一個較大的"同"字，然後將簡牘從"同"字中間剖開，出、入雙方各持一面，待核驗或完成債務時，通過核對"同"字的筆迹、筆劃和剖面的紊合度來完成核驗。④新疆樓蘭尼雅出土的文書中多見這種合"同"傅莂，三國走馬樓吳簡嘉禾吏民田家莂也是如此。

在傳統的簡牘文書分類中，符券類簡牘占比較小。尤其是券，在李均明《秦漢簡牘文書分類輯解》中祇有債券和先令券書兩類，收錄的基本是私人債券和遺囑契約，與行政公務所涉不多。⑤券的公務屬性未得到特別强調。筆者在《懸泉漢簡與漢代文書行政研究的新進步——以公務用券和簡牘官文書體系爲中心》一文中曾對這一問題試作分析，指出在秦漢時期的公務活動中，券的實際占比是相

---

①〔南朝·宋〕劉勰：《文心雕龍》卷二五，詹鍈《文心雕龍義證》本，上海古籍出版社，1989年，第942頁。
②〔南朝·宋〕劉勰：《文心雕龍》卷二五，詹鍈《文心雕龍義證》本，上海古籍出版社，1989年，第954頁。
③李均明、劉軍：《簡牘文書學》，廣西教育出版社，1999年，第418頁。
④胡平生：《木簡出入取予券書制度考》，《文史》第36輯，中華書局，1992年，後收入《胡平生簡牘文物論稿》，中西書局，2012年，第52—64頁。
⑤在李均明、劉軍《簡牘文書學》"符券類·券"中，除"債券"和"先令券書"外，還有與公務有關的"日迹券"，並以《散見簡牘合輯》205簡（即敦煌漢簡1392簡）爲例，但在《秦漢簡牘文書分類輯解》中，則沒有"日迹券"。究其原因，當爲《散見簡牘合輯》205簡雖言"刻券"，且可證明"（日）迹券"的存在，但其本身并未刻齒、剖莂，非製作完成以供實用的券。關於該簡，詳見後文。參李均明、劉軍《簡牘文書學》，廣西教育出版社，1999年，第422—426頁；李均明《秦漢簡牘文書分類輯解》，文物出版社，2009年，第435—439頁。

当高的，衹不过由於其主要產生於行政實際操作環節，故除"三辨券"外，多保存於最基層的行政單位中。而在懸泉漢簡公佈前，我們見到的遺址多不是最基層的行政單位，故給人留下了券數量較少的印象。①

2012年《里耶秦簡〔壹〕》出版，其編者根據簡牘所記內容和名稱，對里耶秦簡文書進行分類，其中的"券"列有出入券、出券、入券、辨券、三辨券、中辨券、右券、別券、責券、器券、椑券。②其中三辨券，與一般分爲左、右兩份的券不同，是一種可以分爲三份的木券③。中辨券即"三辨券"之中券。2015年，張春龍、大川俊隆、籾山明等又對里耶古井第八層出土的115枚刻齒簡進行系統考察，認爲它們主要是授受金錢、物品時製作而成，是里耶簡文中提到的"校券"，并對其功能和使用方式進行了分析，④使學界對有關物資出入付受的公務"券"的使用有了更清晰的認識。《嶽麓書院藏秦簡》"秦律令"公布後，大家對"券"的使用瞭解更多。不僅出入錢物、買賣質劑、相貸資繒、先令需要用券書，即使是娶婦嫁女、國家徭戍也需"以券行之"。此後，吳方基、楊怡等學者主要依據秦簡和張家山漢簡等材料對秦及漢初"券"在買賣交易、借貸債務、抵押典當、罰款賠償、租稅徭役等經濟活動中的作用進行論述，對作爲"信譽憑證"的券的研究有所推動。⑤張弛、曹天江等則在胡平生、邢義田討論"三辨券"的基礎上，重點探討了秦代物資出入中"三辨券"的使用。⑥總體來看，券別類簡牘在秦漢時期非常普遍，無論是私人的契約、借債、先令，還是政府部門及政府與私人間的出入付受都離不開券別文書的使用。筆者曾利用懸泉置出土券書勾勒發生在懸泉置的各郵置間的穀物付受和郵書傳遞行政程序，對券的製作、使用、合驗過程予以復原。⑦

---

① 李迎春：《懸泉漢簡與漢代文書行政研究的新進步——以公務用券和簡牘官文書體系爲中心》，《出土文獻》2023年第2期，第1—13頁。
② 湖南省文物考古研究所：《里耶秦簡〔壹〕·前言》，文物出版社，2012年，第2—3頁。其文書大類中還包含曆譜、九九術和藥方、里程簡、習字簡等，由於這些類別與簡牘文書性質無關，故不贅。
③ 睡虎地秦墓竹簡整理小組編：《睡虎地秦墓竹簡》，文物出版社，1990年，第39頁。
④ 張春龍、〔日〕大川俊隆、〔日〕籾山明：《里耶秦簡刻齒簡研究——兼論嶽麓秦簡〈數〉中的未解讀簡》，《文物》2015年第3期。
⑤ 參吳方基《里耶秦簡"校券"與秦代跨縣債務處理》，《中國社會經濟史研究》2017年第4期；楊怡《秦及漢初契券中的券書憑證》，《中國社會經濟史研究》2022年第4期。
⑥ 參張馳《里耶秦簡所見券類文書的幾個問題》，載楊振紅、鄔文玲主編《簡帛研究二〇一六 秋冬卷》，廣西師範大學出版社，2017年，第132—136頁；曹天江《秦遷陵縣的物資出入與計校——以三辨券爲線索》，載武漢大學簡帛研究中心主辦《簡帛》第20輯，上海古籍出版社，2020年，第189—226頁。
⑦ 李迎春：《懸泉漢簡與漢代文書行政研究的新進步——以公務用券和簡牘官文書體系爲中心》，《出土文獻》2023年第2期，第1—13頁。

可以想見，隨着券別類簡牘的大量出土和公布，我們對漢代基層行政運作細節的認識也會越來越清晰。

二、20世紀以來西北官文書簡牘形制研究的主要成就

20世紀以來，60000多枚與漢代敦煌郡和張掖郡居延、肩水都尉府等邊塞軍政機構運作有關的西北官文書簡牘的出土，爲漢代國家治理和基層行政運作研究提供了重要資料。出土伊始，簡牘形制就受學界關注。此後，隨着居延和敦煌漢簡，及可資參照的里耶秦簡、走馬樓吳簡、五一廣場東漢簡等資料的出土，西北官文書簡牘形制研究取得了顯著成果。概括來説，主要體現在以下四個方面：

第一，簡牘製作、形狀、編連、使用規範研究成果豐碩。簡牘具有文物屬性，其形態和製作方式是關注焦點。勞榦《居延漢簡考證》設"簡牘之制"和"公文形式與一般制度"專題，對封檢形式、檢署與露布、版書、符券、契據、編簡之制、詔書進行全面研究。[①]1959年，武威磨嘴子漢簡出土，陳夢家撰《由實物所見漢代簡册制度》，從材料、長度、刮治、編聯等角度梳理簡牘制度，[②]創獲尤多。此後，馬先醒《簡牘通考・質材形制考》《簡牘形制》《簡牘學要義・簡牘形制》，駢宇騫《簡帛文獻概述》，程鵬萬《簡牘帛書格式研究》等論著也都對簡牘形制進行過系統分類。[③]近年來，侯旭東《西北所出漢代簿籍册書簡的排列與復原》、馬智全《從簡册編繩看漢簡册書編聯制度》等文則據近出編册簡牘實物，深入探討簿籍等官文書的編册順序、方法、原則，厘清了簡册編聯中的部分疑難問題。[④]馬怡《扁書試探》通過對簡册編聯方式的辨析，討論了作爲公告的扁書與普通簡册的區别與聯繫。[⑤]自王國維提出"倍數分數説"，簡牘長度有無規範，就成爲簡

[①] 勞榦：《居延漢簡考證》，載氏著《居延漢簡・考釋之部》，中研院歷史語言研究所專刊之四〇，1960年4月，第2—20頁；

[②] 陳夢家：《由實物所見漢代簡册制度》，收入甘肅省博物館、中國科學院考古研究所編著《武威漢簡》，文物出版社，1964年。

[③] 馬先醒：《簡牘通考》，載簡牘社編《簡牘學報》第4期，簡牘社出版發行，1976年；馬先醒：《簡牘形制》，載簡牘學會編輯部編《簡牘學報》第7期，簡牘學會出版發行，1980年；馬先醒：《簡牘學要義》，簡牘學會出版發行，1980年；駢宇騫：《簡帛文獻概述》，臺灣萬卷樓圖書公司、廈門外圖臺灣書店有限公司，2005年；程鵬萬：《簡牘帛書格式研究》，上海古籍出版社，2017年，

[④] 侯旭東：《西北所出漢代簿籍册書簡的排列與復原》，《史學集刊》2014年第1期；馬智全：《從簡册編繩看漢簡册書編聯制度》，載鄔文玲、戴衛紅主編《簡帛研究二〇一九 秋冬卷》，廣西師範大學出版社，2020年。

[⑤] 馬怡：《扁書試探》，載武漢大學簡帛研究中心主辦《簡帛》第1輯，上海古籍出版社，2006年。

牘形制研究繞不開的話題。陳夢家據居延、武威漢簡，繼承并發揮王國維之説。馬先醒、劉洪石等學者則質疑王説，并對簡牘長度規範之有無產生懷疑。胡平生《簡牘制度新探》總結百年來簡牘長度規範研究成果，指出須按照不同簡牘的種類、性質、時代分類探索，提出"以策之大小爲書之尊卑"的觀點，推進了此項研究。[①]

第二，對檢、楬、檄、符、傳、券等特殊簡牘形制的持續關注。關於檢、楬、檄、符、傳、券等特殊形制簡牘的命名，及與之相關的研究成果，本文第一部分已進行了評述，在此不贅。需稍作説明的是，符、傳作爲通關文書，符、券作爲刻齒文書，其間有密切聯繫。關於這些簡牘形制的關聯與區別，學界也有較多研究，可補充如下。符、傳是不同形制的通關文書。勞榦、陳槃、傅振倫、陳直、何智霖、薛英群、李均明、徐樂堯、程喜霖、汪桂海、楊建、黃豔萍、伊藤瞳、冨谷至、藤田勝久、楊振紅、郭偉濤等學者和筆者都曾以符、傳爲材料研究漢代通關制度。[②]鷹取祐司《秦漢官文書の基礎的研究・漢代官文書の種別と書式》，將符分爲可

[①] 上述陳夢家、馬先醒、胡平生諸説出處，已見前揭。劉洪：《從東海尹灣漢墓新出土簡牘看我國古代書籍制度》，載連雲港市博物館、中國文物研究所編《尹灣漢簡綜論》，科學出版社，1999年。

[②] 勞榦：《居延漢簡考證》，載氏著《居延漢簡·考釋之部》，中研院歷史語言研究所專刊之四○，1960年4月，第3—5頁；陳槃：《漢晉遺簡偶述》"符傳"條，《漢晉遺簡偶述之續》"漢符傳六寸本古制"條《漢晉遺簡識小七種》，上海古籍出版社，2009年，第42—43、81頁；傅振倫：《西漢始元七年出入六寸符》，《文史》第10輯，中華書局，1980年；陳直：《居延漢簡綜論·漢晉過所通考、符傳通考》，載氏著《居延漢簡研究》，天津古籍出版社，1986年，第35—43頁；何智霖：《符傳述略——簡牘制度舉隅》，載簡牘學會編《簡牘學報》第7期，簡牘學會出版發行，1980年，第283—292頁；薛英群：《漢代符信考述（上）（下）》，《西北史地》1983年第3、4期；薛英群：《漢代的符與傳》，《中國史研究》1983年第4期；李均明：《漢簡所見出入符、傳與出入名籍》，《文史》第19輯，中華書局，1983年，第27—35頁；徐樂堯：《漢簡所見信符辨析》，《敦煌學輯刊》1984年第2期；程喜霖：《唐代過所研究》，中華書局，2000年，第7—11頁；汪桂海：《漢符餘論》，載西北師範大學歷史系等編《簡牘學研究》第3輯，甘肅人民出版社，2002年，第295—300頁；楊建：《西漢初期津關制度研究：附〈津關令〉簡釋》，上海古籍出版社，2010年；黃豔萍：《漢代邊境的家屬出入符研究——以西北漢簡爲例》，《理論月刊》2015年第1期；〔日〕大庭脩著，徐世虹譯：《漢代的符和致》，《中國史研究》1989年第3期，收入氏著《漢簡研究》，廣西師範大學出版社，2001年，第134—149頁；〔日〕大庭脩著、林劍鳴等譯：《秦漢法制史研究》，中西書局，2017年，第496—499頁；〔日〕伊藤瞳：《漢代符の形態と機能》，《史泉》第116號，2012年，第1—17頁；〔日〕冨谷至著，劉恒武、孔李波譯：《文書行政的漢帝國》，江蘇人民出版社，2013年，第253—257頁；〔日〕藤田勝久：《肩水金關漢簡與漢代交通——傳與符之用途》，中共金塔縣委、金塔縣人民政府、酒泉市文物管理局、甘肅簡牘博物館、甘肅敦煌學學會編《金塔居延遺址與絲綢之路歷史文化研究會議論文集》，甘肅教育出版社，2014年，第606—614頁；楊振紅：《秦漢時期"符"的尺寸及其演變——兼論嶽麓秦簡肆〈奔警律〉的年代》，中國社會科學院簡帛研究中心等編《簡帛研究二○一八 秋冬卷》，廣西師範大學出版社，2019年；〔日〕鷹取祐司：《肩水金關遺址出土の通行證》，《古代中東東アジアの関係と交通制度》，汲古書院（東京），2017年，第175—335頁；郭偉濤：《漢代的出入關符傳與肩水金關》，載西北師範大學歷史文化學院等編《簡牘學研究》第7輯，甘肅人民出版社，2018年，第98—113頁。

剖之符與不剖之符、傳分爲途中不開封之傳與反復開封之傳，拓寬了符、傳形制研究的思路。①胡平生、籾山明、邢義田通過分析出入券刻齒的具體形態及含義，深化了漢代物資管理研究。②張俊民《敦煌懸泉漢簡刻齒文書概説》對懸泉漢簡中與物品出入、田畝、馬匹、契約有關的各類刻齒簡牘全面分析，注意到此前未見的"過書刺"刻齒，拓寬了相關研究的廣度和深度。③李均明《簡牘缺口與印信》注意到"以印爲信"簡的特殊形制，勾稽出一種學界此前未曾注意到的"缺口"簡牘，值得關注。④

第三，簡牘形制與官文書分類研究得到學界重視。文書分類是文書制度的基本内容。勞榦《居延漢簡考釋·釋文之部》將"文書"分爲書檄、封檢、符券、刑訟，開創了結合簡牘形制的文書分類方法。⑤何雙全《居延漢簡研究》官文書分類中列"簡牘形式"類，將近8000枚甲渠候官出土居延新簡分爲四類七種，對簡、牘、觚、檢、緘、簽、籌等形制的具體内涵和長短式樣專門研究，資料性較强。⑥李均明、劉軍《簡牘文書學》、李均明《秦漢簡牘文書分類輯解》和汪桂海《漢代官文書制度》重視簡牘官文書分類，在以内容爲主要分類標準的同時，也都注意到了檢楬符券檄傳等特殊形制的文書學意義。李天虹《居延漢簡簿籍分類研究》雖主要按事類對簿籍簡分類，但對出入券齒、楬和符、傳、致等通關文書形制也展開了較深入研究。⑦此外，薛英群、駢宇騫、段書安也都曾對簡牘予以分類，李解民則對簡牘分類中形制、内容的關係予以辨證思考，這些成果已見前揭，在此不贅。

第四、結合簡牘形制探討漢代行政運作是簡牘形制研究的發展方向。簡牘形制服務于官文書的功能和使用方式。近年來有不少通過簡牘使用方式探索基層行政運作規律的傑出成果。張德芳《懸泉漢簡中的"傳信簡"考述》對懸泉漢簡公

---

① 〔日〕鷹取祐司：《秦漢官文書の基礎的研究·漢代官文書の種別と書式》，汲古書院（東京），2015年。
② 胡平生：《木簡出入取予券書制度考》，《文史》第36輯，中華書局，1992年，後收入《胡平生簡牘文物論稿》，中西書局，2012年，第52—64頁；〔日〕籾山明著、胡平生譯：《刻齒簡牘初探——漢簡形態論》，載中國社會科學院簡帛研究中心編著《簡帛研究譯叢》第2輯，湖南人民出版社，1998年，第152—166頁；邢義田：《一種前所未見的别券》，收入氏著《地不愛寶：漢代的簡牘》，中華書局，2011年。
③ 張俊民：《懸泉漢簡刻齒文書概説》，收入氏著《敦煌懸泉置出土文書研究》，甘肅教育出版社，2015年。
④ 李均明：《簡牘缺口與印信》，《中國文物報》1996年6月23日第3版。
⑤ 勞榦：《居延漢簡考釋·釋文之部》，中研院歷史語言研究所專刊之二一，商務印書館，1949年。
⑥ 何雙全：《居延漢簡研究》，收入氏著《雙玉蘭堂文集》，蘭臺出版社，2001年。
⑦ 李天虹：《居延漢簡簿籍分類研究》，科學出版社，2003年。

務用傳的形制、分類、使用進行了全面整理與研究。①侯旭東《西北漢簡所見"傳信"與"傳"》通過對公務用傳的梳理分析了皇帝在國家治理中的作用，是利用簡牘官文書從事日常統治史研究的典範之作。②孫寧《從金關漢簡私傳申請程式簡化看西漢後期縣尉職能的弱化》將對通關程式的探討延展到了基層行政機構職能的調整。③邢義田《漢代簡牘公文書的正本、副本、草稿和簽署問題》將形制與文書稿本形態研究結合起來，開拓了簡牘形制研究的領域。④籾山明、佐藤信編《文獻と遺物の境界》討論了官文書簡牘製作、廢棄、再利用與行政運作的關係，其中青木俊介《封檢の形態發展》、山中章《匣付木簡の製作技法と機能に関する一考察》分別討論了封檢、封泥匣的製作、形態變化與行政管理的關係，⑤反映了日本學界關於簡牘形制問題研究的新趨向。其具體成果豐富了我們對簡牘形制和漢代行政運作的認識，值得重視。

三、秦漢官文書簡牘形制研究存在的主要問題

經過百餘年學術積澱，簡牘形制與文書命名、文書行政、國家治理的關係日益爲學界矚目，相關研究取得了可喜成果。但客觀來說，也存在以下問題：

第一，對官文書簡牘長、寬、厚規範的研究不充分。關於簡牘長度規範，學界有較多探討，但這些研究多針對書籍簡，而對公文、簿籍等文書簡長度的準確、全面統計和深入分析則較爲缺乏。尤其是有關簡牘寬度、行數、厚度與所書寫文書具體內容的關係的探索非常欠缺，目前鮮有對不同種類官文書，或同一種類但不同稿本形態、不同機構官文書寬度、行數、厚度、書寫格式差異的討論，這方面的空白亟待填充。

第二，檢、檄、券、符、傳等特殊形制簡牘研究雖已有較多成果，但部分

---

① 張德芳：《懸泉漢簡中的"傳信簡"考述》，見中國文化遺產研究院編《出土文獻研究》第 7 輯，上海古籍出版社，2005 年。
② 侯旭東：《西北漢簡所見"傳信"與"傳"——兼論漢代君臣日常政務的分工與詔書、律令的作用》，《文史》2008 年第 3 輯，中華書局，2008 年，第 5-53 頁。
③ 孫寧：《從金關漢簡私傳申請程式簡化看西漢後期縣尉職能的弱化》，載西北師範大學歷史文化學院等編《簡牘學研究》第 8 輯，甘肅人民出版社，2019 年。
④ 邢義田：《漢代簡牘公文書的正本、副本、草稿和簽署問題》，中研院歷史語言研究所集刊第 82 本第 4 分，2011 年 12 月。
⑤〔日〕籾山明、佐藤信編：《文獻と遺物の境界：中國出土簡牘史料の生態の研究》，六一書房（東京），2011 年。

形制的功能、使用方式仍未能準確復原。如"檢""楬"之別、"檢""楬"關係、楬與"板楬""合楬"的關係、算籌的使用方式、"記"的種類與具體形制、"以印爲信"缺口簡牘的使用方式等都還有討論空間。尤其值得注意的是，今天許多關於具體形制的結論，都是立足於此前發現的簡牘。隨着考古工作的持續推進，更多簡牘材料不斷出土，在帶來新資料的同時也帶來了新問題，甚至還在一定程度上對此前的結論提出了新挑戰。這些新課題都需要認真對待。可以説，經過百餘年的研究積澱，今天面對的情況不是題無剩義，而是有越來越多的未知領域需要探索、有越來越多的結論尚待修正。例如新近刊布的烏程漢簡中穿孔和挖槽的文書簡牘都很多，這些孔和槽的作用究竟是什麽，其功能是不是會超出此前對穿孔、挖槽用途的認知？烏程漢簡中有些封檢，在形制、書寫上也和此前所見的封檢不一樣。如 92 號"□□大守關中侯陳府君"簡，其形制和此前所見板形封檢差别不大，但奇怪的是題署文字居然没有書寫在封泥槽上方的正面（將有封泥槽的一面視爲正），而是寫在此前被認爲應該捆縛、緊貼於文書簡册的背面。① 題署文字如果不能被大家方便地看到還有什麽意義？簡上文字當如何理解？這種封檢當如何使用？這都是新的問題。正在公布的懸泉漢簡中有不少關於緑緯書、觚署的内容，還有如 Ⅱ 90DXT0113 ② : 133 號簡"入□署緯完葦匣州牧印□□四角敝不見□"的記載，② 緑緯書這種書囊究竟如何封緘，觚署是什麽、怎麽使用、和書囊是什麽關係，葦匣又是什麽、在書囊封緘中發揮什麽作用？這些僅據居延漢簡無法解决的問題，在懸泉漢簡大量公布後，也許就有了解决的可能。此外，嶽麓書院藏秦簡公布後，其中的秦律令也有不少與文書製作、使用、傳遞、保管有關的内容。如能將其與里耶秦簡，甚至正在公布的懸泉漢簡、胡家草場漢簡等行政文書結合起來研究，顯然會進一步促進官文書簡牘研究。

第三，在具體簡牘形制的命名問題上，存在着傳世文獻的記載與出土文獻中簡牘自稱如何對應的問題。如楬，傳世文獻中主要作爲一種文體、文書内容出現，但在居延、敦煌漢簡中其却主要指一種不同於"札""兩行"的簡牘形制。形制意義上的楬和文體意義上的楬，顯然是有較大差别的。這種差别可能會對定名簡牘和準確把握其内涵、外延帶來困難。而這種差異產生的原因，也是值得我們下一步認真思考的課題。此外，雖然大部分學者都承認"檢"的"封禁"作用、認

---

① 中國美術學院漢字文化研究所編：《烏程漢簡》，上海書畫出版社，2022 年，第 92 頁。
② 甘肅簡牘博物館等編：《懸泉漢簡（貳）》，中西書局，2020 年，第 601 頁。

爲"檢"的形狀應對應封泥槽，但是不是所有封泥槽都能被稱作"檢"（如檄、傳這種公開文書的封泥槽），里耶秦簡那種實際用於封緘但没有封泥槽的底部削尖的木版應該叫什麼、能否叫做"檢"或"署"？諸如此類的形制與命名問題還有很多，值得探索。

第四，關於簡牘命名研究所使用的傳世文獻，也需進一步辨析。今天爲各種形制簡牘命名的依據，不僅來源於簡牘自名和秦漢以前文獻，還受到魏晉以後學者論述的影響。而後簡牘時代的魏晉隋唐學者，日常使用的是紙張，又不存在研究簡牘、爲具體出土簡牘命名的任務，故他們在論述中一般衹注意簡牘與紙張的區別，而忽視簡牘内部各種書寫材料的差異。因此通常會以傳世文獻中關於簡牘時代的一些具體書寫材料概稱簡牘時代的某類書寫材料，這其實就造成了"版""牒""札"等概念的混亂。近代簡牘大量出土，出於研究需要，我們需從傳世文獻中爲這些形制不同的簡牘命名，開始注意簡牘載體的内部差異性。但我們使用的傳世文獻却有不少是後簡牘時代的著述，這就導致今天關於簡牘形制與命名的研究治絲益棼、問題重重。因此，在下一步研究中，應對傳世文獻全面審視。具體結論應建立在簡牘時代著作的表述和簡牘自名上，對魏晉以後的表述，可以參考，但不能輕易將之作爲否定秦漢及以前文獻的依據。

第五，研究存在碎片化現象。宏觀的跨區域、跨時期對比分析較少，即使是單純的西北官文書簡牘研究，學者也多就個別具體形制展開，缺乏對官文書簡牘形制和邊地行政運作關係的系統考察。行政運作具有連貫、系統性，由不同種類官文書的搭配使用來實現。僅關注某一種官文書形制，不考慮與其它官文書的關係，不利於對文書制度和行政管理方式的整體把握。

第六，關於現象的研究多，規律提煉和理論探索不足。目前的研究多滿足於以簡牘形制談功能、使用，缺乏對簡牘形制發展規律和基層行政運作規律的理論探索。像侯旭東那樣將"傳信簡"研究升華到"漢代君臣日常政務分工與詔書律令作用"層面，提煉出"日常統治史"等理論范式的成果太少。此外，還需注意的是，簡牘形制是動態演變的，一個名稱形成後，其所對應的形制隨着時間推移，有可能會發生變化，如前文所說的符、檄。這種演變的規律尤其值得總結，如果對這種演變規律不注意，而是以刻舟求劍的態度僵化地"循名責實"，認定符不可以"封"，檄不可以"板"，顯然會影響研究的進一步開展。

針對這些問題，我們應該充分發揮新材料的作用，以文書行政和國家治理視角，全面考察秦漢官文書簡牘的形制、功能、使用方式。對於簡牘長、寬、厚、編册規制與所書寫官文書性質、類别的對應關係，及包括檢、檄、楬、符、傳、券等特殊形制官文書簡牘的行政功能、使用方式，應予以高度關注。尤其應以簡牘形制爲切入點進行官文書制度、通關制度、物資管理制度和邊塞行政運作研究，以期能對檢、楬、檄、符、傳、券等特殊形制簡牘的使用方式和在基層行政運作、邊疆管理中的作用獲得較清晰的認識。并進而能够從簡牘形制角度，解決國家治理領域信息傳遞、政務考課、物資管理、通關制度等問題。

附記：本文是國家社科基金重點項目"國家治理視閾中西北漢代官文書簡牘形制研究"（22AZS001）的階段性成果。部分内容曾於2022年9月23日在韓國木簡學會主辦第16届國際學術大會"韓‧中‧日 古代 木簡의名稱에 대한 종합적 검토"上作過交流。論文的寫作曾得到課題組成員孫寧、程帆娟、熊正等的幫助，謹致謝忱！

作者簡介：李迎春，男，1981年生，西北師範大學歷史文化學院教授，博士生導師，主要從事秦漢史和簡牘學研究。

《簡牘學研究》文稿技術規範

《簡牘學研究》文稿技術規範在原有基礎上進行了適當調整，敬請同仁垂注。

一、作者投稿，請惠寄打印稿或電子稿（WORD+PDF 文檔）。文稿務請達到齊（内容摘要、關鍵詞、正文、注釋均需完整）、清（整齊清晰）、定（作者定稿）。

二、本刊采用繁體横排。標題下爲作者名，後加括號標注作者單位、城市名、郵編，如：×××（西北師範大學簡牘學研究所，蘭州 730070）。

三、論文正文前需附内容摘要（200—300 字）、關鍵詞（3—5 個，以分號隔開）。綜述、書評、會訊等不附内容摘要和關鍵詞。

四、文内分節或分層的數字順序依次是：一、二、三、四、……；（一）（二）（三）（四）……；1. 2. 3. 4. ……；（1）（2）（3）（4）……。二級、四級標題後不再加標點，三級標題阿拉伯數字後用"．"。

五、本刊采用頁下注，每頁連續編號，注號采用①②③……數碼形式，**標在標點符號（頓號、逗號、句號、引號等）之後，上標**。各類引文注釋格式如下：

（一）著作類：〔撰寫者時代或國別〕作者，譯者或整理者（譯著或古籍整理類）：《著作名》卷數，出版社，年份，第×頁。習見古籍如二十四史、《資治通鑑》等，征引時不出撰寫者時代和作者。增訂本、修訂本、書的册序標在書名號内，加括弧。

（二）論文類：〔國別〕作者，譯者（譯文類）：《論文名》，《期刊名》年期。

（三）集刊類：〔國別〕作者，譯者（譯文）：《論文名》，編者《集刊名》，出版社，出版年，第×頁。集刊"第×輯（卷、期）"中的"×"統一爲阿拉伯數字，"第×輯（卷、期）"標在書名號外，不加括弧。（注：以上〔國別〕〔時代〕都用六角括號〔〕括注，非方括號［］）。

（四）凡征引文獻以"參見""詳見""并見"等引導，作者直接與論著名連接，不加"："。如：參見陳夢家《漢簡綴述》，中華書局，1980 年，第 20 頁。

（五）同一文獻再次引用時，仍需完整標出責任者、著作名、出版信息和頁碼。一律不采用"前揭""前引""同前注""同上注"等。

（六）網絡文章，先標注出網絡名、發表時間，再標注出網址。如：陳偉：《嶽麓書院秦簡"質日"初步研究》，"簡帛"網 2012 年 11 月 17 日，http://www.bsm.org.cn/show_article.php?id=1755。再次引用時，不需再標出網址，如：陳偉：《嶽麓書院秦簡"質日"初步研究》，"簡帛"網 2012 年 11 月 17 日。

（七）學位論文格式：××大學博士學位論文，××××年。

六、綜述、書評、會訊等所評述的論著，出版信息以括號形式注出，如：裘錫圭《湖北江陵鳳凰山十號漢墓簡牘考釋》（《文物》1974 年第 7 期）。

七、因突出引文的重要而另立段落者，引文第一行起首空四格，從第二行起，每行之首均空兩格。引文的首尾不加引號。引文的注釋號標在引文最後標點之後。

八、系統在默認狀態下不能處理、錄入的文字，請造字或以圖片形式插入正文。

九、數字的用法

（一）一般性叙述均使用阿拉伯數字。

（二）古籍文獻中的卷數，如"《漢書》卷九七上""《資治通鑑》卷一〇〇"，使用漢字。

（三）中國朝代的年號及干支紀年使用漢字，其後加括號標出公元年代。如：秦始皇二十六年（前 221）；建武二十五年（49）秋。

十、標點符號的用法

（一）文字間的連接號采用長橫"——"，占兩個字符；數字間的連接號采用短橫"—"，占一個字符。

（二）省略號前、後均不加逗號、句號等標點符號。如《漢書·王莽傳上》："公卿咸嘆公德……傳曰申包胥不受存楚之報……"。

（三）連續使用引號或書名號，之間不加頓號，如"案""劾"，《史記》《漢書》等。

十一、表格形式

表格需注明表題，文中含一個以上的表需用阿拉伯數字注明表序號，表中或表後應注明資料來源。

十二、課題、項目資助、鳴謝等以附記形式附正文後。

十三、文末附作者詳細信息（姓名，性別，出生年月，工作或學習單位，職稱，學歷，專業領域）。

《簡牘學研究》征稿啓事

　　《簡牘學研究》創刊於 1997 年，是國内較早的簡牘（簡帛）學類專業學術集刊，至今已公開出版十四輯。現由西北師範大學歷史文化學院、甘肅簡牘博物館、河西學院河西史地與文化研究中心主辦。

　　優質稿件是辦好刊物的根本，《簡牘學研究》衷心希望學界同仁鼎力支持，惠賜與下述内容相關的佳作，并對我們的工作予以批評指導。

　　1.出土簡牘的整理、考證成果；2.以簡牘爲主要材料，研究中國古代語言文字、制度、歷史、社會、文化、思想的成果；3.代表性的國外簡牘研究成果譯文；4.包括簡牘學理論方法探討、簡牘研究綜述、簡牘研究新書評介、簡牘研究論著索引、簡牘學人專訪在内的簡牘學學術史動態。

　　惠賜稿件請注意以下事項：

　　1.本刊注重稿件的原創性、首發性，衹接受首發投稿。已在正式出版物和網絡上刊發者，均不視爲首發。

　　2.來稿應遵守學界公認的學術規範，作者文責自負。

　　3.來稿格式請按照《〈簡牘學研究〉文稿技術規範》執行。

　　4.來稿請提交 word 文本和 pdf 文本的電子文稿（電子郵件）。

　　5.本刊實行雙向匿名專家審稿制度。稿件中勿出現作者個人信息，請另紙寫明作者姓名、工作單位、職稱或職務、電話號碼、電子郵件、通訊地址和郵政編碼，以便聯繫。

　　6.本刊處理來稿期限爲三個月。逾期未接到通知，作者有權對自己的稿件另行安排。

　　7.來稿一經刊用稿酬從優，并奉送樣刊兩本。

　　來函請寄：

　　甘肅省蘭州市安寧東路 967 號西北師範大學歷史文化學院

　　魏振龍收　郵編：730070

　　電子郵件請寄：

　　jianduxueyanjiu@nwnu.edu.cn